JN111043

# Golf
# 伝統と革命

TAM ARTE QUAM MARTE

―― 武力と等しく計略を ――

東京グリーン富里カレドニアン株式会社［編］

発行：ダイヤモンド・ビジネス企画　　発売：ダイヤモンド社

# はじめに

いつの間にか八五歳を迎えました。

大学を卒業して六三年、五つのベンチャーの起業を経験してきました。卒業の昭和三三年はひどい鍋底景気で超就職難の時代でした。一〇名足らずで発足したばかりの外資系会社に入って、拭き掃除やカタログ翻訳の仕事から出発したことを想い出します。高度成長、ニクソンショック、オイルショック、不況、そしてバブルと崩壊……波濤に翻弄されながらチャレンジと失敗を繰り返して、カレドニアンにたどり着きました。

〝為せば成る〟の執念で既成概念を打破し、不可能の壁をいくつ突破してきたことか！　その都度、運命の女神が味方をしてくれました。そのうえ、時代の潮流と『人の縁』に恵まれてカレドニアン・ゴルフクラブは「幸運の星の下に誕生」しました。

〝グリーンは別世界〟とマイケル・ポーレットは喝破。14.フィート超高速グリーンの挑戦を始めました。四季を通しての超高速の「常態化」は世界でもまだ具現していません。

わが社は、自立・研究・工夫・先手必勝の旗を掲げ、現場での教育・実践を毎日実行しており、これからも心血を注いであくなきテストと挑戦を続けていきます。

夢ある目標は社員一人ひとりの心にモチベーションを植え付け、やり甲斐と生き甲斐を高めています。

「メンバーがプライドをもって人に語り、心底から愛せるクラブがベスト」と皆様から評価されるよう、社員と一緒に情熱を燃やして、研究・深掘りしてまいります。

三五年史は〝一貫した志〟のもと、その想いを込めて編纂いたしました。

「老いるな中小企業」と鼓舞し、イノベーションを育み、オンリーワンを探求してもがき歩く呻き声をいささかでも聴いていただければ幸甚に存じます。

令和三年正月

早川　治良　拝

ロイヤルトルーン 15番 ポステージ・スタンプ

# はしがき

先般東京グリーンの早川治良さんがわざわざ拙宅までこられて、いろいろコース設計について話がはずんだおり、現在同社が計画中の富里ゴルフ・クラブのコースに思いきってワン・グリーン制を採用されたことを聞き、とたんに私はそれだけで早川さんのコース設計に対する誠実真摯な意気ごみを感じると共に、未見の富里コースもきっとすばらしい設計に違いないと直感した。

それは私が昔読んだＵＳＧＡ初代副会長でコース設計にも造詣がふかく、多くの名コースを建設してアメリカのゴルファーの眼を開いたといわれたチャールズ・マクドナルドの名著"Scotland's Gift:Golf"（１９２８）のなかに次のような言葉があったのを、ふっと思い出したからであった。

「ゴルフ・コースの性格は一にパッティング・グリーンの構造にかかっている。ゴルフ・コースにおけるグリーンは、いうならば肖像画における顔である。着衣や背景、備品などは単にアクセサリーで、顔のみが真実をつたえ、性格を表現し、良くも悪くも絵の価値を決定する。ゴルフ・コースにおいてもまた然り。グリーン以外のティイング・グラウンド、ハザード、フェアウェーラフなどはみなアクセサリーにすぎない」

周知のように現在の日本のゴルフ・コースの大かたはツー・グリーンで、ワン・グリーンを堅守しているのは暁天の星ほどもない。これには一応高麗芝とベントグラスを交互に使うという風土的制約の理由があるものの、その裏にはツー・グリーンならば稼働面でワン・グリーン以上に多くのビジターを誘致できるという算盤ずくの魂胆がひそんでいる事実も否定できないであろう。

いずれにせよマクドナルドの精神からいえば、一つのホールに二つの顔をつけるのは、それだけ焦点をぼかすうえに、そのホールの最も大切な個性と機能を致命的に破壊することになるのはいうまでもない。同時に世界に類のない二つの顔をもったモンスター的設計から早く脱却して、すべてのゴルファーが公平に実力を発揮できる愉しいコース造りにふみきる絶好の機会でもある。

私が菲才も顧みず、ここに敢てはしがきを書く所以も、早川さんの富里コースにかけた真摯な明断と意気ごみに深く敬服したからである。

昭和五十九年八月

摂津　茂和

一九八四年発行『TAM ARTE QUAM MARTE』より

ロイヤル・トルーン

# 目次

タカラワールド・インビテーショナルにて No.8

富里 No.9

富里 9番（左） 18番（右） 10番グリーン（右上）

# リンクスへの回帰

## 摂津茂和氏の想い

# リンクスの再発見――コース設計の史的考察

摂津　茂和

もむろに海底の砂をもり上げてギランのアパレディー湾が一面広大な砂丘に変わると、数世紀もの間に緩やかなうねりにみちた砂丘独特の地形線が造られると共に、内陸からのそよ風が次第に砂を乾燥させながら多量の種子を撒いて、ハマヨシ、ベントグラス、サンザシ、クロウメモドキ、蘚苔類などが根づき、さらに雨が砂から塩分を洗い流すにつれて上質の牧草のフェスキューが定着した。

こうして風と砂が舞台装置を整えると次は兎どもが登場して大好物のフェスキューを食べ、柔らかな砂地がねぐらを掘るのに便利で、しかもライバルと天敵がこの広い地域にほとんどいない安全な場所であることを知るのだ。そこで彼らは悠々と夜露や雨水が流れこんで草の味がひとしお甘い低地から低地へと、まるで手入れの行き届いた芝生のような滑らかな道を造る。そして己れの大切な食糧の芝に有害なサンザシやクロウメモドキの新芽を見つけると、その小さい鋭利な門歯で根

## 自然の創造物・リンクス

かつて詩人のゴルフ史家で知られたアンドルウ・ラングは「ゴルフがスコットランドで生まれたのは、そこにリンクスランドがあったからだ」といったが、まことに不朽の名言であると私は思う。

リンクスランドとは本来地質学用語で、スコットランドからイングランドの東南岸にかけて最も多く見られる独特の波のような起伏の広大な砂丘の草原をいうのであるが、なかでもセント・アンドルーズと共に最も見事な典型とされているフォース湾南岸のイースト・ロジアンにあるギラン・ヒルがどのようにして形成されたかを、地元のゴルフ史家アーチー・ベアード博士は次のようにおもしろく書いている。

「大昔フォース湾特有の強風と荒波がお

セント・アンドルーズの波のようなアンデュレーション

元から噛み切って未然に防ぐのだ。

さて風と砂と兎による除幕がおえると最後に立役者のギランの主要産業の羊毛の機織りたちが、上質の牧草を兎に独占さすのは惜しいと羊を放牧して、その毛織物を最大の顧客のオランダへ輸出して儲けた金で一個四シリングもする高価なフェザー・ボールを使い、天然の砂穴をハザードとし、兎と羊のローンモワーがきれいに刈りこんだフェアウェーでゴルフを始めたのだ。」

## リンクスに共通の特色

ところでこれらのリンクスに共通する特色はいうまでもなく波のごとき複雑なアンデュレーションと自然にできた大小のバンカーやサンドヒルであるが、例えばセント・アンドルーズではティイング・グラウンド以外に完全に水平なスタンスをとれる場所はどこにもないといわれ、また一八九五年の全英アマに優勝したR&A会員のレズリー・バルフォアは五〇年間このアンデュレーションの図解を試みたが、それが余りにも神秘精妙をきわめていたため、「これこそは人知の測り得ざる造化の妙」といって、ついに匙を投げたという挿話がある。

またここには今でも二百近いバンカーがあるが、前記のレズリー・バルフォアの父のジェームズ・バルフォアの「セント・アンドルーズ回顧録」(1887)によると、彼が初めてプレーした一八四二年にはバンカーがさながら蜜蜂の巣孔のように数知れずあったとあり、また地元のプロで有名なアンドラ・カーカルディの回顧録にも、彼の少年時代にはまるで胡椒をふりかけたように一面バンカーだらけだったと書いてある。

このためその後ゴルファーがふえるにつれ、バンカーが多過ぎると苦情が出て、当時コースを管理していた市会が勝手に埋めて半分くらいに減らしてしまったが、その中にはホールの攻防上重要なものや歴史的由緒のあるものがあったため、一八四六年にR&Aクラブの抗議で以後はクラブ委員会の同意なくして埋めることはできない契約となった。

これが有名なバンカー決議案である。それでも高空からの俯瞰(ふかん)写真を見ると、一本の木もない重畳(ちょうじょう)たるアンデュレーションのなかに多くの大小のバンカーが口をあけているさまが、まるであの不気味なクレーターに蔽われた荒涼たる月面写真にそっくりである。

## 神が造ったコース

ところがスコットランド人はこれらの海ぎわの砂丘のリンクスを、神が造ったコース(God-made-course)と呼び、その後内陸にできたコースを、人間が造ったコース(Man-made-course)と呼んで一段次元の低いものとみなしている。

例えばスコットランド北西のキンタイヤ海岸のマクレアニッシュ・リンクスは、記録では一八七三年にトム・モリスの設計となって

イングランド東海岸のライ・リンクスにある風よけの枯枕木(スリーパー)に囲まれたスープ皿といわれる天然のバンカー

いるが、モリスは自伝の中で、「ここは疑いもなく神が造った完全無欠なリンクスで、私はただ一八個の球孔を穿っただけだ」と率直に書いている。

またランカシャー海岸のロイヤル・リザム・アンド・セント・アンズの一七番ホールはバンカーやサンドヒルの連なる雄大な眺めで有名だが、ここを訪れたアメリカのゴルファーがその壮観に眼をみはって、「なんとすばらしいバンカーだ！　実にあなたがたは見事なコースを造ったもんだ」と感嘆すると、案内の会員が、「いや、あれはみな神様が造ったもので、われわれが造ったものではありません」といったという話もある。

興味ふかいのは近世のマン・メード・コース専門の名設計家ハーバート・フォウラーでさえも、「リンクスは神が造ったゴルフ・コースだ。人間のお節介ないじくりまわし(Meddle)は少ないほどよいのだ」と説いているし、またアリステア・マッケンジー博士も、「セント・アンドルーズのリンクスに人工を加えるのは神物冒涜(Sacrilege)とされ、数世紀もの間代々のグリーン・キーパーもこの神授のアンデュレーションとバンカーにはあえて手を触れずに保存してきたのだ」と書き、また設計家のニュートン・ウェザレッドは、「アンデュレーションを生命とするボール・ゲームはゴルフ以外にはない。これは神がゴルフに与えた最も誇るべき特色である」と喝破した。

このようにリンクスに対するスコットランド人の信仰がいかに絶対的であるかは、全英オープンが創始以来すべて昔ながらのリンクスのみで行なわれているのでもわかる。

## 皮相なる模倣・人工コースの始まり

だが神が造ったリンクスも無尽蔵ではなく、一八四八年にガッタ・パーチャ・ボールの発明で全国的にゴルファーが増加すると忽ちリンクスが不足して内陸にコースを造らざるを得なくなった。

このためさしずめリンクスに精通した老練なキャディ上りのプロたちが選ばれて、初めて内陸に人工のコースを造ることになったが、もともとコース設計に無知な彼らはただ単に古い有名なリンクスを無定見に、しかも皮相的に模倣するほかにはなんの方策も基準もなく、いわんやリンクスのもつ神の摂理(Divine Providence)ともいうべき深い精神はまだ理解できなかったのである。このことは不世出の天才といわれたアメリカのボビー・ジョーンズですら、彼の回想記の中で、「一九二一年の全英オープンで初めてセント・アンドルーズでプレーしたとき私はイギリス人がなぜこのコースを礼讃するのかその理由がどうしても分らなかったのみか、ここを世界で一番悪いコースの一つだと考えて、あやうく侮蔑したくなったぐらいだ」と書き、その五年後の一九二六年の全英オープンで再びプレーしたときには流石にこのコースの真価

初期のマン・メード・コースの一つの典型

を知って、「このオールド・コースに巧みに隠蔽されたいわゆるスコットランド人が神の摂理と称する一つの攻撃ルートをさがし出そうと努力するだけでも、アメリカの内陸コースで百回もプレーするよりはるかに教えられるのだ」と書いているのをみても、いかにリンクスの神秘な精神を理解するのがむずかしいかがわかる。

こうして初期に造られた内陸コースは無定見なプロたちによるリンクスの皮相的な模倣の結果、森林を切り開いた無味単調な地形に所嫌わず多くのバンカーを配置し、なかには一ホールに二五個のバンカーや一コースに三八五のバンカーを造った例さえあるほか、ブラインド・ホールをやたらと造るかと思えば、土を高くもり上げて砲台みたいなグリーンを造ったりして、ただむずかしくありさえすればよいという設計であった。だがこれらのプロにも一応の理屈はあるので、それは当時まだストローク・プレーが普及せず一般ゴルファーはスコアーにこだわらずに伝統のマッチ・プレーのみを行なっていたため、コースがむずかしければそれだけゲームがおもしろくなるという考えもあったと思われる。

この風潮はちょうどその頃ゴルフの黎明期を迎えた新天地アメリカに多数移住したスコットランドのプロたちによって持ちこまれ、初期のアメリカのコースは今から見ると滑稽なほど苛酷で、例えば馬術の障害に使う簀垣式のハードル・バンカーやセント・アンドルーズなど古いリンクスにもともとからあった長い石垣まで模倣して造っている。

## リンクスの再発見

勿論このような無定見な設計がいつまでも看過されるはずはなかった。

一九世紀末についてオックスフォードとケンブリッジ大学のゴルファーを主体とする若い革新的な知識階層のアマチュア・ゴルファーが、これらの設計の錯誤と矛盾を反駁して生新な設計理論をうちたてたのだ。その先駆をなしたのがトマス・シンプスン、ニュートン・ウェザレッド、ハーバート・フォウラー、ハリー・コルト、アリステア・マッケンジー、チャールズ・アリスンなどであった。

だが彼らが標榜した設計理論は必ずしも革命的なユニークなものではなく、平易にいえばリンクスの再発見ということで、換言すればリンクス特有の複雑な表相のなかにもプレーヤーの技術と判断力と自己評価によって、上手なものにも未熟なものにも公平にそれぞれの攻撃ルートが与えられ、そのルートの選択を誤ったものだけが罰をうけるというのであった。

後年コースの設計と改造に最も功績を残したハリー・コルトは「インランド・コースに砂丘（Dune）の魔法をもちこんだ設計家」といわれ、また「芸術と科学でリンクスの古典を内陸に復元させて、コース設計に最初のルネサンスをもたらした設計家」ともいわれ、また有名なパイン・バリーの五番とアイルランドのポートラッシュの六番のショート・ホールを設計して「ショート・ホールのミケランジェロ」とまで評された。

これをみても新しい設計理論がリンクスの再発見を主題としているのが分ると共に、それまで皆無であったコース設計に関する多くの研究的な著書が初めて出版されたのもこの時代であった。

つけ加えておくがコース設計にペナル・ス

リンクスの精神を内陸に復元させてコース設計に最初のルネサンスをもたらしたハリー・コルト

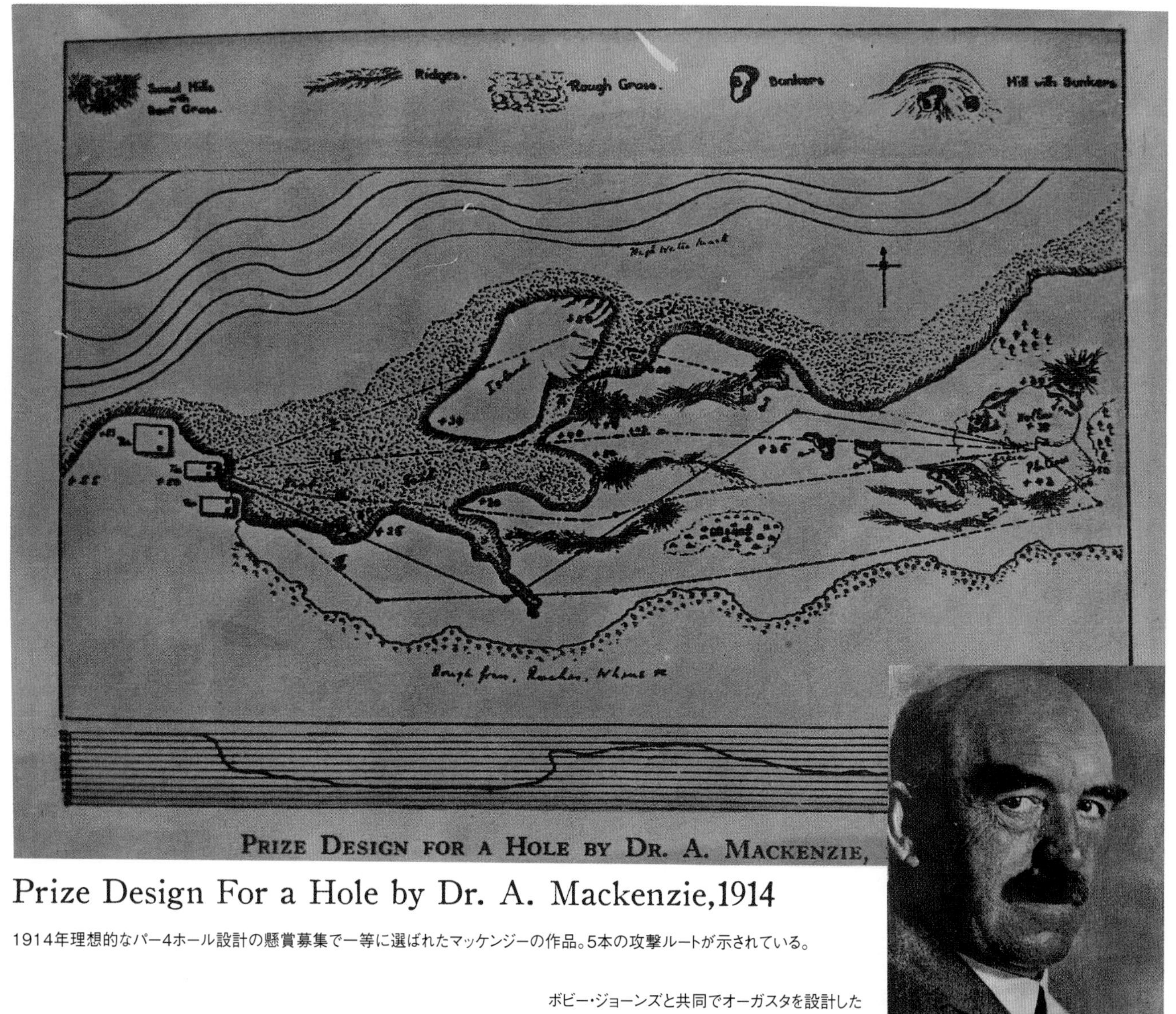


Prize Design For a Hole by Dr. A. Mackenzie,1914

1914年理想的なパー4ホール設計の懸賞募集で一等に選ばれたマッケンジーの作品。5本の攻撃ルートが示されている。

ボビー・ジョーンズと共同でオーガスタを設計した
アリステア・マッケンジー博士

クール（科罰派）とかストラテジック・スクール（戦術派）という用語があるのは、このようなコース設計の変遷の過程を示すため便宜上つけられたので、本来コース設計にそういう方法論や流派があったわけではない。

## コース設計理論の前進

ちょうどその頃の一九一四年にUSGAの初代副会長でコース設計の研究家のチャールズ・マクドナルドが、アメリカにリンクスの特色をとり入れた新方式のコースを造る目的で、ロンドのスポーツ誌「カントリー・ライフ」に懸賞金を提供して三六〇ヤード乃至四五〇ヤードの理想的ツー・ショッター（パー四）の設計図を募集した。

　これに対し全英から八一の作品が応募し、設計家ハーバート・フォウラーと評論家バーナード・ダーウィンが審査した結果、当時設計家に転向したばかりの新進のアリステア・マッケンジーの作品が一等に選ばれた。

　それは海岸の複雑な地形のホールに五本の攻撃ルートが点線で示されて、そのどれを選ぶかはプレーヤーの技術と判断力と自己評価にゆだねたものであった。

　後年マッケンジーがボビー・ジョーンズと共同で設計したオーガスタ・ナショナルにもアーメン・コーナーと呼ばれる一一番、一二番、一三番をはじめ多くのホールに、積極か安全かの二者択一をプレーヤーの判断力と自己評価にゆだねるルートが設定されているのをみても、近代のホールの攻め方がきわめて高度の頭脳的な判断力に依存していることがわかる。

従って単に良いショットは良い結果を酬われなければならないという旧来の思考は既に時代おくれで、真の良いショットとは正しい判断力と謙虚な自己評価のもとに打つべき地点に打ったショットでなければならない。

例えば一九〇〇年にプロのウィリー・パークが設計したロンドン近郊サニングデールの一〇番ホールのフェアウェー中央にバンカーが設置されているのを見て、会員があれでは良いショットがみなバンカーにはいるのではないかというと、一緒にプレーしていたプロ名手のジェームズ・ブレイドが、いや、あのバンカーははっきり見えているので避けて打てばいいでしょう、それがほんとうの良いショットなのです、といったという挿話がある。

いい換えれば近代の設計理論で「見えないのは不公正」（Unseen is unfair）といってブラインド・グリーンやブラインド・バンカーをきびしく非難するのも、この考え方によるのである。

## 百年の悔いをのこすな

だがこのようなきわめて健全で進歩的な設計理論も今やゴルフ王国を誇るアメリカでは多年の極端な商業主義に汚染され、次第にその精神が見失われて、ロバート・トレント・ジョーンズなど幾多の俊英な名設計家を生みながらも、多くは単に興業価値満点の安易なスペクテーターズ・コースばかりが造られ、この傾向を憂慮した現代のアメリカ随一の次元の高い評論家ハーバート・ウインドは次のような辛辣な批判をしている。

Unseen is Unfairの金言を生んだサニングデールの10番ホールのフェアウェー中央にあるバンカー

「アメリカでは毎年一ダースの新コースが建設されるが、いくらかでも価値のあるコースは僅かに五パーセントにすぎない。にもかかわらず、どれもがチャンピオンシップ・コースと主張する。それはバック・ティから六七五〇ヤード以上のレングスがあれば、つまりオーガスタと同じ距離さえあればチャンピオンシップ・コースだという誤った考え方からくるのだ。そして実際にあるのはただ長いばかりで平坦でハザードが少なく、電気カートが自在に走れる単調で無味乾燥なコースばかりなのだ。」

日本も今にしてリンクスの再発見をなし、コース設計にもクラブ運営にも高度の判断力と謙虚な自己評価によって正しい攻撃ルートを選ばなければ百年の悔いをのこすであろう。

昭和五十九年八月

筆者紹介

**摂津茂和**（せっつもわ）氏

明治32年7月生まれ。大正13年慶応義塾大学卒。作家。ゴルフ史家として第一人者、ゴルフ書籍のコレクターとしても世界的に著名。

Golf Collector's Society（米）会員。

ゴルフの著作・訳書も多く「ゴルフ千一夜」「日本ゴルフ60年史」「不滅のゴルフ名言集」など多数。日本ゴルフ協会史料委員長としてゴルフ博物館の設立に多大の貢献をしたが、**東京グリーン（株）の早川治良の依頼を受け著した、この「リンクスの再発見」を遺稿とし、昭和63年に他界した。**

# 金田武明氏の先見性

## ——ワングリーンへの執着——

# ワン・グリーンこそ良いコースの条件

金田武明
（スポーツ・イラストレイテッド誌アジア代表）

ジョーンズの卓越したコース分析力とマッケンジーのユニークなデザインコンセプトが見事に結晶し、オーガスタ・ナショナルが生まれたのである。スコットランドの名ホールの戦略性が、ものの見事に抽出され、美化されて、オーガスタに花咲いたといってよいだろう。

今見ても、ダイナミックなスケールの大きなコースに驚かされるが、それを一九三二年に完成しているのである。スチールシャフトが、ようやく世界的に認められるようになった時代のことである。もちろん、ジョーンズもスチールシャフトでボールを打ってはいただろうが、その先見性は超人的だったのだろう。

## 米国の新しいコース造り

一九三五年から五〇年までは、世界で唯一の豊かな米国でさえゴルフコース不作の時期だった。本格的な、歴史に残るようなものはなかった。

世界に秩序が戻り、新しいコース造りが始まるのは、一九五三年だった。戦前の蓄積が、漸くこの時期に花咲かせるようになる。球聖ボビー・ジョーンズと、設計家ボビー・トレ

## 戦略型コース・オーガスタ

ボビー・ジョーンズがグランドスラムを完遂した一九三〇年（昭和5年）はアメリカのスポーツ黄金時代のピークだった。

ジョーンズはアマチュアゴルファーの理想的な存在だったが、28歳という若さであっさりと現役から退いてしまった。そして故郷ジョージア州に本格的なコースの建設を実現しようとした。

ジョーンズは、ゴルフコースは、従来のように技術のテストだけではなく、頭脳的プレーを可能にすべきだという考え方だった。

上級者ばかりでなく、アベレージゴルファーも腕前に応じて楽しめるコースという考え方も、当時としては、全くユニークだった。

ジョーンズは自分の夢の実現のためにコルトの弟子だったアリステア・マッケンジー博士を選んだ。ジョーンズはかねてから、カリフォルニアのサイプレス・ポイントという新設コースに、感銘していた。そして、そのユニークなコースのデザイナー、マッケンジー博士に魅了されていたのである。

セント・アンドルーズ　オールド・コース　No.2

ペブル・ビーチ No.7

ント・ジョーンズの二人がジョージア州のピーチトリーを造成した。二人のアメリカ人が、スコットランドの名ホールを十二分に理解し、その上に、米国における要求に応え、かつ科学技術を駆使してのコース造りだった。

ジョーンズは、設計家ジョーンズを得て、戦後のアメリカ式な近代コースを実現させた。ゴルファー数の激増、頻度の上昇という問題を解決するためには、大きなグリーンが解答となった。しかし、ただ大きいだけでは、ゴルフは面白くない。そこで、新しい考え方〝蓮の葉〟が生まれたのである。直径5〜8メートルの蓮の葉が、4枚から6枚グリーンに浮いていると思えばよい。各々の蓮の葉は、高さ50センチから1メートル50と、高低がある。そして、これらの蓮の葉をなだらかな傾斜面で結ぶと、変化の多いグリーンになる。

上級者にとって、目標は、旗の立っている一枚の蓮の葉になる。狙い通りに打てれば、直球に近いパットが残るから、バーディーチャンスである。グリーン全体は、大きいが、狙うグリーンは、直径5〜8メートルの小さなテーブルとなる訳である。アビレッジゴルファーにとっては、蓮の葉は、グリーンにのってから第1パットで狙うことになる。ただし、グリーンへのショットでは、従来のグリーンよりも安心して打てるし、のせるだけで楽になる。

この大型新グリーンの考え方は、戦後の相模原で実現された。故小寺酉二氏の設計で、私たちは、大きいグリーンでの3パットに抗議したものである。小寺さんは、「グリーンに旗がさしてあるんだから、傍へ持って行きゃいいんだよ。グリーンが大きく見えるのは、距離の判断が悪いだけのことさ」と、とり合って下さらなかった。確かに、小寺さんの言われる通りなのだが、今にして思うと、あの相模原の大グリーンに一つの問題があった。高麗芝での大グリーンが、決定的に至難のことだったと思う。

米国で、大グリーンが成功したのは、スピードの出るベントグラスに恵まれたからで、グリーンが遅かったら、絶対に受け容れられなかっただろう。

## 便宜上のツー・グリーンが……

ここで、新型グリーンと、わが国のツー・グリーンに触れねばなるまい。ツー・グリーンは、ちょうどピーチトリーゴルフクラブが造成された時代に、日本で生まれた考え方である。新型グリーンを造らずにツー・グリーンを便宜上、造った知恵は、日本人ならではのことだった。研究費もかからず、新しい芝を考え出す必要もない。冬枯れした高麗グリーンの横へ、安直にベントグリーンを造成するだけのことだ。

なぜ日本に本格的な新型ワン・グリーンのコースが生まれなかったのだろうか。

日本プロのスイングは、戦後大きく変わり始め、現在では、9割は、アメリカ打法になっている。ボブ・トスキを紹介した時期には、日本打法、アメリカ打法といった議論があった。しかし、実際には、日本のトーナメントプロは、20年も前から大変革をとげていた。教え方だけが、いつまでも日本式を固守する人がいただけの話だった。

トーナメントプロは、良いものを吸収し、変化しなければ稼げない。第一線から脱落する。教える方は、いくら旧態依然とした方法でも、日本語の壁に守られて安泰だから、進歩がなかったと見ることができる。トーナメントプロは、海外との交流も十分にあり、新しい技術が、日本に入り続けたのである。コース造成は、レッスンと同様、海外との交流が極端に少ない。だから、世界に通用するものが、なかなか生めないのは当然である。

日本のコース造成が、世界的に見て、時代おくれになった理由は、こうした体質のせいだった。

何故、日本でワン・グリーンが造られなかったのだろうか。それほど難題なのかといえば全くそうではないのである。

## 日本と米国では、気候、風土が異なる

この説に反対しようはない。しかし、実際には、日本も米国も南北に長く、気温、土質何をとっても、全く同じ場所は、どこにも存在しないのである。極端にいえば、一ホールごとに、条件は同じであり得ない。日本だけが、高温、高湿の夏を迎え、酷寒の冬を経験

オーガスタ No.13

オーガスタ №13

するような議論が、かなり、まじめに討議される。こうした気象条件は、数字にはっきりと示されるから、普通に考えれば議論の余地もないことだ。こうした無駄な時間を経て、漸く次のトピックへ移る。

## ゴルフコース使用頻度の違い

日本は人数が多い。一日三〇人や五〇人で経営するアメリカとは違う。これには、米国側は驚かされる。確かに、超一流コースでは、一日三〇人というクラブもあるが、数が多いので有名なのが、米国のコースだからだ。

例えばロスアンジェルスのランチョパークでは、年間十一万～十二万ラウンドである。朝、夜が明けてから、夕方、太陽がどっぷりと沈むまで、間断なくプレーしているところもある。実は、日本では土主体のグリーンだから、人間の重みに耐えられないのだという、専門的な話に戻って行く。新型ワングリーンは、砂主体（砂とピートモス）であり、クッションが利くので、その心配はしないでよい。もっとも、土と砂の違いをすぐ納得する人間は、どこでも少ない。黒土は、人間に農作物という恩恵を与える永い歴史をもっている。農作物に、黒土がよいからといって、芝生にもよいとはいえない。これを納得するのは難しい。黒土は、グリーンにとって最も望ましくない性質をもっているという。とくに保水性がよいことがいけないのだ。暑い日に、水をまくと、その水を大切に保ってしまう。そこで、湯になり、根が枯れる。高麗は生きるが、ベントは病気になってしまう。

ゴルファーにとっての差は、グリーンの固さが、砂主体だと一定し、土主体だと不安定になるところが大切だ。新型グリーンだと、大きなショットは同じようにスピンがかかって止まり、パットはビリヤード台の上のように速く走る。

米国農業技術のノウハウが入り、日本の維持管理ができたら、世界のどの国とも比較できぬほど優秀なものになるだろう。そして、次のステップとしては、日本独特のコース造りのノウハウが、はじめて、世界のゴルフ界に貢献する可能性が出て来る。ふり返ると、この30年は、長い時間だった。


筆者紹介

**金田武明**（かねだ・たけあき）氏

昭和6年東京生まれ。早稲田大学卒。その後オハイオ州立大学～メリーランド大学研究室を歴て一九五六年に帰国。タイム社スポーツ・イラストレイテッド誌アジア代表。

著者・訳書も多く「ビッグ3のプロ根性」「近代ゴルフの心と技術」「現代ゴルフの概念と実戦」などがあり、とくに「アメリカ打法」は、プロ・アマ問わず、日本におけるゴルフのスウィング論に決定的な影響を与えた。また、コースの変遷をはじめ、ゴルフの歴史の造詣も深い。

相模カンツリー倶楽部、霞ヶ関カンツリー倶楽部、オーク・ヒルズカントリークラブ会員。

# 〝グリーンはコースの顔である〟

西澤 忠
（ゴルフ・ジャーナリスト）

ゴルフ・コース設計家はどんな意図と企みでグリーンを造るのだろうか？

形も不定形だし、旗を立てる位置が日替わりで、その都度に面白さを変えてゴルファーを愉しませるグリーンとは、まさに造形の妙であり、ゴルフの奥深さを感じるところ。「グリーンはコースの顔である」という格言も頷けよう。

「富里ＧＣ」をいつもプレーする会員諸氏にはすでにお分かりのことだろうが、設計家のＪ・Ｍ・ポーレットは変幻自在な形とグリーン上のアンジュレーションを駆使して、「あなたの技量を正しく数字に反映させる」ことを約束している。技量とはショットの価値であり、数字とはスコアであることは言うまでもない。

同じ米国の人気設計家、トム・ファジオは、「グリーンにはナチュラルなグリーンとマンメイド・グリーンの2種類がある」と言う。

Man-madeとは人工的の意味で、設計家の純粋な審美観から生まれる。富里ＧＣで言えば、7番ホールの打ち下ろし、池越えのパー3ホールがさしずめそれだろう。カリフォルニア州ペブルビーチにある名コース、サイプレスポイント・クラブの名物16番ホールを模したのだから。太平洋の荒波が洗う岩礁にポンと置いた形のグリーンは日本では滅多にお目にかかれないはずの風景。しかし、Ａ・マッケンジーとＭ・ホーリンス女史（１９２１年、全米女子アマ・チャンピオン）の意図した風景を日本で愉しむために、人造岩を利用してここに演出した。

では、ナチュラルなグリーンとは？ 設計家はコース予定地を歩き回り、まずクラブ・ハウスの位置を決め、その次に〝もっとも自然に造れるグリーン位置を探す〟と言われる。無理に土量を動かさずとも、意図した形のグリーンを自然に生み出せる場所を見つけるのだ。

富里の18ホールの大部分はそんな地形に造形されたことは言うまでもないが、分かりやすく説明する実例として2番グリーンを考察してみよう。

やや右に曲がるパー4ホールのグリーン位置は、左が高く、右に傾斜する場所にある。形は〝く〟の字で、左脇のマウンド群からリッジ（Ridge＝尾根、隆起線）がグリーン表面に張り出すので、全体に右傾斜になる。したがって、ベスト・ルートはフェアウェイの右寄り。傾斜に正対する位置からセカンド・ショットされたボールは止まりやすいからである。

では、フェアウェイ左寄りから打たれたボールはどうなるか？ 斜面に蹴られて右に流れやすく、右奥へ乗らずとも、グリーンを外れて窪地のラフにまで転がることになろう。つまり、グリーンの形状とアンジュレーションがベスト・ルートと球筋まで決めていることになる。これが、設計家の考える戦略性だ。「ホールの攻略ルートはグリーンから逆算しろ」のセオリーがここにある。

ここで言う変幻自在なグリーンから導き出される攻略ルートに触発され、富里ＧＣ、カレドニアンＧＣをこよなく愛したのが晩年の中部銀次郎だった。彼の育った下関ＧＣ、廣野ＧＣ、東京ＧＣにはない、アメリカンタイプ・コースの醍醐味を堪能したのだった。

「ゴルフは感覚と脳と心でプレーするもの。別な言い方をすれば、視覚と思考力とハートです。この3つが同時にうまく作用するといいプレーが出来る」というのが中部の考え方だった。それが、生まれ育った日本のコースでは順調にいっていたが、外国のコースでは違ったと言う。

早川会長と中部銀次郎氏は富里、カレドニアンの面白さを語り合った

「見たこともない強いアンジュレーションのグリーン、巨大なバンカー、波頭が打ち寄せるフェアウェイなどを見ると、3つのバランスが崩れる。だから、日本選手が外国の試合で勝てない」と言うのだ。つまり、自分の五感を改善しながらプレーする面白さを、M・ポーレットの設計で味わったのだろう。

ベスト・ルートを考え、旗の位置次第で攻め方、打ち方を変える……そんな日本的庭園コースにはない攻略に頭を使う面白さを説明したものだ。

ベスト・ルートを外れるとグリーンには乗せ難いもの。そこで、スタート前後に簡単に練習できるアプローチ練習場が富里GCには、完備されるわけだ。

「あんな練習場があれば、一日そこで球を打っていても飽きないでしょうね」と言った中部の笑顔を思い出す。

旗の位置次第で攻め方を変える面白さを語った

**【プロフィール】**

1941年生まれ、1965年早稲田大学文学部西洋哲学科卒。同年、ゴルフダイジェスト社入社。同社発行の月刊「ゴルフダイジェスト」誌編集長を経て、1996年1月にゴルフジャーナリストとして独立。

# スコットランドの名ホールに学ぶ

## 戦略型コース設計の理念

セント・アンドルーズ　オールド・コース

St. Andrews, The Old Course
ここの夏の日は長い。夜9時になっても、このようにプレイは続く。右の白旗が2番、左の赤旗が16番。正面のバンカーが、特に2番の第2打に利く。月世界のような起伏が、様々の表情を生む。何度プレイしても同じラウンドは、あり得ない。一期一会である。
金田武明

座談会

# 日本で初めての、スコットランド指向の戦略型コース

富里ゴルフ倶楽部のコース設計について、その詳細を設計者自身に聞く

出席者
ベンツ&ポーレット ゴルフコース アーキテクツ ディレクター　J.マイケル ポーレット
ベンツ&ポーレット ゴルフコース アーキテクツ ディレクター　ブラッドフォード L. ベンツ
伊藤忠商事株式会社 代表取締役常務　降旗健人
東京グリーン株式会社 代表取締役社長　早川治良

昭和59年5月22日　於・東京グリーン株式会社本社

TAM ARTE QUAM MARTE

力と同様に技(頭脳)も

カレドニア[Caledonia]
スコットランドの古名

**CALEDONIA**

**the Roman name of north Britain.**

出典：ENCYCLOPEDIA Britannica

セント・アンドルーズ　オールド・コース

## 1. 戦略型コース設計の理念

### "力と同様に知略も"がゴルフの神髄

**降旗**　ようこそ、ミスター・ポーレット、ミスター・ベンツ。朝早くからお忙しい中をインタビューの時間をつくっていただいてありがとうございます。

**早川**　昨夜来日されてお疲れのところ恐縮ですが、よろしくお願いいたします。私もいいチャンスですのでいっしょに質問する側に回ってみたいと思います。

**降旗**　最初にお断りしておきますが、私はゴルフ場の設計については全く素人であります。日本の平均的なゴルファーの一人として、近い将来、富里ゴルフ倶楽部の会員の代表のつもりとしてご質問したいと思います。

**ポーレット**　それでは最初に、私の方からもお断りしておきたいのですが、ゴルフ場がそれぞれ個性を持って違っているように、私とベンツも同じ仕事をしておりますけれども、異なった意見を持っている場合もあります。われわれの考えを充分に理解していただくためには、むしろ両方から考えを述べたいと思います。とくに設計のプロセスとか、プランニングに関しては、私ども両方の意見をきちんと理解していただきたいと思います。

マイケル ポーレット氏

ブラッドフォード・ベンツ氏

### ゴルフの原点に立つ設計理念

**降旗**　わかりました。それでは、まずお二人が下さったお手紙の中に"TAM ARTE QUAM MARTE"という言葉が引用されていますが、これはお二人のコース設計の理念と深くかかわっていることでしょうか。

**ポーレット**　その通りです。これはラテン語ですが、スコットランドで300年の歴史をもつロイヤル・トルーン・ゴルフクラブのモットーで、クラブメンバーの全員のバッグにもつけられています。

ロイヤル・トルーン・ゴルフクラブは歴史に残る非常にすばらしい質の高い名コースであり、ことに戦略的にすぐれたゴルフコースとして代表的なものとみられています。

**降旗**　このラテン語のことわざはそのまま直訳すれば"武力によってと等しく計略によって"というように解釈できますが……

**ポーレット**　ゴルフプレーにおいては、MARTEは"力"と訳すべきでしょうし、ARTEは、"技"とか"頭脳を使う"という意味でよいと思います。

事実、ロイヤル・トルーン・ゴルフコースは、長さに重きを置くのではなくゴルファーたちが頭脳と技を使って、いかにしてすばらしいショットを打つことができるか、そしてまたそれを試すことができるか、ということに重点が置かれているという点で、スコットランドのゴルフコースに共通の、ゴルフの原点というべきすばらしい特徴を備えています。

私どものゴルフコース設計の理念も、まさに"力と同様に技も"という戦略型コース設計の理念の上に立っています。

**降旗**　富里ゴルフ倶楽部の場合にも、そうした戦略型設計が行われるわけでしょうね。

降旗健人氏

**ベンツ**　勿論です。戦略的に設計された富里のコースの本質は、ゴルフの原点であるスコットランドの偉大なコースと共通のものです。

**早川**　ティーからグリーンまで一定の狭いルートしかない科罰型設計とは本質的に異なるのですね。

**ベンツ**　そうです。些細な打ち損じでも厳しく罰せられる選択の出来ないホールと比べ、グリーンまでにいくつかの攻め方が可能であるホールは明らかにゴルフの魅力を増すと思いますね。

## 自然を生かせばゴルフは面白くなる

**ポーレット**　ここで誤解していただきたくないのですが、設計者は自分の理念や流儀というものをしっかり持っていますが、私たちの場合、この流儀を無理やりあてはめようとは考えておりません。

理念は先に立つものではなくて、根本に流れているものです。私たちは、自分たちのス

グレンイーグルス

タイルを土地に押しつけるのでなく、その土地をじっくり見て、その土地に合ったコースを造るというのが第一です。

**早川**　その土地の持つ特徴や、自然環境に合ったものでなければ、よい設計とはいえないということですね。

**ポーレット**　自然を無視した設計は何の利点もないのです。いま、世界で代表的な戦略型コースといわれるサイプレス・ポイントについてみても、その土地のもともと持っている特徴が、そのまま生かされているということです。コースとしては6400か6500ヤードしかありませんが、土地の特徴を生かして、さまざまな変化や特徴がつくられています。

プレーヤーは打つ前に立ちどまって、自分がどういうショットを打たなければならないかを考えさせられます。それはホールごとにきわめて変化に富み、プレーヤーはそれぞれの能力に合わせてプレーを楽しむことができ

早川治良氏

る。――非常に距離が長くてパワフルな長打者でない限りたのしむことが出来ない単調なコースとちがって、サイプレス・ポイントの各ホールは、あらゆるゴルファーにとってチャレンジの機会が多く、エクサイティングです。

**降旗**　サイプレス・ポイントでもっとも特徴的なホールは、どんなホールでしょうか。

**ポーレット**　そうですね。例えば16番ホール。ここは、バックティーとグリーンの間に海が入りこんでいるパー3のホールですが、その景観とともにすばらしいホールだと思います。

　グリーンに向かって打つショットは、きわめてスリリングですが、左手には半島がつき出ており、このポジションを利用してセブンアイアンでいったんショットすれば、ボギーは非常に簡単です。

　けれどもグリーンを直接ねらったパーは極端にむずかしくなっています。ボギーは簡単だけれども、次はいかにして自分の技術を向上させてパーに挑戦するか、――そういう誘惑にかられるのがこの16番のショートホールで、そこにゴルフの面白さがあるのではないでしょうか。その意味で、このホールは古典的といってもよいと思います。

ゴルフとは朝(あした)に自身をあたえるかと思えば、夕べには自身を失わしめるゲームである。

サイプレス・ポイント No.16

## 2. コース用地としての富里の評価は?

### 富里の地形と自然は素晴らしい素材

**降旗**　それでは、お話に出たロイヤル・トルーンやサイプレス・ポイントの各ホールと同等のコースが、果たして富里ゴルフ倶楽部に造り得るのかどうか、――私たちも非常に期待で胸がふくらんで来る思いがします。

　今ゴルフコース設計の基本として「そこにある自然を生かす」というお話がありましたが、実際に富里の土地、自然条件は、コースの素材としてはどうであったか、その評価を伺いたいと思います。

**ポーレット**　ベストな土地であると私たちは見ております。率直にいって日本で、いろいろの土地を見ましたが、ゴルフコースを造れる土地はきわめて少ないと思います。

　通常、日本のゴルフ用地の場合、非常に勾配が激しく、工事がむずかしいばかりでなく、多くの土地を削らなければならないために、おカネと時間が莫大にかかる上に、自然を破壊した〝人工的〟なゴルフコースを見受けます。そういう点からみても、今回の富里の予定地はすばらしい素材だと思います。

地形はもちろん、全体のゆるやかな起伏、大きく美しい樹林や豊かな土壌——すべての条件が優れており、私たちとしましては、先に言った通り、自然や環境を生かすことが第一と考えており、この土地とコースが一体感を持つには細部にわたってどのような配慮をするべきか、そこに最大限の力を注いでいます。その点でも富里はユニークなゴルフ場になると思います。自然を保全し、自然の中にマッチするゴルフ場、そこでゴルフを楽しんでいただこうと思うわけです。

**降旗**　むしろコースは自然そのものでなければならないというお考えですね。

## 「スコットランド指向」とは

**ベンツ**　歴史的に見ましても、スコットランドでゴルフが誕生したのは600～700年前ですが、スコットランドの人たちは海沿いのゴルフに適した土地を選んで、そこをコースにしていったわけです。

人間がコースを造ったわけでなく、ましてや土地をたくさん削ってゴルフ場を造るといったことをしたわけではないのです。したがってフェアウェーが平らでなければならないなどというのは非常な誤解であって、アンジェレーションはゴルフが生まれた時からの属性といってよいでしょう。

**早川**　今回の富里のコース設計の方針として、とくに「スコットランド指向の戦略型コース」といっているのはその点ですね。

**ベンツ**　全くその通りです。私たちは、ゴルフの原点に返って、スコットランドのコースを研究し、その歴史的な価値や本質を、今度の富里に生かしていきたいと考えているわけで、見かけのスコットランド風を富里に持ちこもうとしているわけではありません。

**降旗**　「スコットランド指向」というと、全く樹木のない砂丘コースのように誤解されると、たしかに困りますね……。

**ベンツ**　今回の富里の用地には、平らなところもありますが、緩やかな勾配もさまざまな形で存在しており、私たちはそれを出来るだけ生かして、プレーヤーたちにチャレンジングなコースにしたいと思うわけです。

自然環境も、すばらしい樹木があり、これらを充分に生かしながら、さらに新しい樹木も配置してバラエティのあるものにしたいと考えています。

ですから、このゴルフコースが完成した暁には、そのゴルフコースがすでにそこに何年間もあったような、成熟したコースとしてわれわれ

スコットランドにゴルフが生まれたのは、そこにリンクスランド（LINKSLAND）があったからだ。　アンドルウ・ラング

ロイヤル・リザム・アンド・セント・アンズ No. 4

の目の前に現れてくると私は考えています。

## 〝人工〟はゴルフを退屈にする

**降旗**　今のお話を伺っていると、お二人の考え方には、ゴルフの歴史というものを見据えた、厳しい見方とそこから生まれた筋の通った理念が感じられます。──そういう眼でごらんになって、話は横道にそれますが、日本のゴルフコースを見て感じられる点がありますか。

**ベンツ**　やはり「人工的」ということを感じます。日本のゴルフ用地は平坦な土地が少ないために、工学的にというか、工事者に有利な方法──たとえば土地を大きく切り取ってしまうとか、フェアウェーの面積を確保するためにすべての傾斜をなくして、平らにしてしまうとか、その結果、見た目にも非常に人工的な、不自然なものが少なくないと思います。

**ポーレット**　これは別に日本の設計者を責めているわけではなく、合理的で機能的なアプローチであるとも思えます。

しかしながらゴルフというものは、ただ単にプレーができればいいというだけではなくて、せっかく東京という都会を離れて郊外の空気を楽しむという側面もありますので、ゴルフ場も自然の中に溶け込んだものでありたい、と私たちは思います。

その点で富里コースの自然はすばらしく、申し分のない環境です。

思うに、おそらく最初のゴルファーたちは、自然との激しい戦いを愛する船のりを業とする人たちであったにちがいない。
ロバート・ハンター

スパイグラス・ヒル No.4

## 自然こそプレーヤーに刺激を与えるカギ

**降旗**　ゴルフは四角い平らなグラウンドでやるスポーツとは違いますからね。ブルドーザーでザーと均して真っ平にして、そこに芝を張ったのがゴルフコースだとしたら、これほど興味深いスポーツにはならなかったでしょうね。

**ベンツ**　自然こそがプレーヤーに対して刺激をつくり出すカギなのです。アメリカでも多く見られますが、芝生だけを敷きつめたようなコースは、自然が欠落しています。それはコースでなく運動場みたいなものです。

**早川**　最初のゴルフが海辺のリンクスや草原でおこなわれたということは特別のコートやフィールドでおこなわれる他のスポーツと決定的に違うところですね。スコットランドの自然が設計者であり、人間と鳥や羊がコースを造った、──その成り立ちを大切にして富里を設計し造り上げるということですね。

**ベンツ**　自然が刺激を与えてくれないゴルフプレーは、変化が無く、すぐあきてしまいますよ。

**ポーレット**　そうした退屈さ、単調さのゴルフを排除し、自然の特性を生かしひき出すことによりゴルフを面白くするのが私たちの設計ノウハウです。

私たちはブルドーザーをたくさん使って、そこらじゅうを掘り返すようなことはしません。

このことは、従来の工法よりもずっと工事費が安くなります。

維持費という点でも同じで、芝を張りつめたコースと比較してどれだけ安くすむか、ご想像がつくと思います。

**早川**　この点は非常に大事なところだと思います。このお二人の考え方が、ゴルフの本質を歴史的にしっかり把握すると同時に、現代的なテーマにも充分に応えているということです。

アメリカでも土地の高騰は激しいらしいのですが工事費が安上りという経済的なメリットは決して小さくありません。ましてゴルフ場は将来にわたって長い年月使用するものですから、維持費が安いというのは非常に重要です。どちらかといえば、美しくデラックスであればよいとしてきたアメリカの気風の中で、こういう考え方が出て来たことは注目すべきことで、その点でもお二人は先端を行っていると思いますね。

**降旗**　よく分ります。

**ポーレット**　つけ加えさせていただきたいのですが、日本の場合、90ヘクタールの土地といえば非常に高価なものですから、この利用については非常に敏感でなければなりません。われわれの戦略型コース設計理論では、コース全長は6700～6800ヤードが基本であり、富里もこれで設計しますが、一流

プレーヤーの出場するトーナメントでも、充分に対応できるコースとなります。

## 3. 富里コースの設計構想

### 戦略型コース設計の実際

**降旗**　それでは次に、富里ゴルフ倶楽部の設計テーマといいますか、全体構想を述べていただきたいと思います。

**ベンツ**　私から説明しますと、富里コースのデザインのコンセプトには二つの目的がありました。

その一つは、すべてのゴルファーに対して面白いものである、エクサイティングなものであること、そしてすべてのゴルファーにとって公平なコースであること、です。第二の目的は、ゴルファーがすべてのクラブを巧みに使い分けることによって、常にチャレンジのチャンスに恵まれ、エクサイティングなものであると同時に、きわめてバイタリティに富んだものにしようとしました。

**降旗**　まず、先ほど話に出ましたが、それほど長いコースではない、ということですね。

**ベンツ**　くりかえすことになりますが、全

富里GCで開催されたプロ競技は多くのギャラリーを集めた　富里GC

長７２００ヤードが一流コースだというような誤解も歴史を見れば明らかになるわけで、ここ20年の間に用具の発達によって飛距離が伸び、それにつれてコースもどんどん長くなって来て、７２００ヤードが理想的だと思いこまれるようになったのです。

しかし、単純に計算しても７２００ヤードは２００ヤードのショットを36回続けるということです。ひとつは、これでは同じことの繰返しでゴルフそのものを単調にしてしまいます。第二に、アマチュアゴルファーにとって、これだけの長さのショットを続けることができるでしょうか。長打偏重というのはゴルフを退屈なものにしてしまいました。つまりエクサイトできず、ゴルファーの能力によって不公平が生じてしまったわけです。

**降旗** そこで、その反省として、TAM ARTE QUAM MARTE の戦略型設計理論が登場するわけですね。

**ベンツ** 具体的になにをやったかといいますと、われわれは、全体の長さを縮めると同時に、ホール別に長さの変化をつくっています。あるホールではドライブ・ショットで、アイアンを巧みに使うことも出来、一方、フェアウェーでウッドを必要とするホールもある。つまり、ゴルファーが自分の能力に合わせてゴルフを楽しめるようにデザインしたわけです。

ゴルフは勇士のごとくプレーし、紳士のごとく行動するゲームである。　デービッド・ロバート・フォーガン

キングスバーン

**降旗**　そういう設計思想はアメリカではいつ頃から取り入れられたのですか。

**ベンツ**　20世紀の初め頃からですね。自然を無視した設計はコースの在り方からみても、プレーの面白さからみてもよくないと気づいたわけです。オーガスタ・ナショナル・ゴルフクラブでのマスターズの試合を見ていると、よくおわかりいただけると思いますが、名手たちが強烈なプレッシャーと闘いながらドラマを展開する模様が、コースの美しさと共に伝わってきます。

自然の中にひそむ美しい罠が待ち受ける各ホールで攻め方を考え、思いきって自分の技をぶつけていく――。戦略的に設計されたホールでは池を越えたり、ピンを一気にねらったり、コーナーをカットしたり、といった挑戦が待ち構え、この危険な挑戦に成功した者は報われます。

長打のみでなく、頭脳と技術のかみ合わせを厳しく要求する。それがオーガスタであり、科罰型設計に対する戦略型設計の優秀さを正に証明していると思います。

そしてもう一つ、一流コースに共通することとして、オーガスタは、バックティーからはトッププロにも厳しい試練を与え、レギュラーティーからはアベレージ・ゴルファーでも楽しめるように設計されていることです。

ゴルフはインスピレーション（霊感）とハースピレーション（流汗）のゲームである。　レックス・ビーチ

全英オープン　ミュアフィールド

## 富里8番ホールに見る戦略性

**降旗**　それでは富里コースの中から、そうした戦略型ホールの代表的なものを選んで、くわしくご紹介していただけませんか。

**ポーレット**　そうですね。まず一番最初に頭に浮かぶのが8番ホールです。ここはパー5のホールですが、まずティーに立ったとき、プレイヤーはいくつかの選択権が与えられます。逆にいえば自己の能力に応じた判断が迫られるというべきでしょうか。

まず第一に、左いっぱいに250ヤードのロングドライブを狙うことができます。しかし、このショットは左を気にしすぎて少し右へ曲げるとクロスバンカーにつかまりますし、もし距離が足りないと、たとえば200ヤード程度ですと手前の自然の谷間に落とす可能性もあり、たいへんむずかしいショットになります。しかしながら、もしこのショットに成功しますと、第二打以降グリーンを狙うには非常に有利なポジションを得ることになります。

戦略型設計の基本は、リスクが大きければ大きいほど、そのリスクを冒して成功した場合、その分報酬が大きい、ということです。

このホールでは、右側に打てば視覚的プレッシャーもなく、フェアウェーも広い安全圏に到達できるはずですが、飛ばしすぎればバンカーということもあります。しかし、右

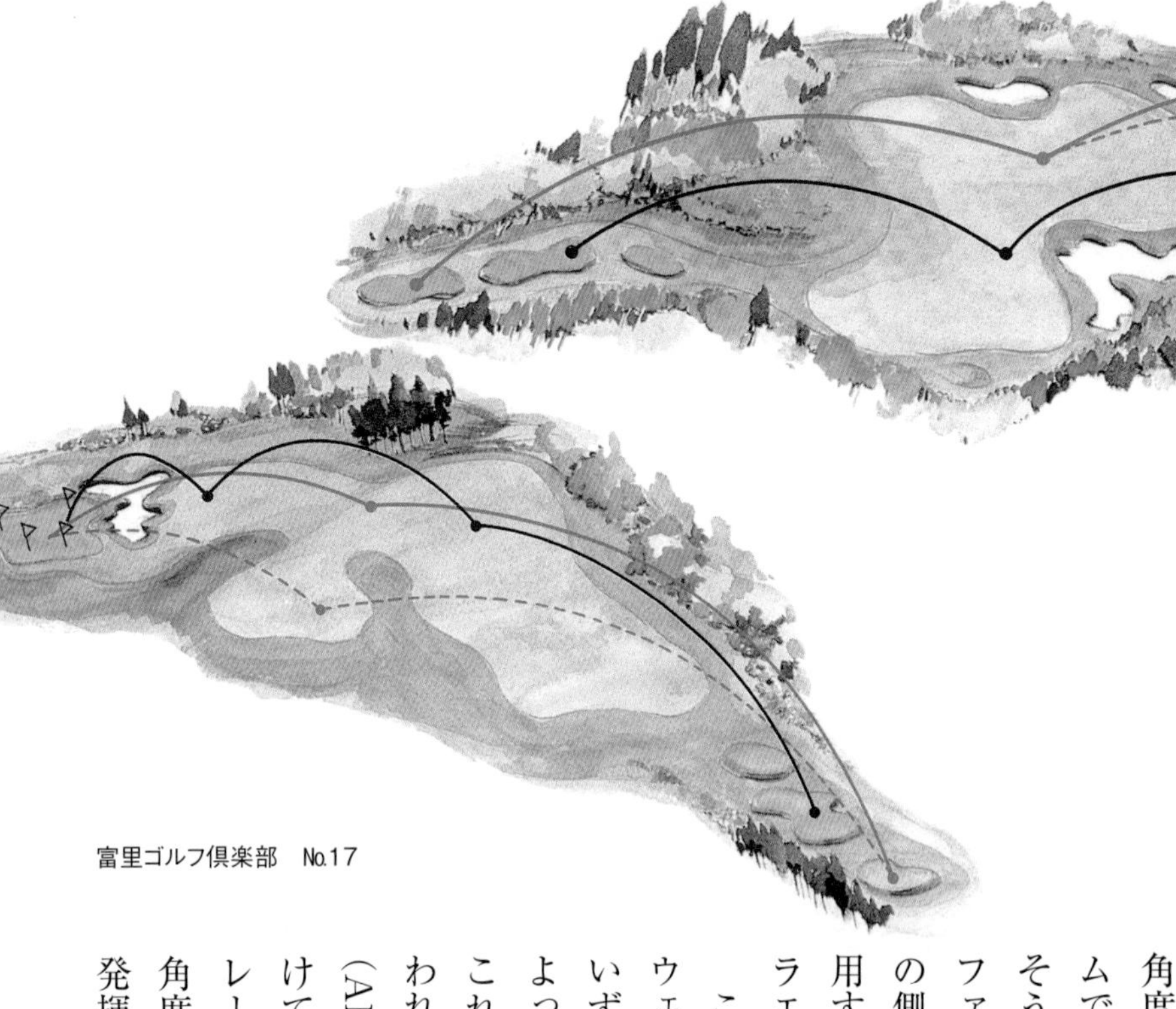

富里ゴルフ倶楽部　No.8

富里ゴルフ倶楽部　No.17

のルートは安全率が高く、ボギーはその分だけ簡単にとれるでしょう。

このホールにはまだ別の攻め方もありますが、要は、ゴルファーが自分の能力や気候条件によって、どのルートを選択するか、そこが重大な分かれ目になるでしょう。もちろん日によってはティーが変わるので、その日その日で判断が異なって来るはずです。

**ベンツ**　ゴルフというのは数学的にも分析できると思います。ゴルフというゲームは、角度のゲームであり、また一方、距離のゲームでもあるわけです。幾何学的にみれば必ずそうなるわけで、距離と角度の矛盾をゴルファーは自分で判断するわけですが、設計者の側から見れば、この距離と角度をうまく利用することによって、ゴルファーに対してバラエティを提供できることになります。

これはドライブショットの場合も、フェアウェーからグリーンを狙うショットにしても、いずれのケースにも距離と角度の組合せによってさまざまなバラエティを提供できます。これが、われわれのデザインの基礎であり、われわれが「オルタネート・ルート・セオリー」（ALTERNATE ROUTE THEORY）と名付けている理論であるわけです。したがってプレーヤーは、常に頭脳プレーを要求されます。角度と飛距離を考え、相互の関連性を有効に発揮できれば、必ず次のショットがより容易

になるという褒美が与えられるのです。

**降旗**　よく分りました。そこでもう少し8番ホールについて具体的に伺うと、ティーに立った場合、どんな風景が目に入るのか――たとえば左へ打つのが有利だと分っていても打ちにくいとか……。

**ポーレット**　いまの質問は非常にすばらしい点をつかれています。ティーから見た先のフェアウェーはほとんど同じ高さですが、そこまでの間、左側からは自然の谷間を生かしたブッシュが切れこんでいますし、林も張り出しており圧迫感を与えています。これを恐れて少しでも右へずれると、バンカーがあり、それは非常に左右に大きく広がっているように見えます。――これはあくまで見た感じで、実際には見た目ほど狭いフェアウェイではありません。これはわれわれの新しいデザインでもあるのですが、見かけは難しそうでも実際は違う、というだまかしというか視覚的な幻想と呼ぶこともできますが、そういう手法をとっているわけです。

**降旗**　心理的なプレッシャーでしょうね。

**ポーレット**　そうです。ですから、8番の場合、左のルートは心理的に非常にむずかしいホールです。しかし、パー5でバーディーを狙うなら絶対このルートしかありませんし、さらにこのポジションを得ても、第二打でもピンの近くに入りこむようなバンカーがリスクとなって待ち受けている感じになります。この手法は、ゴルファーに対していろいろな影響を与えるのではないでしょうか。一見むずかしそうで実際はそうでもない、反対にやさしそうに見えて実際はむずかしい。そうしたステップが次々に現れるので、ゴルファーとしてはさらにエクサイトする、というわけです。

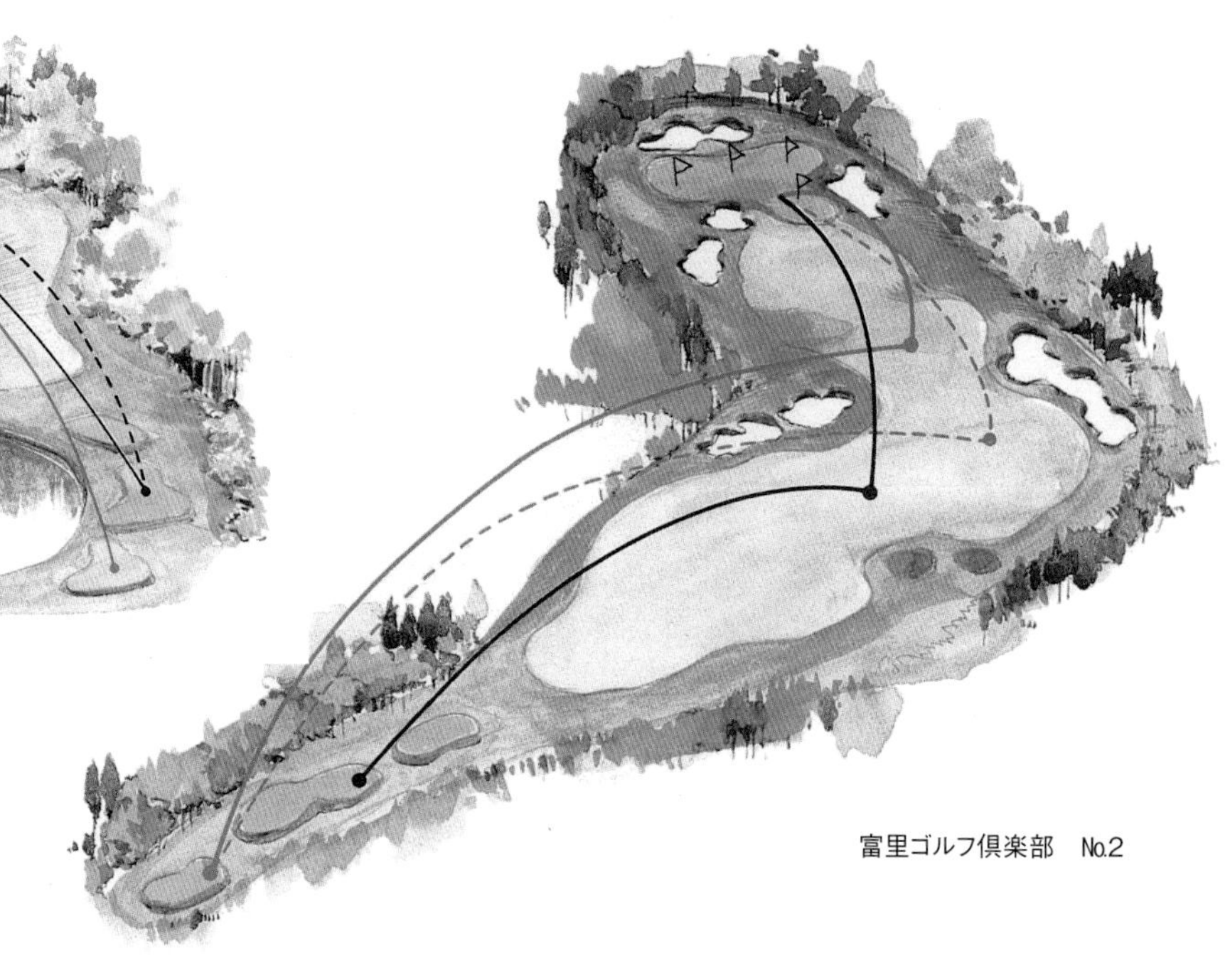

富里ゴルフ倶楽部　No.3

富里ゴルフ倶楽部　No.2

## 4. 従来の日本のコースとどこがちがうか？

### ティー、フェアウェー、ハザードについて

**降旗**　それでは角度を変えて、富里ゴルフ倶楽部は、従来の日本のコースと比べて、どこが一番異なるか、という点についておうかがいします。――

まず、ティーについてですが、先ほどの距離と角度のバラエティを出すためには、当然、ティイング・グラウンドの様相が変わってくると思いますが……。

**ポーレット**　おっしゃる通りです。ティーの考えはマルチプルなものと考えていただきたい。前後の距離の差もかなり大きくしたホールがあります。そればかりでなくサイド

にもマルチプルに、形状もマルチプルです。

間もなく実際の建設が始まりますので、その現場においでいただくと分るのですが、非常に特徴のある美しいティイング・グラウンドがごらんになれると思います。このティーによって、ゴルファーは全く違うアングルを経験することになります。その都度、新しいゴルフを経験するといった方が良いかもしれません。

たとえば日曜日にプレーして、次の日曜日には全く違うゴルフ場を経験なさると思います。われわれの造るマルチなティイング・グラウンドは、単に位置だけでなく、地形、高低、周囲のハザードなどあらゆる要素と組み合わされるので、きわめて変化に富んでいて、びっくりなさると思います。

オーガスタ №12

## ティーによって攻め方が変わる

**降旗**　なるほど、そうするとティーによってアングルも距離も変わってくるので、攻め方も心理状態も変わってくるわけですね。

**ポーレット**　それは驚くほど変化するでしょうね。

**降旗**　それともう一つ、基本設計図面によると、ティーの呼び名が従来と違うようですね。

**ポーレット**　ティーに関しては伝統的に、チャンピオンティーとか、レギュラーティーとか、レディースティーとか呼ばれて使用されていますが、私たちは、そう呼びたくないと考えているのです。私たちの考え方は、基本的にティーをゴルファーの能力に応じて使いわけていただきたい。

たとえばアメリカでも私の住んでいるところに、私よりゴルフが上手な女性がいるわけで、そういう女性がいつもレディースティーを使わなければいけないというのはおかしいのではないか。要は、性別年齢別ではなく、ハンディキャップによってティーの使い分けをしていただきたい。

それで呼び名も、たとえばカラーティーと名付けて、ブルーのティーだとか、ゴールドのティーだとか、白とか赤とか、そういうことで識別してやっていただくことができるのではないでしょうか。ティーごとのコース・レーティングを計算にいれれば、公平なプレーもできるわけです。

**降旗**　なるほど、新しい考え方ですね。

**ポーレット**　一つおもしろい話を思い出したんですが、アメリカのプロのトーナメントでも、ティーは一番後ろにもっていくのが通例なんですが、一度だけこれを前にもってきたことがあるんですね。その時、プロたちは大いに迷ったらしいんです。ドライブ・オフした方がよいのか、スリーアイアンの方がよいのか……この場合、プロの人たちにとってもひとつのチャレンジだったわけで、こうい

アンジュレーションを生命とするボール・ゲームは、ゴルフ以外にはない。

う考え方もあるのではないか。

**降旗**　それはおもしろい話ですね。日本のプロ競技の場合、ティーはいつも真四角で、その一番バックから打つわけですが、将来、富里でプロ競技が行われる場合、日によってはフロントを使うことも考えられるでしょうね。

**ポーレット**　いまから、それを断言することはできませんが、いろいろな選択権をプロに与えることによって、プロに対してもよりチャレンジングなプレーを提供出来ると思います。必ずしも前の方のティーから打つだけでなく、ティーに角度の変化をつけてその分だけむずかしくするということもできるのではないでしょうか。

## フェアウェーは戦略性を周到に設計

**降旗**　それでは、その次にフェアウェーについてお願いします。

**ベンツ**　フェアウェーのデザインは、自然をどこまで生かせるか、自然のいろいろなバラエティをいかに取り入れるかに最大の注意をはらいました。場合によっては非常に平らなものをそのまま生かしましたし、場合によっては右あるいは左に勾配があるものはその勾配を戦略的に取り入れることをねらいました。

　また他方では、くぼんでいるようなところをそのまま設計いたしました。そうすることによって、ショットがそこにとどまりやすいというようなものを造りましたし、場合によっては流れのあるようなものを造ろうとしました。また、ドーム型になっているマウンドでは非常にショットがむずかしいわけですね。そういったことすべてに自然のアンジュレーションを利用して、できるだけバラエティをつけようといたしました。そうすることによって、ゴルファー自身にも、ショットをするときに大きなチャレンジを与えようといたしました。

　一方、比較的小さないわゆるターゲット・エリアを造ることによって、そのエリアにうまい具合に打ったときは、2番目のショットつまりグリーンへのせるためのショットがその分だけ簡単になるというような、いわゆる褒美を与えるようにデザインしました。

　それ以外にも、いろいろな視覚的なだましなども使いました。たとえば、こういう方法で打った方がやりやすいのではないかとゴルファーに思わせておいて、実は、そちらの方がずっとむずかしかったというようなことも取り入れています。これが、いわゆる、スコットランド風な、先ほども申しましたオルタネート・ルート・セオリーです。

　とにかく、こういうようないろいろな方法を利用して、ゴルフを公平でおもしろく、エクサイティングなものでありながら、それと同時に、常にチャレンジングなものにしようという努力を心がけました。

## ドラマチックな ホームホール9番、18番の池

**降旗**　わかりました。それでは、次にハザードについてお伺いしたいと思います。

**ポーレット**　まず最初に申し上げたいのは、最も重要なハザードといいますと、それはどこのゴルフ場にも以前から存在していたという自然のハザードだと思います。たとえばガケが多少あるとか、くぼ地がある場所ですとか、樹木ですとか、場合によっては風もハザードになるわけですね。

サンド・トラップは人工的なハザードです。一番最初のゴルフ場は海の近くにありましたので、最初のサンド・トラップというのは海の近くの砂丘だったわけですから、これは自然なものだったわけです。しかしながらゴルフが徐々に内陸に移動することによって、何らかの人工的なものを造って、砂丘のかわりを果たさせたわけです。そのためにイギリスの内陸、アメリカ、東洋等にゴルフ場が移動するときに、サンド・トラップというのが必要になってきたわけです。

それから、さらに池も造っておりますけれども、これもまた人工的なもので、最初の時期のゴルフ場には、池は全く存在しませんでした。

**降旗**　そうすると、ハザードも自然と人工との兼ね合いが大切なわけですね。

ハザードはゴルフを劇的にする。ハザードのないゴルフは生命も魂もなく、単なる退屈なスポーツにすぎなくなるだろう。　**ロバート・ハンター**

グレンイーグルス

**ベンツ**　富里の場合は内陸の美しい自然林に恵まれていますから、当然、樹木が戦略上重要になります。ですから一本の樹にいたるまであらゆる角度から考察します。工事に入る前から足をはこんで、一本一本マーキングし、残すか、切るか、移植するか慎重に決めます。

**降旗**　富里では池もかなり戦略性がありますね。アメリカと比べ、日本では一般に池の配置はティイング・グラウンドに近いところにあって、ビギナーいじめのものが多いようですが（笑）。

**ポーレット**　9番、18番の図面をご覧になればお分りいただけると思いますが、富里の自然の地形を生かして池を配置させました。攻め方によっては安全ルートもありますし、魔物が棲む美しいワナともなります。どんなドラマチックなホームホールになるか想像してみて下さい（笑）。

**降旗**　想像するだけでもエクサイトしますね。優勝を競う名手たちが、どのクラブを選んでどのように攻めるか、上がってくるプレーヤーを見ているだけでも楽しいですね（笑）。

**早川**　詳細図を見ると窪地やグラス・バンカーがバンカーと同じような役目をしていますね。私のような腕ではバンカーよりは安心してショットできますが、プロにはかえって難しいのでしょうね。

**ベンツ**　いろいろな技術の駆使を要求され

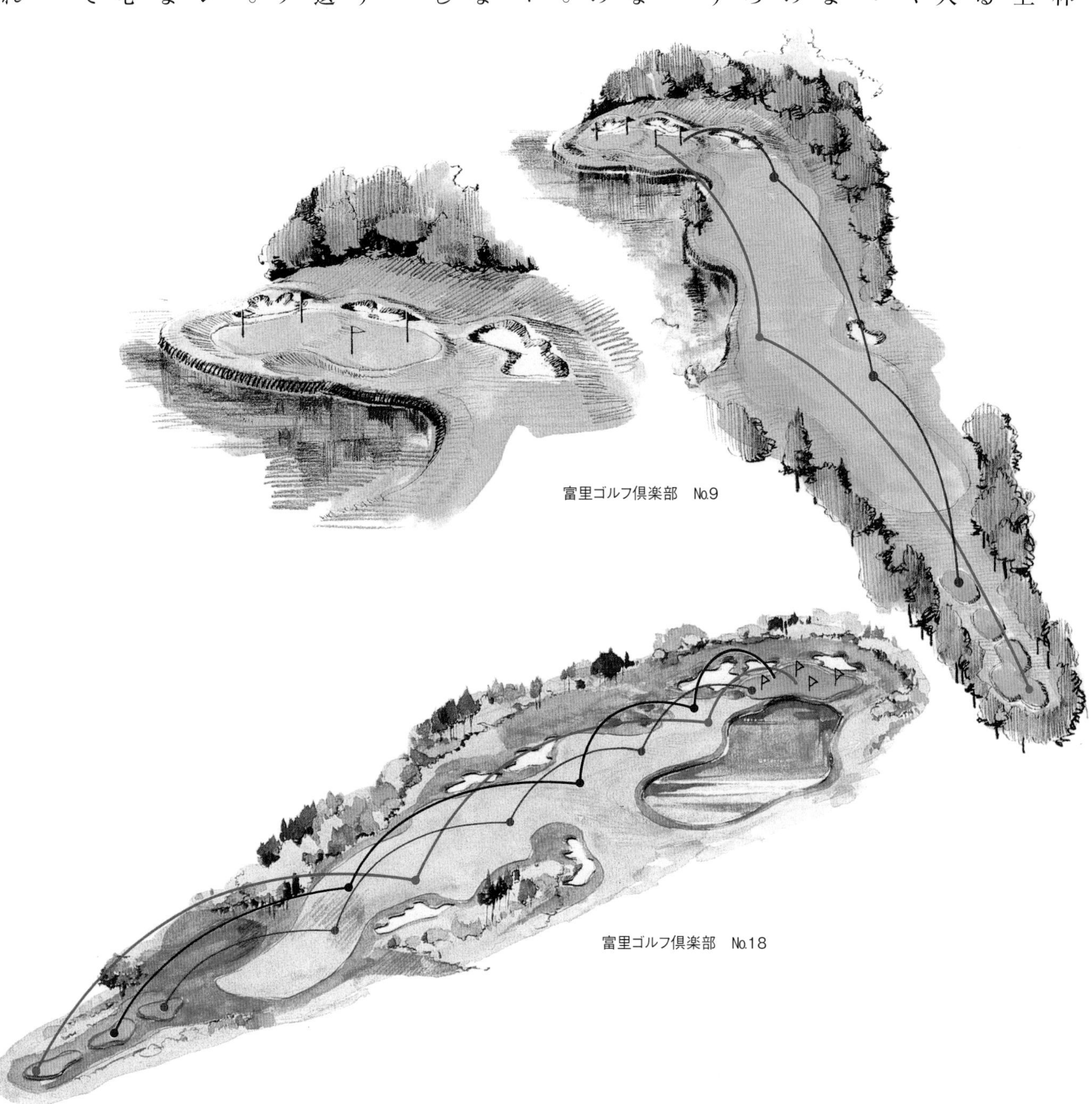

富里ゴルフ倶楽部　No.9

富里ゴルフ倶楽部　No.18

るハザードについてもできるだけ自然を生かして、しかもバラエティーを出すよう設計しました。

## 5. なぜワングリーンでなければならないか

### 本格的戦略型ワングリーンとは

**降旗**　ではいよいよグリーンの問題に移りたいと思います。これは早川社長も当初ご関係なさったお仕事ですが、オーク・ヒルズ・カントリークラブは関東でベント・ワングリーンを一年を通して使うことに成功したわけですが、これについては、さすがアメリカの永年の品種改良の研究や農業技術の革新の成果と私たちも驚いているわけです。現在、日本のグリーンは大部分ツーグリーンといってよいと思います。そこで、ツーグリーンとワングリーンの決定的な差とは何か、ゴルフの専門家としての感想を伺いたいと存じます。

**ポーレット**　アメリカでもかつてツーグリーンのコースがありましたし、また日本においてここ40年間なぜツーグリーンのコースが多く出来たかについては、すでに、金田武

ゴルフという不思議なゲームのなかで、最も不思議なゲームはパッティングである。　ボビー・ジョーンズ

スパイグラス・ヒル No.15

明さんが、くわしく分析されており、私たちも全く同じ意見なのでここでは述べません。

日本におけるツーグリーンは、やむをえない技術的な解決方法として行われてきたと思いますが、やはりツーグリーンはゴルフコースの質というものを損なってしまった感じがいたします。

あるゴルフ場があって、その他の点についてはすばらしい特徴を持っていても、ツーグリーンにしてしまったがために、平凡なゴルフコースになってしまったということが間々あるのではないでしょうか。

### ツーグリーンは富士山が二つ並んでいるのと同じ

**降旗**　なぜツーグリーンはコースを損なってしまうのでしょうか。

**ポーレット**　それは、富士山が二ついっしょに並んでいる状態を考えていただきたいと思います。これではお互いが張り合っているわけですから、いかに富士山が美しいといっても目立ちにくい。二つあるがゆえに、お互いに印象を薄くしてしまっている。――そのように私は感じます。

**ベンツ**　私も同感です。グリーンは本来、そのホールの最終ターゲットであり、ゴルファーはターゲットに向かって挑戦していくわけです。そのターゲットが二つあることは

どうしても焦点がぼけてしまいます。設計理論からいえば、まったくナンセンスなものでしょう。

**降旗**　分りました。それでは、富里ゴルフ倶楽部のグリーンは、どのように設計されるのかお話しください。

**ベンツ**　私たちはパッティングは非常に重要だと考えております。なぜならゲームの半分の36ストロークをパッティングが占めるからで、これは当たり前のことなのですが、残念ながら全世界のグリーンを見てみても殆んど似たりよったり。形は円形に近く、非常に平坦なものが多いです。

私たちは、ゴルファーがパッティングに入る前に、ボールのスピードがどのくらい出るか、またボールがピンに向かってどのような動き方をするか、ということを充分考えさせることによって、再びパッティングがゲームの中心となるように設計します。

私たちのグリーン図面を見ていただければよく理解いただけると思いますが、グリーンの表面だけでなく、パッティンググリーン全体を一つの構図として設計しています。これもごらんいただければ明白ですが、単なる円形でなく、決して平らではありません。これが私たちの考えるスコットランド指向の戦略的なスタイルのグリーンです。

**ポーレット**　ここで一つ重要なことをつけ

ピンポジションによって攻略ルートが大きく変化する

加えたいと思いますが、グリーンにバラエティをつけるといっても、バラエティのためのバラエティであってはならないということです。重要なことはそれぞれのホールを取り囲んでいる自然環境にマッチしたものでなければならないという点です。

たとえば、あるグリーン回りの地形が非常に起伏に富んでいて厳しいものであれば、グリーンも起伏に富んだものに設計します。逆に、たとえば全体がやや窪地にグリーンがある場合は、窪地の印象を引き継いだ静かな形と起伏のグリーンに設計します。

これらは、グリーンに限らないことですが、常に周りの状況、全体的な自然環境とどうマッチさせるか、そこにデザインの肝腎な点があります。

**降旗**　グリーンもまた、地形の一部になっていなければいけない、ということですね。

**ポーレット**　全く、その通りです。大自然がそこに築いたように存在するものでなければなりません。したがって、まっ平らなグリーンはありえないわけです。

## パッティングを再びゲームの中心に

**降旗**　戦略型コース設計では、まずティーのアングルによって、様々な攻略法を考えさせ、最後にグリーンでも考えさせるわけですね。

**ベンツ**　日本の多くのパッティンググリー

ゴルフ・コースは女に似ている。諸君が彼女らの扱い方をよく心得ているかどうかによって、彼女たちはたのしくもあり、あるいはひどく手におえなくなるのだ。　**トミー・アーマー**

ミッションヒルズ No.6

ンは眼鏡のように円形に画一的に統一されていて、変化が少ないようですね。

**降旗**　もっとも二つに分割されたグリーンにアンジュレーションや形状の変化をたくさん盛り込むのは難しいのでしょうね。

**ベンツ**　ゴルファーがこのようなグリーンでのプレーに本当の面白さを感じ、エクサイトしているとは考えられないのです。ですから私どもはそれに変化をつけようとしました。そして、変化をつけることによってチャレンジングなものにし、おもしろいものにしようとしました。そのためには、多少、起伏がついているパッティング・グリーンを造ってみたり、アンジュレーションを利用することによってピンを保護しようとしました。

**ポーレット**　それと変化の多いグリーンでは、ピンポジションを毎日移すことによって、いろいろな攻略法が生まれます。少なくとも四ヵ所以上のピン・ポジションが設定できるよう設計しましたので、ティイング・グラウンドのマークの置き方とともに多様な興味のつきないホールになると思います。

**降旗**　グリーンひとつの中にもゴルフゲームにおけるパッティングの面白さ、頭脳と技と緊張した精神を要求する要素がふんだんに盛り込まれるということが分ってきました。

**早川**　事実、私自身もプレーをしていて変化の多い早いグリーンで真剣になっていると

ゴルフの妙味は、人生と同じく変化にある。穴じような構造のホールがいくつもつづくのはまったく退屈だ。
それは水っぽいスープのあとに、水っぽいプディングが出るのと同じだからだ。　ロバート・ハンター

オーガスタ No.12

きは次のティーオフもまたターゲットに向かって真剣になるし、グリーンがコースの核心であり、ゴルフ全体の流れにすごく影響を与えるということがよく分ります。

**ポーレット**　ベンツもいったように、パッティングを36ストロークとすると、プレイの半分を占めるわけで、平らで2パットを保証したようなグリーンはきわめて退屈なものです。私たちはこれをもう少し面白くしようとするわけで、狙い通りのところへ打ったドライブ・ショット、会心の5番アイアンのショットと等しい価値を、パッティングにも与えたいのです。力一杯の長打よりも、グリーンを読み、微妙なタッチでパッティングする面白さを重視しているわけです。

## ベント・ワングリーンを可能にした技術とは

**早川**　ところでベント・ワングリーンが関東の気候風土の中でも充分に維持できるということは、オーク・ヒルズでの実験で立証され、私自身はお二人の技術に全幅の信頼をおいているわけですが、まだ心配な方も多いと思いますのでその辺のお話をお願いいたします。

**ベンツ**　最近私達はテキサスのダラスとアリゾナにコースを造りました。これは湿度と温度に関する極端な例ですが両方ともグリーンにベント芝を使用しています。ダラスは95パーセントから98パーセントという高い湿度

と摂氏36度の高温が続き、頻繁に雨が降ります。反対にアリゾナは非常に暑いと共にカラカラに乾燥しています。

**降旗**　同じ芝草を使用しているのですか。

**ポーレット**　同じクロス・クリーピング・ベント芝をです。こんなことが可能になったのはグリーンの造り方と芝草の研究の成果のおかげです。

**ベンツ**　非常に重要なのは、砂構造にしてグリーンの水はけを良くすることです。グリーンの表土を土で造らないことです。砂と有機物のみで造れば水はけが良くなると同時に水の吸収も良くなります。そして、それは根にとってちょうど適量の水を保持するように計算して、粒度などを調節して造るのです。

**早川**　養分の保持と排水のスピードをコントロールするのですね。

**ベンツ**　ものすごく慎重にです。

**降旗**　グリーンの構造と表土がベントグリーンの維持を左右するわけですか……。しかも劣悪の条件のもとでも耐えられる……。

**ベンツ**　そうです。日本の気候風土は特殊で、夏と冬の温度差が大きいと、早川社長も数年前は心配されましたが(笑)、日本はちっとも特殊ではありません。世界中にコースを造ってきた私達から見れば恵まれている方です。

**降旗**　砂漠もツンドラもない日本は恵まれすぎていたために、苦労と研究が不足だった

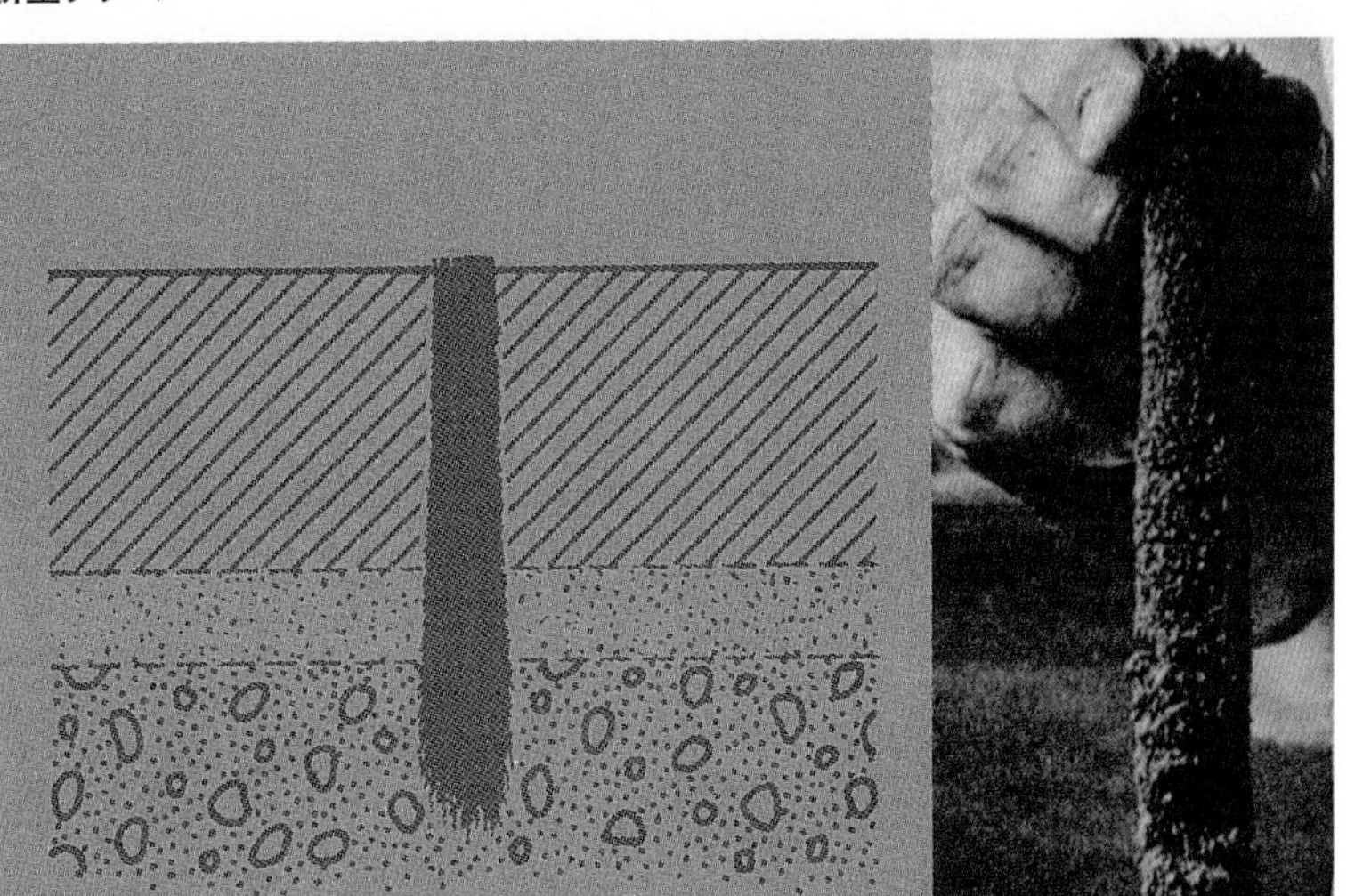

新型グリーンの強靭な芝根は35~45㎝も伸びる

というわけですね(笑)。

**ポーレット**　香港でも現在わたしたちは高級コースのプロジェクトを進めています。香港の湿度は、日本のツユや夏の湿度とは比較出来ないほど高いのです。それでも私達はベント芝のグリーンを使っており実に良い状態になっております。周辺のゴルフ場が使っている高麗芝やバミューダ芝よりも立派に耐えています。私達のゴルフ場のティーでさえ、他のコースのグリーンよりも良くみえますよ。

**ベンツ**　香港ではグリーンがうまくいったので皆驚いています。今だに信じられないという様子です。私達のやっているのは単なる実験ではありません。実際にやってみてうまくいくことを実証して、それを買って貰っているのです。

**降旗**　プロフェッショナルなのですね。実際に成功することを示さなくては競争の激しいアメリカでのビジネスを生きていくことはできない。貿易でもゴルフコース設計でもその意味では同じ世界にいるわけですね。

**早川**　ツーグリーンはアメリカでも以前はあったそうですね。

**ベンツ**　アメリカでも1920年から30年頃は東南部ではグリーンが2つありました。それはこの地域が冬には温暖シーズンむきの芝が枯れ、夏には寒冷シーズンむきの芝が弱ってしまう。日本と同じような気候帯で

あったからです。

ところが新しい効率的な維持方法と機械を導入した結果、ワングリーンの芝が非常に多様な気候のもとでも生育ができるようになったため、昔物語になってしまいました。

**早川**　新しい技術がツーグリーンを追放した――。日本もその方向へ行かねばいけないですね。

**ポーレット**　アメリカには２０００種以上の芝草が世界中から集められ研究されています。様々な条件下においてです。ですから芝草は多種類の中から用途に応じて選べます。水を必要とするものもありますし、水を必要としないものもあるのです。

**早川**　この分野ではアメリカの技術は世界一ですね。

**ベンツ**　私達の技術によって仕上がったベントグリーンはかなり短くカットできるので、一年を通してなめらかな変化に富んだ、飽きることないグリーンを富里コースに保証できます。

**降旗**　ありがとうございました。私たちにも、富里コースの設計のあり方がよく理解でき、きっとすばらしいコースが出来上がると、いささか興奮してまいりました。おそらく日本ではじめての個性豊かな、本格的な戦略型コースが出来上がるのではないかと、期待をしております。

しかし、ここで角度を変えて質問をしたいのですが、お二人のすばらしい設計理論、構想を、日本の土地で、日本の工事者で、その通りに実現できるものなのでしょうか。その点についてお考えをお聞かせいただきたい。

## 6. コース完成までのチェックポイント

### 設計はペーパーワークではない

**早川**　これは非常に重要なポイントだと私も考えています。ビジネスとしてももっとも肝腎のところであり、私の責任もきわめて大きい場面だと思います。お二人の設計は、単にデザインの問題ではなく、アメリカにおけるさまざまな技術革新を背景にしているものであって、たとえばベント・ワングリーンの問題一つをとりあげても、図面を受けとって右から左へと工事担当者がこなし得るものではないと思います。

そこで、国内側の態勢としては、伊藤忠商事の綜合管理のもとに、施工はオークヒルズでワングリーンの経験をもった熊谷組が担当する、という万全の布陣を敷いたつもりですが、この工事現場の監督は、設計者自身にやっていただく、それも工事に入る前の準備段階から最終の日まで必ず立ち合ってもらうということで、すでにポーレット、ベンツ両氏の快諾を得ています。

これだけは、必要絶対条件と考えていますし、幸い、伊藤忠さんがついていますので、資金面での心配が全くなく、私自身もこれからはコース造りに全力を投入できるわけで、自信をもっております。

**ポーレット**　これは、日本ばかりでなく、アメリカで仕事をする場合にも、設計者と実際に工事に当たる人間との間に大きなコミュニケーション上のギャップが生じることがあります。エンジニアは芸術家ではありませんから、われわれの設計者のアイデアが理解されず、実現されないというケースも少なくありません。われわれとしてはきわめて失望する結果となります。

私たちとしては現場の監督はむしろ望むところであり、今回の富里のコースについては、早川社長の非常なご理解と熱意もあり、工事の第一日目から私どもが必ずその場にいて、すべてをスーパーバイズするというシステムを取り入れました。つまり最初の一本の木が伐採される前の段階から私たちがそこにいるということです。そこに残すべき木が不用意に切られたりするようなことは、いっさいないような非常に完璧な状態に今回は恵まれました。

**早川**　私は「あなた方の理想とするコースの完成品を買いたい」と、このお二人に言ったのです。

**ポーレット**　そのことは、きっと早川社長にすばらしいメリットになると、私たちは思います。たとえば、絵かきだったとすると、こういう絵を描きたいとイメージをかため、デッサンし、そして色を入れていき、絵を完成させます。絵かきは、絵の描き方の計画を立てるのではなく、絵そのものを描かなければ絵かきではありません。

これと同様に、私たちもゴルフ場の設計に当たって、ただ紙に設計図を書くだけではなくて、現場に行って自分で工事に携わるのが本筋で、そうしなければ設計は完成しないのです。

## メインテナンス、改造もお手伝いします

**ベンツ**　つけ加えますと、ゴルフコースはいったん完成すれば、終りというものではありません。さらにメインテナンス、改造の場合にも、私たちは立ち合いたいと思っています。ゴルフコースが出来上がった後、そのコー

富里　ギャラリーに見守られたプロ競技の表彰式

ゴルフを見れば見るほど、わたしは人生を思う。
いや、人生を見れば見るほど、わたしはゴルフを思う。
ヘンリー・ロングハースト

富里　プロ競技の大詰めでギャラリーも興奮した

スが偉大なコースであると評価されるか否かはメインテナンスにかかってきます。

完成2年後、5年後、10年後、そのゴルフコースを価値づけるのはメインテナンスであり、さらに年月とともに改造が必要になります。オーガスタ・ナショナルができたのは1932年ですが、その名声は、ジョーンズ、マッケンジー博士の設計のすばらしさもさることながら、コースを大事に育てたメインテナンスのよさ、度重なる改造、改良工事のおかげで名声を保ち、高めているといえます。オーガスタの改造には私達も加わったことがありますが、私たちが設計した富里コースについては、将来の改造についても、私たちがぜひ参加したいと考えているわけです。

**早川**　それは私の方からも心から望んでいることです。

**降旗**　今のお話を伺い非常に力強く感じました。富里ゴルフ倶楽部に賭ける早川社長の情熱と、設計家の情熱がぴったり一致して、実質的に内容のきわめて豊かなコースが生まれるだろうと確信をもてました。

### 設計者と経営者の情熱がぴったり一致して

**降旗**　ところで、お二人は今回の日本でのビジネスに非常に力を入れておられるように思いますが、パートナーとしての早川社長の印象を聞かせて下さいませんか。

**ポーレット**　早川社長が目の前におられるので話しにくいのですが（笑）、率直な話、早川社長のようなクライアントと仕事ができることは、非常に珍しいことです。通常、残念ながらわれわれのクライアントは、早川社長の場合と違い心からゴルフを愛している人でない場合が多いのです（笑）。

早川社長はゴルフを心から愛している。そして本当にすばらしいゴルフコースを造りたいと心から願っています。これはごく当然と思われますが、意外にそうではないのです。

その点で、私たちは早川社長にめぐりあえたことは大変、幸運でした。もちろん、早川社長もビジネスとして、つまり経営的に成功することを願っておられると思いますが、そのためにはまずすばらしいコースを造ろうという、非常に大切な基本的な考え方が出来上がっています。私たちとしてもこれは、最高の仕事をするすばらしいチャンスなのです。

**ベンツ**　同感です。これまでも早川社長といっしょに仕事をして感じることは、非常に忍耐強い。これは私達の仕事にとって大きな刺激になっています。富里コースは、すばらしいゴルフコースになりますよ。

**早川**　いろいろご理解いただいてありがとうございます。ぜひとも、いっしょに手を組んで、歴史に残るようないいコースを造りたいと燃えています。

## 7. 富里ゴルフ倶楽部の未来像

### 次代に伝えるべき遺産

**降旗**　最後にもう一度伺いたいと思います。お二人が富里ゴルフコースで、もっとも大切に考えているテーマ、将来のメンバーに伝えておきたいことは。

**ポーレット**　実は、私とベンツは、数年前スコットランドのゴルフコースでプレーをしている時に初めて会ったわけです。ロイヤル・ドーノックというコースですが、ここで初めて会い、夕方に二人で芝に腰をおろして、時間を忘れるほどゴルフコースの哲学、設計思想について語り合いました。

その時二人の意見が一致したのは、スコットランドのゴルフコースに比べると、いま現在世界中で造られているゴルフコースは、非常に多くのものを失っているのではないか、ということです。たとえば、いまのコースは芝生があまりに多すぎるのではないか、また余りにも土地に変化がなさすぎるのではないか、――私たちはコース設計の専門家として、スコットランドのゴルフコースがいまだに保ち続けている理念というか、哲学というか、そういうものをしっかり保全して、それを次世代に伝えていかねばならないと感じたわけです。今まで、私たちはスコットランドのコースについて、さまざまな角度から研究を重ねて来ました。その結果、ようやく私達の設計思想も識者に認められるようになりました。私たちが富里で試みようとしているテーマは、そうした理念にもとづいたコース造りであり、言葉でいえば、「スコットランド指向の戦略型コース」です。しかし、すでに申したように、スコットランドの風景をそのまま持ち込むようなものでないことは、ご理解いただきたいと思います。

## 富里は日本のゴルフコースのターニングポイントになるだろう

**ベンツ**　私たちの仕事の評価については、ぜひ、将来の会員の皆様にお願いしたいと思います。最近流行のような現象になっていますが、設計分野においてもある特定の有名プロに結びつけて、これをパブリシティするようなコースがありますが、このような権威主義的評価の押しつけは反対です。コースというものは、コース自体のメリットと価値で評価されなければならない、と私たちは信じています。したがって、たとえばある著名なプロゴルファーが先だってこれはすばらしいコースだと発言したり

人間の機知が発明した遊戯で、ゴルフほど健康な保養と、爽快な興奮と、つきることのない愉しさの源泉とを与えるものはない。　アーサー・バルフォア

メリオン No.13

するのも、アンフェアだと考えてます。

私たちは、私たちの長年の経験と技術で、コースの景観もふくめ、クライアントの利益や要求をすべて盛りこんで、コースを設計しています。したがって、コースの評価は、そのコースでプレーするゴルファーにまかせているわけで、われわれ自身が名声を得るためのものではないのです。

**ポーレット**　私は実際、富里ゴルフコースは日本のゴルフコースの歴史の中で、一つのターニング・ポイントになると信じています。早川社長とのパートナーシップならば、必ず実現できるものと信じています。

## 富里のメンバーへのメッセージ

**降旗**　それでは、その点でも、完成を心待ちしているメンバーの皆さんにメッセージを。

**ベンツ**　富里ゴルフ倶楽部のメンバーの皆様には、まずプレーする上で忍耐をもっていただきたい。よりゴルフをチャレンジングにエクサイティングにするよう、われわれは設計したのですが、その点を理解していただくためには、第一印象だけでなく、忍耐強くプレーして、分っていただきたい。そして、そのコメントをぜひいただきたいと思います。

**ポーレット**　私も最初のプレーの直後に判断するのは避けていただきたいと思います。というのは私たちのコースは、微妙な特徴を

非常に多く生かしてありますので、それらをきちんと評価していただくのは時間がかかると思うのです。

多分、最初にプレーなさったとき、このコースは既存のコースと全く違っているという印象を得られると思います。そして徐々に回数を重ねるたびに、このコースが非常にプレーしやすい、親しみぶかいコースということが分っていただけ、さらにチャレンジングな楽しみ、決して飽きのこない、エクサイトせざるを得ない魅力が分っていただけると思います。


**ベンツ**　歴史の息づいているセント・アンドルーズにはゴルフの神髄があり、世界中のゴルファーがここでプレーをしたいと望み、多くが語られていますね。しかしオールドコースは一見、なんの変哲もなく、スコットランドの風景の中に見渡せます。

多分一度だけプレーされたゴルファーでその巧妙さと魅力を充分に理解できる人は少数だろうと思います。

有名なボビー・ジョーンズにしても彼の伝記に語られていますが、最初から敬意を払っていたわけではありません。1921年の全英オープンでは彼はスコアーカードを破ってしまったほどです。その後、彼はオールドコースを研究し、挑戦した結果、6年後に雪辱を果たして優勝し、また1930年夏にはここで全英アマの優勝を飾って「グランド・スラム」の第一歩としました。

「オールド・コースを研究すればするほど、ここを愛するようになり、好きになればなるほど、ますます研究した」とジョーンズは語っています。私どもは次世代にも受け継がれ、歴史の息づくゴルフコースを富里に造ろうとしております。

**降旗**　今日は長時間ありがとうございました。また次回に、コースについてくわしくお話しいただきたいと思います。

富里 No.16

**ポーレット**　私たちもいよいよ着工の時期に差しかかっており、われわれのコンセプトが実現される様子を早く見たいと、興奮しています。非常な期待感をもっております。会員の皆様によろしくお伝え下さい。

設計者略歴

**Mr J.Michael Poellot**

一九四三年、ペンシルバニア州生まれ。

アイオワ大で造園設計を学び、米国陸軍でタイ在留中にR.T・ジョーンズJr.と知り合い、一九七八年から彼の設計事務所副社長の極東担当デザイナーとして20コース余りを設計。

その後、独立してJ.M・ポーレットデザイン社で世界中に300コースを造った。米国にゲイニーランチゴルフクラブ、中国に北京ゴルフクラブなど。

最近では韓国・済州島のブラックストーンゴルフ&リゾート、トム・ファジオと共作のプリザーブゴルフクラブ（カリフォルニア州）などの代表作がある。

**Mr Bradford L.Benz**

一九四六年アイオア州オレーヴェン生まれ。

アイオア州立大学で造園設計専攻。

同大学院でゴルフ場設計と造園設計専攻。

一九八〇年独立。

ベンツ&ポーレット ゴルフコース アーキテクツ設立。

ASGCA会員。

司会者略歴

**降旗健人**（ふるはた・たけと）氏

昭和5年東京生まれ。
27年慶応義塾大学卒。
30年米国北カロライナ大大学院修士課程修了。
27年伊藤忠商事（株）入社シカゴ支店長等を経て
58年代表。取締役常務に就任。
霞ヶ関、川崎国際、千葉、
伊豆大仁カントリークラブ会員。

本文中のゴルフ名言は摂津茂和先生より、ご提供願いました。

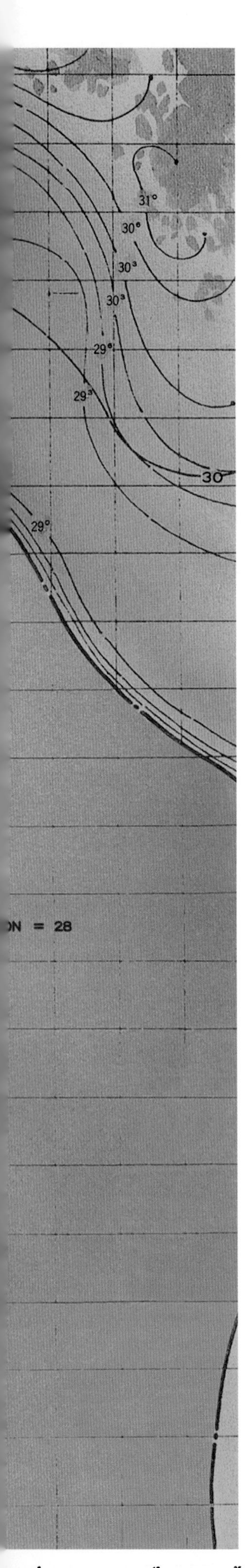

## 富里ゴルフクラブ

# 18

**PAR5**
**BLUE:570yds WHITE:565yds RED:495yds**

### LEGEND

- Existing Contours
- Proposed Contours (.33 Meter Interval)
- Lake Edge
- Edge of Green
- Edge of Trap
- Edge of Tee
- Edge of Fairway
- High Point / Low Point
- Drain Tile
- Surveyor's Control Line
- Surveyor's Turn Point
- Survey Staking Point

ペブルビーチの18番がそうであるように、富里の18番もまた最高の興奮をさそう。ペブルビーチの太平洋に対して、富里の場合は大きなウォーターハザードが、幾多のドラマを待ちうけている。ピンまではほぼストレート。しかし、フェアウェーはその他のホール同様、単調ではない。あるところは狭まり、あるところはゆるやかに起伏し、またあるところは右傾斜となって、難問を突きつけてくる。そして、ひとたびフェアウェーをはずすや、バンカーやグラスバンカーがつぎのショットに最大級の難しさを投げかける。

もし、最高のドライブを放ったとしても、第2打は1打以上の緊張が強いられることになるだろう。スライスが少しでもかかろうものなら、右傾斜のフェアウェーも手伝って、ボールは池に消える。池をきらって少しでもひっかけたなら、ひざほどもある深いグラスバンカーが待っている。富里の18番は、日本にあるどんな18番ホールよりも、技と頭脳で攻めることを要求しているのだ。

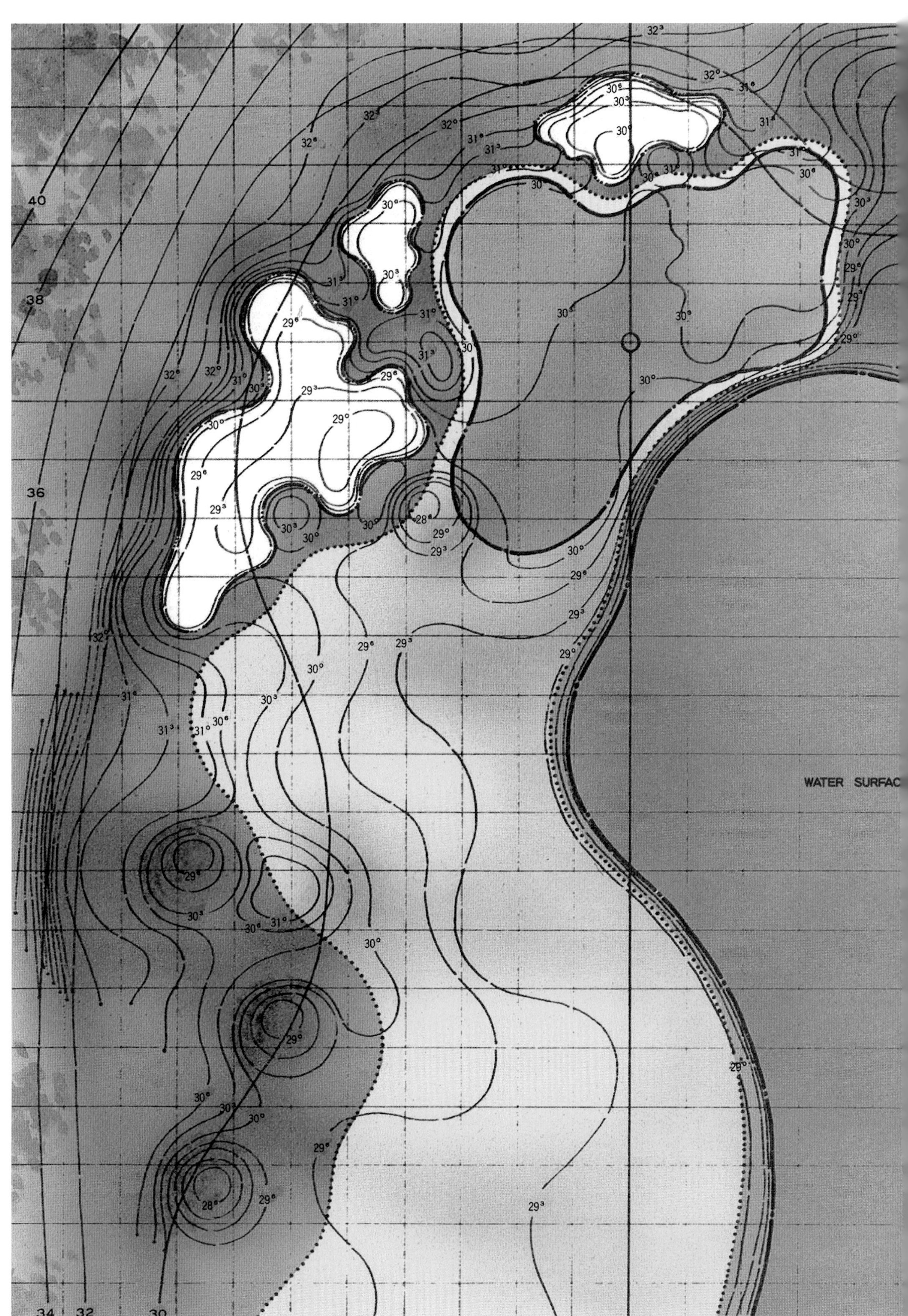
40
38
36
34
32
30
WATER SURFAC

〈インタビュー〉

経営者に問う富里ゴルフクラブの目指すもの

# 日本のゴルフコースの歴史を塗りかえる意気込みで

答える人● 東京グリーン株式会社 代表取締役社長 早川治良

ききて● 富里ゴルフ倶楽部会報編集部

昭和五十九年八月

## 第一の仕事は最高のパートナー探し

**編集部**　富里ゴルフ倶楽部の計画に当って、コース設計者の選択は非常に大切なポイントだったでしょうね。

**早川**　コースの質を決定しますからね。ゴルフコースは一度造ってしまえば長生きするものだし、そもそも最初が大切だと思います。私は、まだ48歳ですから、今後20年も30年もゴルフは楽しみたいし、それだけプレーしてもなお飽きのこない、すばらしいコースをつくっておきたい。そのためには、私自身が長期的視野に立って判断していかなければいけない、そう思ったわけです。漫然とただゴルフ場をつくる、のでは日本にたくさんあるゴルフ場の数が一つふえるに過ぎないわけです。

**編集部**　富里のような立地と自然に恵まれた土地を入手し許認可がとれれば、並みのゴルフ場をつくることは、比較的簡単だろうと素人にも分かりますが……。

**早川**　ですから、安易な道に走りたくないと思うと同時に、これは永年の夢が実現できるチャンスだと私は考えたんです。思いきって資金も投じて、すばらしいコースをつくる。それも日本のゴルフコースの歴史をかえるくらいの価値のあるものを、今なら造れるのではないかと——。それでは、今つくりうる最高のものは何なのか、私の考えや情熱を分かってくれて、最高の仕事をしてくれるパートナーは誰か、これはコース設計に限らず、富里ゴ

早川社長

ルフ倶楽部を実現していくあらゆる部門について、私の一番大事な仕事になりました。

**編集部**　ポーレット、ベンツは、早川さんのよき理解者となりましたか。

**早川**　初めは金田武明先生に紹介の労をとっていただいたのですが、非常に誠実で謙虚で、私の話しをよく聞いてくれました。座談会でも言ってましたが、回数を重ねるたびに他のクライアントとはちがうぞ、と分ってくれたわけです。(笑)今では家族ぐるみの親密なおつき合いをしていますよ。

**編集部**　ポーレットとベンツはアメリカだけでなく世界中をいつも一緒に仕事をしてまわっているのですね。それぞれの個性と芸術感覚がジョーンズとマッケンジー博士のごとくうまくかみ合って、次々と名コースを生んで注目を集めているようですが、大家ぶったり、権威をふりかざすところが全くありませんね。

**早川**　彼らはアメリカの戦略型コース設計理論の先頭に立っている有力な若手パワーなのですが、物静かで、学者肌とさえ感じさせます。ポートレットが１９４３年生まれといいますから42歳でしょうか、ベンツはその３歳年下なんです。好感がもてるのは、彼らが自分の名前を売ろうと考えていない点です。なんというか、背景に無数のデータの引き出しを隠し持っていて、いつでもどんな要求にも応じようとする新しいタイプのテクノクラートといった感じです。

**編集部**　若くて働き盛りのテクノクラート、信頼がおけますね。

**早川**　私の方も若いですから、とてもよいパートナーシップだと思います。

## 面白くたのしいコースこそほんもののゴルフコース

**編集部**　座談会でコース設計については、私も認識を深めましたが、はたして日本のゴルファーに受け入れられるでしょうか。

**早川**　ひとつには、戦略型コース設計理論というか、ゴルフの歴史を背景に、ゴルフコースとはいかにあるべきか、という点については摂津茂和先生、金田武明先生ほか識者のご研究によって、ずいぶん広く知識が行きわたってきたと思います。それに、日本でも海外のコースでゴルフを体験される方も多くなり、日本の従来のコースのおかしなところは皆さんお気づきになっておられるのではないかと思います。

**編集部**　ことにツーグリーンはね。

設計者と家族ぐるみのおつきあい　　模型を前に討議する設計者

早川　そうですね。ゴルフゲームの本質にかかわるところですから。

編集部　これが実現可能なのはオーク・ヒルズ・カントリーで実証ずみですね。

早川　私も当時、オーク・ヒルズの計画には参加しましたが、当時非常な反響があり入会希望者が殺到しました。ここは富沢広親先生とトレント・ジョーンズ・ジュニアの共同設計ですが、アメリカ式のベント・ワングリーンのコースというところが人気を呼び、成功したのだと思います。

編集部　ポーレットたちは、ゴルフは面白い、たのしいものなんだ、といっていますね。

早川　そこが大事なんです。彼らは、ゴルファーにおもねてそんなことをいっているのではないんですね。そもそもゴルフは発生したときからたのしく面白いゲームなのだと思います。ですから日本のゴルフコースの主流をなす科罰型、長打だけが有利なコースはゴルフを退屈にしてしまうという主張は私にもよく分かります。彼らはコースを面白いたのしいものにするにはどうしたらよいか、その点をスコットランドのコースで徹底的に研究、分析することで、そのノウハウをもっているんです。

編集部　戦略型理論を一歩進めたということですね。

早川　それでスコットランド指向の戦略型コースと、私が申し上げたら、大分誤解を生じました（笑）。

編集部　あの、樹木もろくに生えていないようなコースが日本に引っ越してくるんではないだろうか（笑）。

日本側スタッフと真剣な打ち合わせ

早川　そうなんです。どうか誤解のないように、疑問の方は座談会のページをよく読んでいただきたいと思います。

## 申し分ない交通・立地・自然条件

編集部　富里のあのあたりは、大変緑も豊かで、樹々も姿の良いものが多いですね。

早川　用地の8割強が山林ですが、すばらしい自然の恵みを感じさせます。ポーレットたちも、現地へ行きますと、表情が生き生きしてくるんです。彼らの頭にはコース図面が入っていますから、この木はすばらしいから残そう、などと二人で話し合っています。

一本一本の木を見ても、真っすぐに生えていてしっかりとした根をはっている。土壌が大変いいのでね。

編集部　地形としてはどうですか。

早川　そうですね。この辺は牧場と山武杉で知られた土地ですが、自然林の濃さは、いま申した通り誠に魅力的ですし、全体としてわずかに起伏していて、ゆったりとした変化があり、たしかにここにブルドーザーを持ちこんでやたらと木を切り倒したり、平らに削ってしまうようなことはしたくない、もったいない、という気にすらなります。

編集部　ゴルフ場が自然を壊している風景はたくさん見ますものね。

早川　たしかに。設計の妙を得れば、短時

間で工事も完了するし、完成された姿でコースが出来上がるのも間違いありません。将来コースが出来上がってからの話ですが、世界的な競技会を催すのにも、最適の地といえると思います。まあ、交通、立地、自然条件などは、現地においでいただければ、すぐ分かります。

## 素晴らしいコースづくりには素材が第一

**編集部**　お話を伺っていると、非常に夢が湧いてくるといいますか、魅力的なコースができ上がるのではないかと期待感でいっぱいになりますが、言いにくいことですが、一方においては本当にその中身が実現するのだろうかという危惧の念も禁じえません。俗にいえばモノ、ヒト、カネといいますか、事業が大を成すには、諸条件が整っていなければならぬと思います。その点について少しずつ伺っていきたいと思います。幸い早川さんは、これまで製造業の

分野でも、レジャー産業の分野でも、第一線で活躍されてきましたね。積極的な経営者として、立派な実績を築いてこられたと同時にご苦労も多かったと思いますので今回の事業に当たっても自信あり反省あり、と思います。そういった点も含めて具体的に伺いたいと思います。

**早川**　全くおっしゃる通りです。ゴルフ場の事業費の大部分は最終的には会員の預り金でまかなうものであり、まずその信用を得るということが大切ですから。

**編集部**　皆川城は、開場10年余で、関東でも屈指のゴルフクラブと評判は高いようですが、いろいろとご苦労もあったことでしょうね。

**早川**　これは私が前の会社の専務として全面的にかかわったクラブですが、当初から〝新しき名門〟を旗印として、会員数限定、徹底

皆川城CC

したコース造り、充実したクラブ運営を図りました。幸い、当時はそうした明確な方針を明らかにして実行した新設コースが少なかったのでご好評を得ました。ところが、やはり、素材といいますか、高速道のインターから近いという好立地ではありましたが地形はゴルフ場として決して良いとは言えませんでした。

大手の建設会社が総力をあげて工事を進め、山を削って、チャンピオンコースに造り上げてくれましたが、10年たっても自然の回復はまだまだといった感はぬぐえません。

**編集部**　素材がいかに大切かということですね。

**早川**　コース完成後にも植樹やコース管理、更に改造と非常な金と努力を払いました。18ホールで450㎡の大量の土を動かした大工事をしましたが、今でもあちこち直したいと夢にまで見ますよ。ご指摘の通り、事業にはモノが大切で、ましてやゴルフコースは自然そのものがモノだけに非常に重要なポイントですね。

## 長期展望に立った強力な経営基盤の確立

**編集部**　ゴルフ場は事業としては完成するまでにかなりの期間を要しますが、その点でカネの苦労も少なくないと思いますが。

**早川**　皆川城のときは、途中でオイルショックにぶつかりまして――。幸い、工事は完了していたので大きな打撃にはなりませんでしたが、超インフレと金融難のときでしたから、

現地での打ち合わせ

これはしばらく尾を引きました。

**編集部**　いま、日本経済はようやく上向き歩調となったわけですが、富里の場合もまだまだ長期に亘るお仕事だと思います。そのへんの安全策というか防衛策を講じていらっしゃいますか。

**早川**　今のゴルフ場づくりは許認可手続きがきびしく、しかも土地代が高くなり、これでいけるぞというところまで持ってくるのに大変な危険負担と資金負担をしなければなりません。広大な土地ですから150人から200人の地主さんがいらっしゃいます。一軒一軒お願いするのですよ。しかも不動産屋さんにはまかせられません。自社のスタッフが、私もですが、夜中や朝早くお願いに行くわけです。それと併行して諸官庁まわりです。

大丈夫と自信がもてるまでに巨額の先行投資を必要とするのです。ですから皆川城、オーク、ヒルズの経験から得たノウハウをフルに発揮して、着々と準備を進めてまいりましたが何せ東京グリーンだけでは信用と資金に限りがありますので、ある段階にきて、熊谷組さんと伊藤忠商事さんにご支援を依頼したわけです。今回の事業に当たっては、熊谷組さんには最初の現地説明会や役場の審議会から協力していただきましたし、責任施工でコースとクラブハウスを造っていただくことになっております。伊藤忠さんは綜合監理のみでなく資金援助、人材の派遣、会員の紹介等全面的な業務提携を結ばせていただきました。

**編集部**　スタッフもすでにお二人伊藤忠さんからこられて仕事をされていますね。

**早川**　はい、大変優秀な方たちで助かっています。

そんなわけで私どもは事業主体としてコースづくりクラブづくりに専一邁進できる強力な体制がととのいました。

**編集部**　コースデザインとか会員数とか重要な要件について、伊藤忠商事さんからの要望とか条件はないのですか。

**早川**　当初の建設計画書の基本構想が条件といえば条件です。

**編集部**　具体的には……。

**早川**　①プレステージの高い、世界レベルのコースをつくる。

②厳選された会員による会員のためのクラブ運営を行う。

③併せて、企業としても収益性の優れた経営を確立する。

という3点が中心です。

これも長期的視野に立って運営をする上で立てた私の方針ですから、私どもの経営姿勢、経験、ノウハウが全面的に信頼されているということでしょうか。

## 東京グリーン株式会社創立のいきさつ

**編集部**　それでは私の方でも率直に伺わせていただきますが、早川さんは、前の会社から独立なさって、この東京グリーン株式会社を創立なさったわけですが、その最も大きな理由はなんだったんでしょう。

**早川**　そうですね。私が31歳のとき昭和42年外資系の特殊耐火レンガ会社である日本プライブリコ社から10人で独立して、東和耐火工業を作ったわけですが、ベテランの10人の仕事振りが高度成長の波に乗り短期間で業界一流とすることに成功しました。その後ニクソンショックを経験して多角化を進め、ゴルフ事業に進出したのです。これが皆川城です。ゴルフの好きだった私がその方の責任者としてやったのですが、計画づくりから固いレンガ造りと同じ手法というか、製造業の感覚で事業を進めましたので、一流の銀行やゼネコンの協力が得られました。しかし、勉強しながらの初めての経験でしたからずいぶん試行錯誤もくり返しました。

大苦労のあとようやく皆川城が軌道に乗って、またつづいて性こりもなくオーク・ヒルズをつくる計画を進めたのですからね。反対されるのは当たり前だったかもしれません。オイルショック後のあの経済環境でしょう……（笑）。新事業に対する危険視が強く社内も取引銀行もなかなか賛成してくれず、計画を進めるだけでも大変でした。

富里では女子プロの熱戦が

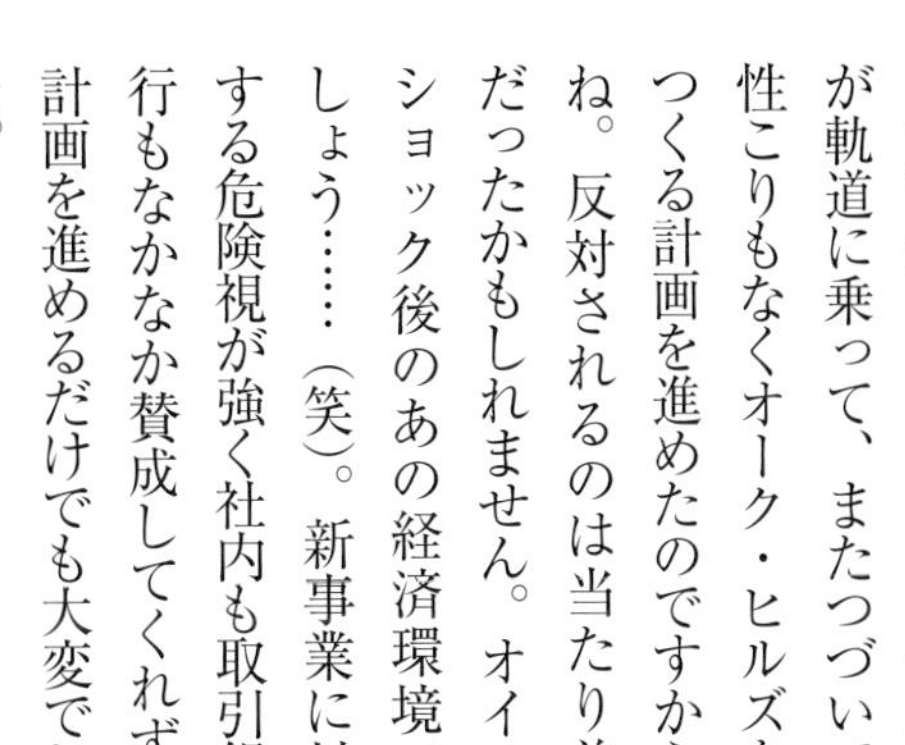

**編集部**　それに新空港開港前後の成田は羽田と比べ相当遠いというイメージが強かったし、湾岸道路も未開通でしたからね。

**早川**　そうですけれども、国際空港は日本の表玄関ですから、交通事情は必ずよくなると思ってましたし、それとは別にこれまで汗を流して蓄積したノウハウを何とか活かしてより良いものを造りたいと思うのは当たり前でしょう――。

**編集部**　時がたつと苦労は忘れてしまいますからね（笑）。

**早川**　あの当時の環境の中で〝夢〟を実現するには、私はまだまだ力不足だったですね。ですからジーッと待ちました。そして時間をかけてチャンスのために準備をしました。どんな事業でもそうでしょうが、トップのビジョンと決断によって良くも悪くもなりますからね。富里の土地を見た時、最初に申した通りこれは〝チャンス〟だと考えたんです。生涯楽しめる本格的な戦略型コースを実現するには、私と一緒に楽しく仕事を進める人たちとやろうと考えて新会社を創ったのです。

**編集部**　もっとプリミティブなリーダーシップの発揮が、新事業には必要というお考えなのでしょうね。

**早川**　おっしゃる通りです。利潤追求が第一目的の企業とちがって、会員への奉仕が大切なゴルフクラブは、際立った個性を持つことによって、会員の皆さまが選択なさるのではないかと思います。そして思い切った手を打つには、強力なリーダーシップが必要であって、それには私に共鳴して、情熱を燃やしてくれる仲間とでなければ無理ですね。日本のゴルフコースの歴史を変えるようなものを目指しているのですから。それに徹することができるかどうかが、この事業のカギだとすら思っています。

一本の樹にも討論白熱

## 皆川城、オーク・ヒルズの経験と反省の上に立って

**編集部**　よく分かりました。皮肉な言い方をすれば、新事業においてはモノ、カネ、ヒトのうちヒトの問題はもっともシンプルなものほどよいということですね。

**早川**　何かものすごく自信家のように聞こえてしまうのですが、富里コースの仕事のパートナーも、入会して下さる会員の皆様にも、分かっていただきたいのは私の理念であって、それを理解していただける人だけにご入会いただきたいと思っているんです。

**編集部**　早川さんの理念はすばらしいとしても、それを実現するために早川さんはすばらしいパートナーを必要としていらっしゃるわけですね。

**早川**　最初にも言いましたように、私のいちばん大事な仕事は、仕事上のよきパートナーさがしから始まりました。ですから私の情熱を分かっていただいて最高の仕事をして下さるヒト、その点では社内のスタッフは勿論ですけれども、設計者のポーレット、ベンツ、綜合監理でお願いする伊藤忠商事さん、それに工事を担当する熊谷組さんという組合せは、コース造りのヒトの骨格として非常にいいものができあがったと思います。

**編集部**　いよいよ偉大なるコースづくりのスタートに立ったということですね。

**早川**　何か大きなことを言ってしまったよ

うな気もしますが、こうやってスタート台に立った以上、失敗は許されませんから、非常な責任を感じています。あのすばらしい素材を、自然のためにも、せめて出来るかぎりの準備と研究を怠りなくすること、これは私の義務であり非常な喜びであるわけです。例えば皆川城では、大量の土工事の後遺症のため表面排水の再工事とか、緑の回復に大変苦労しましたし、オーク・ヒルズでは、本格的な戦略コースの実現には時間が不足だったようで心のこりです。

## 事前の入念な研究と準備が肝要

**編集部**　今回の事業は早川さんにとっては3回目ですが、前のご経験に照らして特に意識していらっしゃる重要なチェック・ポイントはどんな点でしょうか。

**早川**　例えばフェアウェーについてですが戦略型コースの特徴であるアンジュレーションが生かされながら、しかもフェアウェーの芝はやはりやわらかい絨毯のようでなければ満足してもらえませんね。

**編集部**　そうですね。グリーンについては構造からして全く革新的な技術が導入されて、砂ベットによる新グリーンが一年中使用に耐えると実証されましたが、フェアウェーについても同様な技術があるのでしょうか。

**早川**　グリーンとフェアウェーは面積もぜんぜん違いますし、グリーンのような根本的な構造づくりはできません。しかし富里の土壌は素人目にも良好であるし、ポーレットも保証はしてくれているのですが、これまでも土壌の問題には正直いって苦労しましたので、今回は時間をかけて、すでにポーレットや熊谷組と共同で、表土のみならず地中の土壌を徹底的に調査試験しています。そして、表土の保存方法や土質の研究成果をもとに最高の土壌の上に芝を張れるよう事前準備をしています。

ゆるやかな起伏のコース予定地

**編集部**　移植する芝も大事でしょうね。

**早川**　もちろん、ベント芝のテストは何種類もやっていますが、野芝、コーライ芝についても各方面の産地へ何度も足を運んで、最良のものを手配できるように準備に入りました。

**編集部**　設計や技術は導入できても、モノの根本は富里の土地であるし、日本の芝や砂ですからね。木に竹を接ぐような安易な考えでよいものができるわけないですね。

**早川**　今回ありがたいことは、設計者がただ設計するだけでなく「完成品を買ってほしい」と自信をもっていうように、こうした現場の仕事の分野にも積極的に乗り出してくれていることです。それと熊谷組さんが私の意図するところをよく分かって下さって全面協力というか積極的にこれまで手がけなかった分野まで加わってくれていることです。いまいったフェアウェーの土壌問題がそうですし、それと表裏をなす、表面排水のやり方については、特に重視して細心の注意でゴルフ場に合った工事方法を研究してもらっています。

そのほか、緑の保全については特に設計者

の自然保存の思想もあり、設計者の監理のもとに更に念を入れて緑化会社にコース内の樹を全部チェックさせて、移植の必要のあるものは造成工事に入る前にできるだけ移植するようその調整と準備を行っています。もう一つ例をあげれば、バンカーの砂、グリーンの構造用の砂のほか、バンカーの砂、目土砂に至るまで、最良のものを使用すべく、それぞれ粒度、砂質、美観等に注意して日本中から見本を取り寄せて比較検討しております。

**編集部**　あらゆる点で、事前に念入りに吟味し、研究の必要なものは研究をやるということですね。これらのことを従来のコースと比較してたっぷりとおやりになっているわけですね。

**早川**　今申し上げたことばかりでなく、他にもたくさんあるのですが、これらが私自身のノウハウというか、経験と反省からのものであって、何としてでもやりとげなければならないものだと思っています。

## 名コースづくりへの意識革命

**編集部**　早川さんのお話を伺っている言葉のはしばしに、非常に速やかで厳しいポリシーの決定と、ビジネスパートナーとの好ましい関係が理解でき、これまでのゴルフ屋さんとは全くちがった仕事ぶりがうかがえ、完成するであろうコースについても非常に力強い保証のようなものを感じました。

**早川**　重ねて云うようですが、現在、着工

東京グリーン本社にて

直前の時期に当たって最も大切なことは、あらゆる部門の関係者の意識革命だと思っています。――われわれがやろうとしている仕事は何を目標としているのか、名コースとは何なのか――。当社のスタッフをはじめ工事担当者から各下請けの担当者に至るまで、すべての人が従来の仕事とは意識を変え、集中してもらわなければいけない。そのために、各地の名コースを見学したり、内外の文献を読んだり、それぞれが勉強し研究し直してから事に当たろうではないか、手を付ける前に、事前に積極的に、可能なかぎりの知識とアイデアと技術を吟味した上で仕事に当たろうではないかと啓蒙しております。それぞれの力を120パーセント発揮してもらえるよう働きかけているわけです。

**編集部**　コース造りにはいろんな分野の人たちの協力が要るわけですね。そこがこの仕事のいちばんむずかしいところであり、やりがいのあるところでもあるのでしょうね。

**早川**　私も二つのコースづくりの経験から非常に多くのことを学びましたが、偉大なゴルフコースをつくるということは、まだまだはるかに私の認識できる範囲を超えていると思うのです。そのことは、真剣にとりくめばとりくむほど解ってきたような気がします。例えば、オーガスタにしても、ボビー・ジョーンズとアリステア・マッケンジー博士の業績がすべてのように評価されている面もありますが、歴史をたどってみると、当初から資金集め、

方針の決定に至るまで様々な紆余曲折があり、多数の技術者や工事作業員を集めての仕事で非常な苦労をしているのです。しかも、オーガスタにしても最初からすべてが完成されたのではなく、その後、何度も大きな改造が行われて今日に至っているわけです。そういう点から考えても、現在われわれがやらねばならぬことはまだまだ残っており、よしんば、何年何月にオープンしたとしてもコースづくりはそこで終わるのではなく、富里ゴルフ倶楽部が続くかぎり続くものと考えています。

**編集部**　よく分かりました。

## 会員のための
## クラブ運営とサービスの徹底

**編集部**　すばらしいコース造りは目前といった感じですが、さて富里ゴルフ倶楽部のクラブライフといいますか、クラブ運営についての早川さんのお考えを聞かせていただきたい。

**早川**　コースの方に話が集中してしまいましたが、名門ゴルフクラブといわれるところはどこもやはりコースが優れています。そこで私どももまず優れたコース造りに全力を傾注しているわけですが、容れものとしてのコースと、その中身としてのクラブ運営は、車の車輪のようなもので、どちらを欠いても名門ゴルフクラブとは言えないと思います。

もちろんゴルフクラブは会員の運営によるべきでありますが、私は会員のための会員によるクラブ運営をことに重視し、私たちはそのお手伝いをするというか、運営にともなうサービス部門を完璧にはたしていきたいと思っています。

まずコースを最良の状態に維持管理すること、効率的な経営を行って安定した経営のもとで最高のサービスを提供する、これが原則でしょう。クラブライフの内容の検討や運営については、会員の代表である理事会および分科委員会にお願いするわけですが、私たちはその活動に全面的に奉仕します。皆川城では、会員の理解を深めるため、開場前からの会報発行、開場後にクラブ競技会をできるだけ多くし、親睦を深めるために特に家族競技会や女性教室を開催し会員の好評を得てまいりましたが、こういうことは更に充実して富里ゴルフ倶楽部でも早く実現したいものと思っています。

富里 No.7

**編集部**　すでに準備段階に入っているものもあるのでしょうか。

**早川**　もちろんです。これは制度というより、ヒトの問題、サービスの点です。オープンになればその日から格調高い最適のサービスを提供できるように、専門のスタッフがサービス方法、従業員の教育マニュアルの作成にとりかかっています。私としては、器にふさわしいサービスはもちろん、さらに効率と質の高い内容のあるサービスを目指し、同時に従業員が誇りと喜びを感じることのできる職場づくりを実現させたいと思っています。

**編集部**　クラブライフについては今後更に煮つまってくる段階があるでしょうから、機会をあらためてくわしく伺うとして、最後に、富里ゴルフ倶楽部の会員希望者に早川さんからのメッセージをお願いします。

**早川**　なによりもゴルフを愛しておられる方にご入会いただきたい、ゴルフに情熱をもって、ゴルフを楽しみたいと心から思っていらっしゃる方に入会していただきたい、そう願っております。そういう方は、きっとゴルフについて深く理解しておられ、コースを大切に育てていただけると思っております。

**編集部**　美しいコースでマナーの高い方々が公平にプレーを楽しまれる……。

**早川**　生涯楽しめる、おのずと気品の漂っているコース、クラブになると信じておりますし、きっと毎週来てみたくなるコースになると信じております。あとは会員の皆さまが中心になってクラブの内容を深め、クラブライフを充実させていただきたいと思います。

**編集部**　マナーの高い、品位と格調のあるクラブとして発展するカギは会員の自覚が大切ですね。

**早川**　ゴルフクラブは会員のものですから、文字通り会員のための会員のものでなければなりません。そういう目的に対して私どもは最善の協力をしてまいります。私も一緒にゴルフを楽しみながら――。残念ながら会員数は限定させていただきますので、すべてのご希望者の入会はむりと思いますが、その意味でもお早めにお申し越しいただくと有難いと思っております。

**編集部**　今日はお忙しいところ、貴重な時間をさいていただきましたが、富里ゴルフ倶楽部の姿がかなり具体的に見えてきたと思います。私としても早川さんのお考えに共鳴していっしょに富里ゴルフ倶楽部を新しい名門クラブに育てていくような熱意にあふれた入会者が多いことを期待しています。

現地にて

経営者略歴

**早川治良**

昭和11年1月東京生まれ

現住所・東京都港区赤坂

昭和33年・慶応義塾大学卒

・日本プライブリコ社入社

42年・東和耐火工業（株）設立常務取締役

46年・東和ランド（株）設立専務取締役

56年・東京グリーン（株）設立代表取締役

戸塚、東富士、烏山城、皆川城、箱根、オーク・ヒルズ・カントリークラブ会員

移植の準備開始

# 理事ご紹介

名誉理事 斎藤英四郎
経済団体連合会名誉会長

理事長 米倉　功
伊藤忠商事㈱会長

理事 キャプテン 室伏　稔
伊藤忠商事㈱社長

専務理事 早川　治良
東京グリーン㈱社長

理事 石井多加三
国際電信電話㈱会長

理事 加藤嘉之輔
伊藤忠商事㈱顧問

理事 川﨑七三郎
日本火災海上保険㈱相談役

理事 篠原　邦夫
㈱熊谷組専務

理事 真藤　恒
電電公社元総裁

理事 瀬島　龍三
伊藤忠商事㈱特別顧問

理事 高島　隆平
朝日生命保険㈶会長

理事 竹田　晴夫
東京海上火災保険㈱会長

理事 関　和平
いすゞ自動車㈱社長

理事 奥田　正司
㈱第一勧業銀行頭取

理事 西尾　信一
第一生命保険㈱会長

理事 馬場　彰
㈱オンワード樫山社長

理事 宮崎　邦次
㈱第一勧業銀行会長

理事 相馬　仁胤

# 世界最高のコース造りを目指し スコットランド指向の 戦略型コースを開発

東京グリーン株式会社　代表取締役社長
早川 治良氏
聞き手●大山 茂夫

the FORUM

アベレージゴルファーからトッププロまで楽しめる奥行きの深さを秘めた18ホールズ。四季折々の変化と共にさまざまな攻略ルートがあなたに新鮮な驚きを与えるはずです。

**――どのようなお考えから、戦略型ゴルフコースを造られたのですか。**

**早川**　私は最初、耐火煉瓦の仕事をしていて、経営の多角化をしようと、何がいいかを研究したんです。私自身ゴルフが好きだったこともありますが、ゴルフ場は広大な土地を使いますから、いい立地でいいものを造れば、競争にも耐えられるんじゃないかという発想で始めたわけです。

学校では美学を専攻しましてね。普通なら経済界へ行くのは少ないと思うのですけれども、変わり種でしたから（笑）。ゴルフ場をやるにしても「ロマンを持って芸術作品のようなものを作り出したい」という気持ちが強かったですね。

私は仕事をやる場合に「自分の今一番欲しいものは何か」というところから出発するようにしているんです。ゴルフ場にしてもそうですね。私自身がゴルファーとして、どういうコースでプレーしたいとか、どういうクラブ運営でクラブライフを楽しみたいかという自分のニーズを、常に追求することにしております。その後で、それが客観的に見て世の中のニーズと合致してるのかなと、割と単純思考で仕事をするようにしているんですよ（笑）。

ゴルフは、スポーツとしても飽きがこないし、接待とか遊びとかレジャー的な要素もある。老若男女だれでもできて、奥行きが深い。それで、どうせやるなら一生涯楽しめる、面白いものを造り出したい。では何がゴルフを面白くさせるのかということになる。金田武明先生や設計者の人たちに話を聞いているうちに、ゴルフの本当の面白さはスコットランドにあるんじゃないかということで、私自身も行ってプレーもしてきました。

**ゴルフ場の原点で、どんなことを感じられたのですか。**

**早川**　最初に「皆川城カントリークラブ」を造ったときは、皆が求めているもの、自分が求めているものは、後で考えてみると奥深さがなかったですね。広くて長くて、フラットであれば世界に通用するチャンピオンコースというように単純に考えてました。7，000ヤード以上ないとチャンピオンコースじゃないっていう戦後の風潮があったんですね。設計者も皆そういう傾向でレイアウトしていました。

スコットランドに行ってみて、本当のゴルフの面白さは、そういうこととは全然別のところにあることが分かりました。大自然の波打つようなところで、大雨が降ろうと大風が吹こうと、自然と対決しながら忍耐強くやっていく。海辺のリンクスに最初のコースができたわけですが、自然の大地に人間がゴルフゲームを作りあげていったという感じ。それがよく分かりましたね。

**日本でも普及期を過ぎて、本物が求められるようになったんですね。**

**早川**　何回も何回もやっていると、ただフラットで長いだけじゃつまらないという感じに当然なる。やはりスコットランドにある原点、自然の変化のある状態をいかに内陸にも再現するかということだと思うのです。私は前にいた会社で二つゴルフ場を造りましたが、なかなか理想通りに行かなくて、今回独立して「富里ゴルフ倶楽部」を造ったわけです。どんな事業でもそうでしょうが、トップのビジョンと決断が重要ですね。特に本物を作り出すには、思いきった手を打つ強力なリーダーシップと、それに共鳴して情熱を燃やしてくれる仲間が必要ですね。

平成元年6月1日「富里ゴルフ倶楽部」開場式にて

**良いコースの条件とは何ですか。**

**早川**　アメリカでも初期には、リンクスの要素を取り入れた、いいコースができていたんですよ。戦後ゴルフが大衆化する段階で違ったものになって、それが日本に入ってきてしまった。先程も言ったように、チャンピオンコースは広くて長くてフラットというのが日本流の考え方で、それに交通が便利で、会員数が少なく質が高くて、経営がいいというのが、日本ではいいコースと評価されています。しかし、アメリカでは毎年「ゴルフダイジェスト」などで、ゴルフに造詣の深い人たちが投票して世界のベスト100のコースを選んでいますが、それは今言った基準じゃないんです。

一つは戦略的な要素がどのくらいあるか。いかに技術と頭を使わせるかですね。それから多様性。同じようなホールの連続だったらつまらない。一つ一つのホールがいかに変化があって、14本のクラブを使いこなさなければいけないか、という要素。それから印象度がいかに強いか。景観的な美しさも大事な要素です。もう一つはいかにエキサイトできるかという要素です。そんなことが基準になっていて、日本とだいぶ違うんですよ。

**エキサイトするというのは？**

**早川**　たとえば海の横を行くコースで、ベストルートは海の危険を冒して攻めて行く。海との戦いになってエキサイトしますね。またグリーンの前に池がある。その池ギリギリに攻めないと、いいスコアにつながらない。どうやって攻めるか。怖いけどやってみようと、スリリングでエキサイトする。

**「富里」では、そういう要素を十分に取り入れているのですね。実際には、どんなコースになっているのですか。**

**早川**　コースは長い方ではない代わりに、各ホールに非常に変化があります。知らないうちに18ホール回ってしまう感じですね。

よく退屈しちゃうコースがあります

スコットランド

ね。同じようなホールの連続で、攻め方も同じ、似たような景観で「もう早く上がって風呂に入って、食事でもしたい」なんていうコースが結構多いんですよ（笑）。「富里」は多様な変化があってエキサイティングするドラマチックなホールがいくつもあります。ふつうゴルフ場には名物ホールが一つか二つありますが、「富里」にはそれがたくさんあります。

**たとえば、どんなところですか。**

**早川**　18ホール全部が名物ホールと言ってもよいくらいですが、とくに7番ホール。池があって、巨岩越しに攻めて行くホールです。池や岩も造ったのですが、通常は日本庭園風にいかにも造りましたというのが多い中で、「富里」のそのホールは大昔から岩があって自然にできあがったように造られています。当然、いろいろな攻め方が生じてきます。18番ホールもみなさん面白いと言います。これはロングホールで、1打、2打、3打ともにスリリングなんですよ。池の配置が巧妙で、技術プラス精神的な要素をプレーの中に求めるホールなんです。

池を避けて逃げれば逃げたで、さらに難しくなりますし。攻撃して、うまく行った時にはものすごい快感がありますけど、失敗した時には「ああやっぱりまずかった」と反省が生まれる（笑）。グリーンに乗ってからも変化があります。特に7番と18番は世界のどこに出しても通用する名ホールだと思います。あとのホールもそれぞれ個性的で、面白いと言われます。18ホール全体のリズムがいいんですね。出だしは易しくて、徐々に難しくなる。途中で劇的な盛り上がりがあって、気分がパッと転換できる。後半また心理的にプレッシャーがかかるホールになる、というようなリズムがあります。

**会報を見ますと、クラブ運営も活発なようですね。**

**早川**　ゴルフ場は器だけでなく、メンテナンスや従業員のサービスも大事ですね。温かい血の通った、自然ないやみのないサービスを徹底させるようにしています。もう一つ大事なのはクラブ運営です。「ゴルフ倶楽部」と言うのは、似たような人たちが集まってゴルフを楽しむ会員の集まりですから。いかにいい雰囲気で競技会を中心に、クラブライフをエンジョイできるかが大事です。倶楽部は会員による会員のための運営というのが基本だと思うんです。そしていろいろな競技を盛り込んで、多くの会員の方に参加してもらう。ゴルフはやはり競技することで本当の面白さが出てきますからね。

**ゴルフ場経営はマンネリ化しませんか。**

**早川**　どうしたら世界第一級のクラブになるかを追求して行けば、マンネリ化は防げます。高い目標を持つことが大事ですね。従業員教育でも同じことが言えます。常に高い共通の目標、理想を持つことによって従業員も活性化し、誇りを持って改善を積み重ねて行くのではないかと思います。

ゴルフ場は比較的いい立地に、割といいものさえ造っておけば、経営はやり方によっては楽なんですよ。お客さんはどんどん来てくれるし、日々競争して明日の仕事を取るっていう苦労はありません。ゴルフ場は、造るまではリスクが高いけれども、造ってしまえば経営は楽なんです。だから、ほどほどの経営をやって、ほどほどに儲けてるところが多いんですけどね（笑）。

高い目標を立てて真剣に最高級を目指すとなると、会員、従業員に対しても神経を使って常に努力しないといけない。苦しみの連続です。しかし、経営者としても従業員としても生きがいにもなりますね。そこで「自分だったらこういうものが欲しいなあ」と。共通性は必ずあるんです。そんなに目新しいことをやろうとはしてないんです。いいものだけが残ったのが伝統だと思うので、「廣野」など伝統的なクラブを参考にしていきたいと思ってます。

**サービスの本質は何ですか。**

**早川**　一時、日本全体、アメリカの影響などでサービスが低下した時代があって、その後マニュアル通りのサービスをしようという時代があって、今はそれだけでは不足だと。もっと心の通った温かいサービスをしなければいけないという時代に入っていますね。ゴルフ場も段々その方向になってきましたので、私は、一歩進めて従業員が楽しく働きながらもっと質の高いサービスができる方法はないかと追求しています。それには従業員も「われわれは世界最高のものを演出してるんだ」という誇りを持たないといけない。そして顧客に心から満足して貰うためにはどうしたらよいかを、いつも考え実行していくマインドを持たせることだと思います。

小さなことですが、トイレの片隅にも一輪挿しを置いて、従業員が自分で採ってきた花を生ける。メンバーがほめてくれると、従業員は喜んでまた美しい花を生ける。何も背伸びしたすごいことではなくて、真心をこめた瞬間を作ることですね。その瞬間の積み重ねが、サービスの本質だと思います。

**コースのメンテナンスも、独特のものがあるようですが。**

**早川**　四季を通していつも最高の状態を維持するのが課題です。相手が植物、生き物ですから。特にグリーンはコースの心臓で、そこでシビれるようなゲームがある。鏡のように滑らかにして、常に転がりのいいグリーンにしないといけない。そのためにはベント芝を死ぬ限界スレスレぐらいに短く刈り込んで、管理しないといけないんです。一歩間違うとグリーンを枯らしてしまう。

そういう極限を追求した管理をするためには、気候、風土、肥料、プレイヤーの歩き方に至るまで研究しなければいけないわけで、日々の戦いです。寒かったり暑かったり、晴れるはずが雨になったりすると、手入れの方法も変わってきます。

日本は割と安易なメンテナンスをしていたんです。自然にも土壌にも恵まれてますから、植物が成長しやすい。しかも使っている高麗芝や野芝はバカ芝といわれるくらい強い芝ですから、ほどほどの管理をやっていれば、まあまあの状態になる。フェアウェーもグリーンも、ちょっと長めに刈っておけば、絨毯みたいにフワフワして気持ちがいいんですね。安易さと見た目のよさで、それがいいものだと考えられていたけれども、世界的プレーヤーがプレーするときには、それではダメなんです。短く刈り込んだ状態でないと、いいプレーにならない。日々の調査、研究、血のにじむような努力が必要になってきます。

**近くにもう一つ新しいコースを造っておられますね。**

**早川**　「富里」の隣町に「カレドニアン・ゴルフクラブ」を今年9月30日にオープンします。「富里」はどちらかというと女性的な柔らかい美しさですが、「カレドニアン」は男性的な荒々しいタイプです。しかし、根本の思想は同じスコットランド指向の戦略型コースです。これは今までの反省材料を全部まとめましたし、自然条件にも非常に恵まれて、あらゆる理想的な要素を盛り込むことができました。見に行った専門家に「日本で二度とできない本当に驚くべきコースに仕上がっている」と言われています。

ゴルフ場はまず自然条件が大事ですね。あれだけ広大な中に造って行くわけですから、自然条件が悪いところには努力の限界があります。同時に、私自身が高い理想を目指しましたし、設計者もゼネコンも、その下請けものもすごく燃えて仕事をしてくれました。

やはり燃えることが大事ですね。アメリカから設計者のほかにスーパーバイザー、つまり、監督と、その下に4～5人のシェーパー、自分で小型のブルドーザーに乗ってバンカーやグリーンを造り出す人が来てやってくれたんですが、彼らが昼食や夕食の時に、飯もそっちのけで興奮して話し合っているんですよ。「今日の造り具合は絶対、世界のあのコースに負けない」とかね。そのくらい皆情熱とエネルギーを注ぎこんでやってくれました。

**然えるには、やはり理由があると思いますが。**

**早川**　一言で言うと世界最高のものを自分たちの力で実現しようという意識だと思うんです。いま自分たちがやっている仕事は歴史に残るんだ、これが日本のゴルフに対して一つの大きな衝撃を与えるんだと。私も「こんなやり方じゃダメだ。もっと真剣にやれ」とか怒鳴りつけたりしました。普段はおとなしい顔をしてますから、現場でガミガミ怒鳴りますと、みんなびっくりします。それでも後になって「なるほど、それは一つの高い理想に向かっての怒鳴りだったんだな」ということで、理解を得てきました。

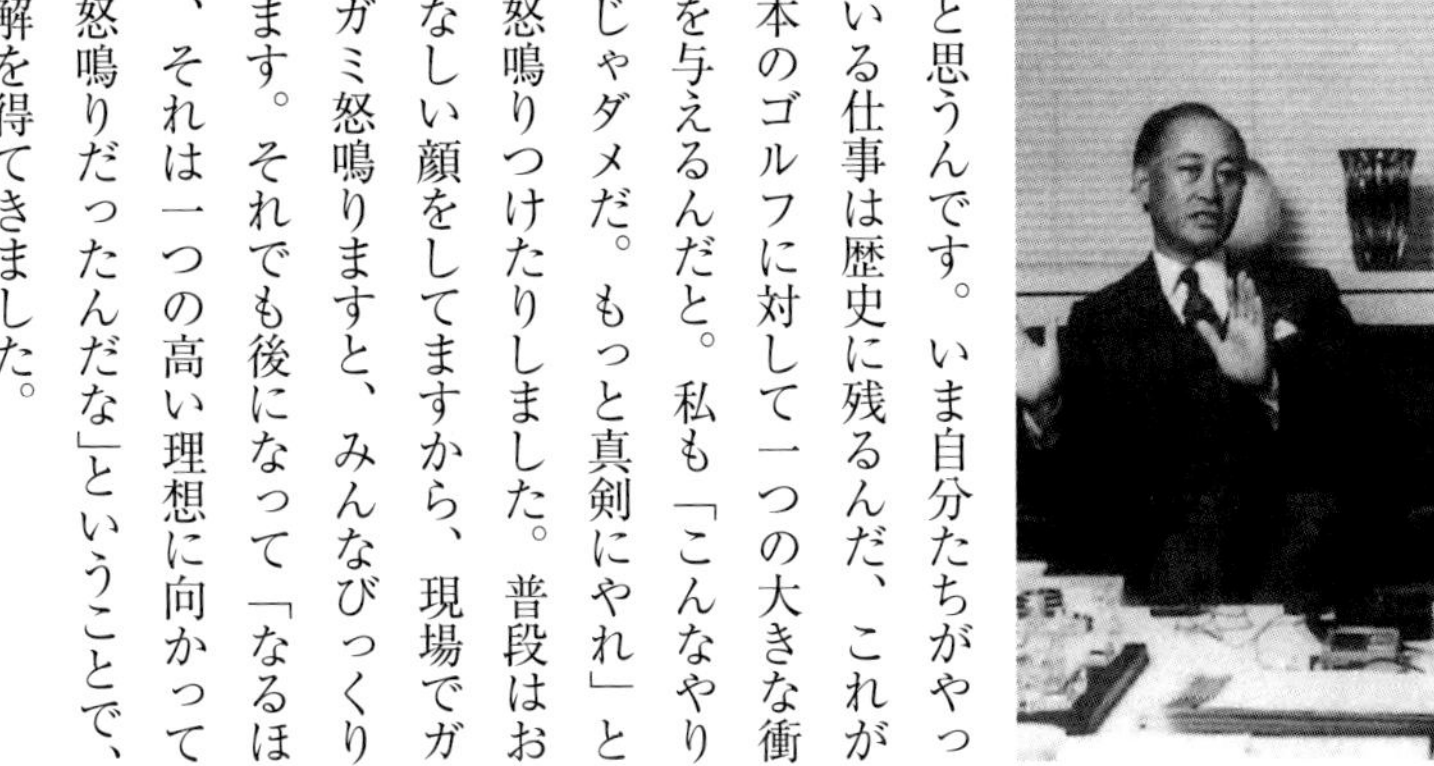

早川会長は30年に亘って初志を貫いて生きています

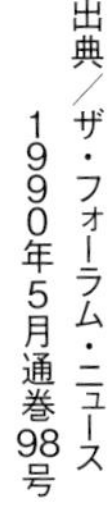

出典／ザ・フォーラム・ニュース
1990年5月通巻98号

# 中部銀次郎氏
# 富里について大いに語る

中部銀次郎
東京グリーン社長　早川治良

ゴルファーとして奥義を極めた中部銀次郎氏と、世界に比肩するコースを造りたい一念の早川治良社長の二人は、話がすすむにつれお互いの胸の奥に共通するものを見たようだ。日本アマ6制覇という偉業を成し遂げた名ゴルファー中部銀次郎氏の眼は、はたして富里をどのように捉えたのだろうか……。

## 運営の姿勢が伝わってくる

**早川**　今日は憧れの中部さんとプレーをご一緒していただいて、生涯最良の一日でした。

　長い間、アマ界のトップを維持して来られた人の謦咳（けいがい）に接して、私としても大変に勉強になりましたが、中部さんの眼から見た私ども富里コースの印象をお聞かせ下さい。

**中部**　これまで三回ほどお邪魔させてもらいましたが、その都度気持ち良くプレーが出来ました。味わいの深いコースであると同時に、整備、維持に力を入れている運営の姿勢がプレーヤーに伝わるからだと思いました。

**早川**　中部さんも最近、コース設計に手を染めていらっしゃるようですが、レイアウトについてはどんな感想ですか？

**中部**　やはりベントのワングリーンとアメリカ人設計家のコースという点が特徴的だと思うのですが、私のように子供の頃から、戦前に造られた古いコースで育って来た人間には、ちょっと驚かされる面がありますね。

**早川**　具体的に言いますと？

**中部**　ピンの位置によって、ちょっと我々日本人では攻め切れないグリーン造型があるように見受けられました。

　例えば、9番など、二段グリーンになった左奥にピンが立ったら、ベストショットを二度続けても『4』は取りにくい。もうひとつ、16番のパー3。横長のグリーンが斜めになるから、左にピンがあったら、ボールを落とす場所がない。

　これらはアメリカ人設計家が自分の国の判断規準で日本用に設計しているとしか思えないほど、日本人の体力、感性を超えている発想だと思う。

**早川**　なるほど、1番アイアンなどで高いボールを打っていくアメリカの一流プロにしか通用しない……。

**中部**　一般的にコースを造る側が普段は易しく、トーナメントの時だけ難しくという両極の要望を持つから、設計

富里 No.7

家はまず難しいものをセットする。それをアベレージ以下の人が前のティからプレーすれば易しくなるかというと、ティによる距離の調節だけでは律し切れない面も出てくる。ここがコース設計の最大の課題ではないでしょうか。

## コースはゴルファー最大の師

**早川**　設計家のマイケル・ポーレットは、〝富里は古来の「クラシック」な戦略デザインの原則に基づいたゴルフコースです。これはメンバーすべてが、そのプレーの能力いかんにかかわらず挑戦したくなるコースです〟と言っていますが。

**中部**　そうですね。私は若い頃「廣野」で技術的にはもちろん、精神面でも切磋琢磨できたことは幸運だったと今でも思っています。富里でもゴルフの奥深さを感じさせる個性的なホールがいくつもありますね。

例えば14番。緩く左に曲がるパー4ですけど、今日はピンが左端でバンカー越えになるので、ティショットは極力フェアウエイ右寄りに打つ必要がある。もし左寄りに打ってしまったら、フックに打ちたくなる。ルートの選択によって求められる技術がまったく変わってくる。こういうレイアウトはプロやシングルにはこたえられない面白さと、征服し得た時の醍醐味があると思うのです。ただ問題はそんな高度のストラテジーがどの程度、多くの人達に理解されるかでしょう。

**早川**　私達アベレージゴルファーでは一、二度の体験では分からないでしょうね。でも、そうした設計の奥深さが我々ゴルファーを何回もコースに呼び戻すし、挑戦させるのではないでしょうか。

その結果、いずれは技術も上達し、コースの要求していることを理解するようになると思うのですが……。

**中部**　〝コースは、ゴルファー最大の師〟と言うのはそのことですが、技量のいかんを問わずより多くの人にゴルフの楽しさを味わわせるという設計家側の難問は残りますね。

このコースを造るにあたって、設計家にはどんな意図を伝えたのですか？

**早川**　ポーレットと話し合ったことは、ゴルフは楽しくなければいけない。生涯スポーツであること。そして、ある程度ゴルフが分かっている人に攻めがいのあるコースということで、ハンディで言えばシングルから18ぐらいまでの人達がプレーすればする程、面白くなるものを要望しました。その結果、この富里は他に見られないクォリティの高さと、優美な

気合いを込めた斜面からのショット

コースになったと自負しております。

**中部**　ひとつ言わせてもらえば、設計家の意図を知るには必ずバック・ティからプレーしてみる必要があります。IP（インターセクション・ポイント）にしても、ハザードの位置にしても、設計はバック・ティを基本にして造られているからです。

**早川**　各ホールはそれぞれかなりの変化があると思いますが、造形についてはどのように感じましたか？

**中部**　富里はどのホールもティに立つとフェアウエイの幅につり合ったグリーンの広さがホール全体のバランスを整えていることを先ず感じます。角度による変化、まわりの起伏との流れ具合など造形が絶妙ですね。どのようなショットで攻めるべきかいつも考えさせ、また視覚に訴える緊張感が強まりますね。

## 速く、起伏豊かなグリーンは技術を引き出してくれる

**早川**　グリーンについてはどうですか。

**中部**　私のように高麗グリーンのおそいもので育った人間には面食らうアンジュレーションと速さですが、最近のベント・ワングリーンが増えた傾向は勤勉な日本人が世界に目を開いて勉強を続けた成果だと思いますね。

**早川**　現代人ゴルファーのニーズが多様化していて、そのうちのひとつにマスターズを開催するオーガスタなみのグリーンがある。あれがベストの形かどうか別問題として、グリーンはクォリティの高いベントでアンジュレーションが豊かであればアプローチをふくめ、多様な技術が必要となると思いますが。

**中部**　ゴルフの奥深い面白さの一つがそこにありますね。ただ、昨年、初めてテレビのゲスト解説者としてオーガスタを見たのですが、今現在の形がボビー・ジョーンズの当初の意図通りかどうか疑問に思いました。

**早川**　グリーンは事実観ていてもスリリングですし、選手の緊張感が伝わってきますね。全体がアメリカ的人工美の極致を追求したコースの印象でしたが。

**中部**　その意味ではある程度、富里の場合はリーズナブルかも知れない。

　グリーンは正しいショットのボールは止め、パットの転がりは速くてスムーズというのが理想ですが、総体的に富里はこれまでの日本人があまり経験したことのない速さでしょうね。

**早川**　オープン当初は3パットが多くて、メンバーの大半は手を焼いたようですが、最近では速くてシビレルのが面白いという人が増えました。

**中部**　慣れの問題でしょうね。速いグリーンで育ったゴルファーが外国へ試合に行けば、グリーンに泣かされることは少なくなるかも知れない。

## プレーヤーとしての満足感

**早川**　長い間、選手としてプレーなさった中部さんにとって、コースを制するとはどういう意味ですか。

**中部**　プレーヤーとしての満足感です。ただし、それはスコアではないんです。スコアにはショットの内容が必ずしも表示されない。同じ『4』でも2＋2、3＋1、4＋0といろいろある。だから、自分で思わぬ失敗をしないで出した73

富里 No.17

と、失敗したけど71という場合、どちらが満足感があるかというと、73の方なのです。

もちろんゴルフはミスのゲームですから、ミスがあって当然なので、そのミスを最小限に抑える必要がある。それを、20ヤードのアプローチが直接入ってしまった偶然まで自分の実力と勘違いしていると数字崇拝主義になってしまい、上達しません。だから、予測出来ないミスがあって70というスコアがかりに出ても、それはコースを制したとは言えないのです。

**早川** なるほど、我々とはレベルの違う話ですが、よく分かります。

中部さんのゴルフを見ていますと、いつも静かに淡々としてプレーなさっている印象です。あまり闘争心を感じませんが……。

**中部** そうですね。ゴルフは起こったことに鋭敏に反応せず、やわらかく遣り過ごすゲームだと常に自戒していますから。

**早川** 私は最初に申し上げましたが、昔から中部さんをアマチュアゴルファーの鏡として畏敬してきました。これからも後進の指導のために尽くされると思いますが、富里へもときどきお越しください。

今日は貴重なご意見、有り難うございました。

文壇随一のゴルフ理論家である作家の三好徹氏は、「富里ゴルフ倶楽部のグリーンは世界一流コースを思い出す」と折り紙!!

# 世界への眼

三好　徹（作家）
カット　村上　豊

わたしが同世代の作家たちといっしょに、ゴルフをはじめたのは十五年ほど前のことである。それまでは、執筆の合い間の息抜きというと、もっぱら中国伝来の四角いグリーンの上で雀をさえずらせていたものだったが、ゴルフはたちまちわたしたちを魅了した。むやみにタバコをふかしながら座り続けて原稿を書く職業にとって、爽快な野外の空気にふれながら何時間も歩くことが健康にいいのはいうまでもないが、それ以上にわたしたちを惹きつけたのは、ゲーム性のおもしろさであった。

近ごろの若い作家のことは知らないが、昭和ヒトケタ生れのわたしたちの世代は、何かにのめりこむとトコトンのめりこむタイプの作家が多い。わたしもその例外ではなく、大いにのめりこみ、だからハーフ50を切るのに半年とはかからなかった。また、各出版社新聞社が招待してくれる文壇ゴルフ会なるものがあって、春秋のシーズンになると、毎週のようにコンペがある。ゴルフ熱がいっそう高まるのも当然といえば当然だった。

## 「グリーンがすごい」と王貞治氏絶賛

二月十八日、世界の王こと王貞治氏（会員）が富里へ来場された。「娘が富里に連れて行けというのでね」と大きな眼でお嬢さんを見やり優しいパパぶり。野球だけでなくゴルフにも深い造詣を持つ王氏は「オープン八ヵ月ほどで、これだけ整備されているコースは珍しい。それにグリーンとフェアウエイのアンジュレーションはすばらしい。富里へもっと来てプレーしたいね」と食堂から夕陽に映える十八番をじっと視ていた。

---

わたしは取材や文化交流の仕事で外国へ行くことが多いのだが、機会さえあれば外国のコースでプレーしてきた。マスターズのオーガスタ・ナショナル、全米オープンの会場となったサンフランシスコのオリンピック、ペブルビーチ、スパイグラスヒル、名門のサンフランシスコ・ゴルフクラブ、ロス・オープンのリビエラ、ハワイのワイアラエ、そのほか中南米や東南アジアの名コースでもプレーしてきた。もっとも印象に残るコースを三つ挙げろといわれたら、オーガスタ、ペブルビーチ、それとカナダのバンフ・スプリングスを指名する。バンフは雄大なカナディアン・ロッキーの谷間を流れる渓流をコースに取り入れた設計で、じつに美しい。これらの名コースは風景にマッチしたレイアウトの変化に富んだ素晴らしさと、さらにグリーンのおもしろさで、プレーヤーにゴルフの醍醐味を堪能させてくれる。わたしのゴルフは、飛ばす方ではなく、グリーン回りとパターでスコアをまとめるタイプだから、大味なコースは好みにあわない。地形や芝の関係もあるが、その点で日本のコースは概して物足りない。日本のプロがメジャーで勝てないのも不思議はないのである。

ポーレットの設計した富里は、その意味では戦略的で、従来の日本のコースには見られない良さがある。ことにショートホールが卓抜である。ピン・ポジションによっては、トッププロといえども、パーをとるのに汲々とするのではないか。わたしは、一度は小林富士夫プロと、別の日に文・画壇を通じてナンバーワンの村上豊画伯とプレーする機会を得たが、そのたびにかつてプレーしたアメリカのコースを思い出した。小林プロも、こういう変化に富んだグリーンでないと、世界に通用する選手が育たない、といっていたが、その通りだと思った。あえていうなら、もっと速いグリーンに刈り込んでもらいたい、と感じたくらいだが、それを実行したら渋滞してしまってお手上げになるかもしれない。むろん、わたしたちアマチュアのアベレージ・ゴルファーをそんなに苛める必要はない。ゴルフは楽しくなければいけない。だが、その一方で、全米オープンなみにラフをのばしフェアウェイをせばめ、鏡のようなグリーンにして試合を行い、どちらかといえば鎖国的な日本のプロたちに世界への眼をひらかせてやりたい、という気もするのである。

ゴルフレビューコース探訪 222

# 富里ゴルフ倶楽部

千葉県山武郡芝山町

富里ゴルフ倶楽部は1989年に開場、その1年4ヵ月後に姉妹コースのカレドニアン・ゴルフクラブが誕生している。

共に米国の有名コースデザイナー、ジョン・マイケル・ポーレットによる設計だ。創業者の早川治良氏は富里GCを建設するに当たって、こんな理想を込めている。

「1グリーンであること。それもピンポジションによって、幅広い攻撃ルートをもたせること。各ホールに個性があり、メモラビリティがあること。ホールごとにショットバリューがあり、ポイントをつなぐ妙味があること。上級者にはリスクと報酬を求め、エンジョイゴルファーや女性にも楽しめる幅広い攻略ルートを設けること。18ホールに長短、ハザード、アンジュレーション、グリーンの形状など変化をつけ、オーケストラのシンフォニーのようにハーモナイズされること。日本的な和の美を加味すること」などである。

そしてコースの基本となるメンテナンスに力を注ぎ、プレーに当って十分な練習施設を造ることを念頭に置いた。

1グリーンにこだわったのは、その昔、1973年（昭和48年）に皆川城CC（栃木県）を造った際、当時の常識だった2グリーンにした経緯を踏まえてのもの。

「2つが横に並んだ完全なメガネグリーンでした。当初はそれで満足していたのですが、時間が経つにつれて、バランスの悪さとみっともなさが目につくようになりました。それにターゲットゲームというゴルフ本来の性質を考えると最終目標のグリーンは1つであることが理にかなっていることに気づきました。1ホールに2つのグリーンではデザイン的にも、戦略的にも焦点がボケますし、不自然そのものでした。」

早川氏は富里GCを造るに当たって、世界各国の名コースを視察し、歴史に触れ、そして識者の意見に耳を傾けるにつれ、ゴルフコースは1グリーンであることに確信を抱いた。その思いや理想が富里GCに反映され、その後のカレドニアンGCに活かされたということである。

富里ゴルフ倶楽部が誕生するに当たっては2人の人物がかかわっている。

1人はゴルフ史家として知られる摂津茂和氏『世界ゴルフ大観＝日本編・世界編の著書で知られる』と、ゴルフ評論家でコース設計者としても知られる金田武明氏である。

ゴルフ史家として、ゴルフ発祥から現代までの歴史を研究してきた摂津氏と、米国に留学、スポーツイラストレイテッド誌アジア代表として活躍。ボビー・ジョーンズやジャック・ニクラス、アーノルド・パーマー、ゲーリー・プレーヤーらと深い親交のあった金田氏は、ゴルフ場建設に情熱を持つ早川氏の良きアドバイザーでもあった。その2人が口を揃えて早川氏に進言したのが「ゴルフコースはグリーンが命。世界的に見ても1グリーンこそが魂を吹き込まれる大切な条件」という提案だった。

そして金田氏がデザイナーとして薦めたのがジョン・マイケル・ポーレットだった。

ポーレットは誰あろう、世界的に知られるロバート・トレント・ジョーンズ・シニアに師事し、片腕として腕をふるった設計家。

面白いのはアメリカで活躍するコース設計家はそのほとんどが英国出身。シカゴGCを設計し、後にUSGA（全米ゴルフ協会）を設立したチャールズ・マクドナルドを筆頭に、パイン・ハーストNo.2コース設計で知られるドナルド・ロス、オーガスタ・ナショナルGC設計のアリ

## ＝プレーヤーの能力にあわせてゴルフが楽しめるデザイン＝

スター・マッケンジー、日本の廣野GCや川奈ホテルGCで知られるチャールズ・アリソンらはスコットランドやイングランド出身。そしてR・T・ジョーンズ・シニアもまたイングランド生まれだった。

アメリカに渡った彼らは、英国のリンクスと、土地に恵まれたアメリカの環境を融合させた「モダン・クラシック」の傑作コースを次々世に生み出した。

## マイケル・ポーレットが心血を注いだハイグレードコース

その中でも現代手法を取り入れたのが、ポーレットである。金田氏は英国、アメリカのテイストに日本の和の美を融合させるにはポーレットを置いて他にないと、早川氏に薦めた。

富里GCはそのポーレットが心血を注いだコースに仕上がった。和の美を取り入れたために一見しての荒々しさはない。

だが、一見女性的な穏やかさと美しさの中に実はこれ以上ない芯の強さを秘めている。

フェアウエーの微妙なアンジュレーション、打ち下ろし、打ち上げ、ドッグレッグと変化に富み、グリーンは縦長、横長、段差、左右前後の切れ込み、複雑なアンジュレーションと一つとして同じ形状はない。

フルバック（GOLD）からの距離は6857ヤード、ブルーティからでも6562ヤード、（共にパー72）と総じて距離は短い。だが距離と難易度は別ものだ。

まさにプロや上級者にはリスクと報酬を紙一重にしている。

たとえば名物7番のショートホール。ここは日本庭園風の美しいホールで、フルバックでも175ヤード、レギュラーティなら142ヤードと短い。

ところがグリーンは左手前から右奥に斜めに細長く、左に向かって下り傾斜。手前は2つのバンカーと、急激なスロープが下の池まで続いている。右にピンが切ってあれば、そのピンを狙って少しでもショートすればスロープを転がり落ちて簡単にダブルボギーも出る。

安全に左を狙ってフックすれば林の中。奥のバンカーにでも入ればグリーンは下り傾斜で恐怖のバンカーショットとなる。まさしく勇気と技術が要求される。

9番はブルーティから415ヤード、レギュラーティからでも388ヤードと長いパー4。

ティーショットは谷越え。右サイドには高い樹木が続き、グリーン手前左は池。おまけに花道は幅15ヤードほどしかない。

第2打で距離を必要とする上に少しでもフックすれば池の餌食。

2オン狙いなら右の立ち木越えだが、少しでもミスれば木に当たる。刻むか、狙うか思案のしどころ。全編こんな調子が続く。

ゴルフ発祥の地、英国にはこんな考えがある。それはロイヤル・アンド・エンシェント・ゴルフクラブの規則委員長を20年も務めた識者ジョン・ローの言葉に代表される。

「ゴルフは地中海の航海に例えれば、真の面白さは際どいところで〝スキュラ〟（ギリシャ神話の中の6つの頭を持つ怪物女）をすり抜け、無傷で〝カリュブディス〟（シシリー島沖の大きな渦巻き）をくぐり抜けるところにある」（大塚和徳著『ゴルフ五番目の愉しみ』から）

つまり危険やスリルを乗り越えてこそ真の喜びや楽しみが味わえるということだ。

こういう考えは日本人にはない。富里GCはそこまでおどろおどろしたところはなくても、それに近い面白さがある。だが距離の長さではなく、戦略性を重視したレイアウトは、女性や非力なゴルファーでもそれなりの楽しさがある。リスクをおかさず、正確なショットを繋ぎ、アプローチやパットでしのげば、パーも十分取れる。これもまたゴルフの真髄である。

## 故中部銀次郎氏が惚れ込んだ充実のアプローチ練習場

富里GCの他では見られない素晴らしさは充実した練習施設にもある。特にインコーススタート近くにあるアプローチ練習場は秀逸。広大なスペースに大きくうねるグリーンと深いバンカー、アプローチエリア。本グリーンと変わらない手入れの行き届いたグリーンはアプローチやバンカーショットでの転がりやスピンの効き具合が一目で分かる。

今は亡き中部銀次郎氏（日本アマ6回獲得の不世出のトップアマ）が、ここに惚れ込んで日がな一日練習したというエピソードがある。

オーナーの早川氏は現在一つの目標を掲げている。それはメンテナンスで日本一といわれる軽井沢GCに追いつき、追い越すこと。「支配人やグリーンキーパーを軽井沢に派遣し、勉強させています。フェアウェーを10ミリから11ミリにカットしてカーペット状にし、ラフは通常1～2週に1回刈り込むところを週に2回刈り込んでいます。イメージはオーガスタ。コースのグレードを上まわるためにはお金を惜しまないつもりでいます」

四季に応じてコースを埋め尽くす花々。生い茂る樹木、絨毯のように艶のあるフェアウェー、青い空を映す池の水面。ここは非日常溢れる別天地。こんなところでプレーできるゴルファーは幸せだ。

「月刊ゴルフプレビュー」
平成25年7月20日号より

MINI REPORT

# 戦略性の高さで人気の富里ゴルフ倶楽部を攻略しよう！

写真は7番ショートホール

梅雨明けを心待ちにしているゴルファーも多いことだろう。そこで本誌では梅雨明け早々に、ぜひとも足を運んでいただきたいコースを紹介する。千葉県山武郡にある富里ゴルフ倶楽部である。

同ゴルフ場は、攻略に高い戦略性を要するチャンピオンコースとして知られるが、特筆すべきは、オーガスタなみの超高速グリーン。一筋縄ではいかないグリーンのアンジュレーションも相まって、油断すると3パットの危険性を常にはらんでいるのが、アスリートゴルファーには人気だ。

設計したのはアメリカンスタイルのゴルフ場を得意とするJ・マイケル・ポーレット。国内ではほかに富里ゴルフ倶楽部と同グループのカレドニアン・ゴルフクラブやプレステージカントリークラブを手掛けたことでも知られる名匠だ。

名物ホールは7番打ち下ろし池越えのショート。142ヤード（レギュラー）と距離はさほどないが、ティーグラウンドから視界に入るアゴの高いガードバンカーが大きなプレッシャーを与える。

通常、ピンは右に切られることが多く、ゴルファー泣かせのホールではあるが、池とバンカーの真上を越え見事パーオンに成功すれば、得も言われぬ満足感に浸れることは請け合いだ。

ぜひとも名物ホールにチャレンジしてもらいたい。K

『経済界』2015年7月7日号より

# 歴代トーナメント優勝者

1990年
第一生命カップ・シニア
**内田 袈裟彦**
スコア／209

1991年
第一生命カップ・シニア
**内田 繁**
スコア／206

1991年
いすゞレディース
**日蔭 温子**
スコア／207

1992年
関東女子ゴルフ選手権
決勝競技
**中島 真弓**
スコア／148

1992年
第一生命カップ・シニア
**天野 勝**
スコア／210

1992年
五洋建設・KTV
レディースカップ
**日吉 久美子**
スコア／209

1993年
第一生命カップ・シニア
**謝 敏男**
スコア／205

1993年
五洋建設・KTV
レディースカップ
**日蔭 温子**
スコア／138

1994年
第一生命カップ・シニア
**石井 裕士**
スコア／203

1994年
五洋建設レディース
カップ
**松澤 知加子**
スコア／209

1995年
第一生命カップ・シニア
**金井 清一**
スコア／208

1995年
五洋建設レディース
カップ
**M・マクガイヤ**
スコア／211

1996年
第一生命カップ・シニア
**金井 清一**
スコア／210

1996年
五洋建設レディース
カップ
**山崎 千佳代**
スコア／216

1997年
第一生命カップ・シニア
**ゲーリー・プレーヤー**
スコア／208

ゲーリー・プレーヤーは
生涯165回目の
記念すべき優勝。
これが最後でしょうねと、
感激していた。

2002年
プロミスレディースゴルフ
トーナメント
**井上 真由美**
スコア／211

2007年
ジョイント・コーポレーション
カップ
**小俣 奈三香**
スコア／144

# 幸運な星の下に誕生

## 設計者マイケル・ポーレットの芸術的デザイン

パイン・バレー

# "TAM ARTE QUAM MARTE"

## 力と同様に頭脳も

### カレドニアン・ゴルフクラブ会員の皆様へ

いま私はカレドニアンのコースを歩きながら、深い感動に浸っています。と同時に、このゴルフクラブの会員になられた幸運な人たちに、設計者として語りかけたい衝動にかられます。

カレドニアンはそのひとホールひとホールが興奮を呼びます。それぞれのホールが際立った個性を備えており、プレーヤーに強烈な印象を与えるはずです。ティイング・グラウンドに立ったプレーヤーは、どのホールでもその変化の大きさに圧倒されるでしょう。景観の素晴らしさだけでなく、ダイナミックにうねりながら延びるフェアウェイ、巧みに配置されたバンカーとグリーンと池が、プレーヤーの挑戦意欲をかきたてます。

百年以上も前からこの地で育ってきた杉の巨木は、私たちに静寂と安らぎを恵んでくれます。ゴルフというゲームを楽しむ幸せを、しみじみ味わうことでしょう。

一つとして類型のホールがない、戦略性に富んだ18ホールズは、それぞれが生き生きとして連携し、ハーモニーしあって続きます。これほど1番から18番ホールに至るまで、リズムの整っているコースは、日本国内はもとより、世界でも数えるほどしかありません。

名設計家が世界の各地に、その地域の環境に調和した名作品と呼ばれるコースをいくつか残しています。しかし、カレドニアンのように全18ホールがそれぞれ世界の名ホールに比肩できるコースは珍しいと、自信をもっていえます。

芸術は自然の素材をもとに、設計者の情熱とオーナーの思い描く高い理想によって生まれいずるものです。カレドニアンはまさに、そのような幸運の星の下に誕生しました。プレーヤーはカレドニアンのグリーンに上るたびに、妙なる造形に戸惑い、奮いたち、緊張の糸を弛めることができないでしょう。

最近の日本のゴルファーなら誰でも、世界の難ホールと称されるグリーンを二つ三つ思い浮かべることは簡単でしょう。その人はカレドニアンのグリーンでボールを打ったとき、世界の名選手たちが神妙な面持ちでパッティングに入る姿を理解できるでしょう。これは言葉ではいい表せません。あなた自身が体験すれば即座に納得できるはずです。名コースが名選手を育てるというゴルフのセオリーが理解されると思います。

カレドニアンの最終ホール18番の池は広く美しい。青い池を縁どる白い渚バンカーはギリシャ神話を彷彿させます。誰でもこの白い砂浜の横を通るとき、生命の神秘とゴルフの奥行きの深さを感じざるを得ないでしょう。

世界中のゴルフコース設計者たちは、私がこのようなコースを手がけることができたチャンスを羨むでしょう。私はこうしてカレドニアンに立つたびに、神の造りたもうたこの偉大なコースに感謝します。

1990年10月7日

J・マイケル・ポーレットゴルフデザイングループ
**J・マイケル・ポーレット**

# “TAM ARTE QUAM MARTE”

## Address to the member of Caledonian golf club

Recently while walking the Caledonian golf course, I felt deeply moved. I would like to express my personal feelings and observations to the lucky members of this golf club, from the viewpoint of a golf course architect.

A hole by hole of review the Caledonian golf course is exciting, players should have a favorable impression because each hole presents its own distinct “personality”. When standing at the tee ground, you will be overwhelmed by the variations of every hole. Not only do the dynamic undulations and expansive fairways and the variety of greens, bunkers and ponds offer a beautiful vista from each tee, but they also provide players with a great challenge of skill.

Huge cedars, which have grown here for hundred's of years, give you a feeling of stillness and peace. One can keenly feel the happiness of playing golf here.

No two holes are the same, the strategically placed 18 holes are vividly yet harmoniously blended. The entire series of holes from #1 through #18 have excellent rhythm, in terms of playability, and there are not many courses that can attest to this in Japan or throughout the world.

Some famous architects have constructed a few golf courses several places in the world that are truly works of arts, they harmonize completely and fit in their immediate environment. I can say with confidence that the entire 18 holes of the Caledonian course rivals anything in its class on an international scale.

An artistic golf course is made by using the material of nature. To achieve this blending of artistry and nature to his end, and an owner with the vision to share this with him, Caledonian has exactly these elements, whenever a player steps onto a green at Caledonian he will be thrilled and challenged by the unique undulation and, as a result, he will be kept at a high level of excitement throughout his round of golf.

In this day and age, every Japanese golfer is familiar with a few world famous holes that are recognized for their challenge and difficulty. When a player hits a ball onto a green, one can imagine some world famous golfer hitting that feeling using words. If you are participating and are challenged by the same obstacles, the same intricacies, you will understand it easily, it is in those moments that the player realizes what truly makes a famous hole.

The last hole, #18 at Caledonian, has a large beautiful pond. The white sand beach bunker abuts the blue crystal water of the pond and reminds me of a Greek myth, when anyone crosses this white beach, she or he will feel the mistery of life and the real challenges of golf. Other world famous golf course designer will envy me because I have had the opportunity to design a challenging course in such an outstanding environment. Whenever I walk at Caledonian, I sincerely appreciate the guidance of God in creating such a spectacular course.

Respectfully,
J.M.POELLOT Golf Design Group, Inc.

Mr.J.Michael Poellot

“コースは海から生まれた”
（スコットランドの諺）
マウンド群のラフが荒波となって
グリーンを浮き上がらせる

# 美しい罠に挑む、攻略の快感

Part1/individuality

## 「個性」

## 英国 リンクス志向の モダンなコース リンクスに学び、 リンクスを 超える

クラブ名「カレドニアン（Caledonian）」とはスコットランドの古称で、今でもネス湖からインバネスの北海まで延びる全長100㎞の「カレドニアン運河（海峡）」に、その名を残している。

ゴルフ発祥地、スコットランドへの憧憬を込めて名付けられたコースが1990年(平成2年)、千葉県に誕生して、やがて四半世紀を迎える。

その名の通り、リンクス魂を志向する高度な戦略型の米国式デザインで、球宴・マスターズの舞台のように森と池の美しさが人気の関東でも指折りのコースである。

米国人コース設計家、J・M・ポーレット（J.Michael Poellot／1943〜）がデザインを担当したのには理由があった。

1990年といえば4年前からのバブル経済末期ながら、ゴルフ場数もゴルフ人口もうなぎ上りで、全国累計で2273コースに達した新設ラッシュの最盛期だった。ゴルフ場経営側もシノギを削る競争の時代、他者との差別化に心血を注ぐ必要があった。外国人設計家の起用でかつての日本にはない目新しいデザインを施し、バブル経済に乗って高額会員権が話題になったものである。

だから1981年に母体会社、東京グリーン株式会社を創設した早川治良社長は「本格的な戦略型コースを造り、世界レベルの醍醐味をゴルファーに提供したい」と考えた。つまり、グリーンは西洋芝のワン・グリーン、世界の名コースに匹敵する攻めがいのある個性的なコースを目指したのだ。

そこで世界のゴルフ史に造詣が深く、JGAゴルフ博物館の設立に委員長として尽力した作家・摂津茂和（1899〜1988）に相談した。

「ゴルフとはスコットランド海岸のリンクスに始まり、砂丘と風に負けないプレーで強い精神力を培う紳士のゲームだよ」という摂津茂和の教えを受けて早川社長はスコットランドを探訪し、〝リンクス志向〟のコース設計をポーレットに依頼する。摂津を師と仰ぐジャーナリストで、氏の奨めで晩年にコース設計家にもなった金田武明（1931〜2006）の紹介だった。金田氏は米国の『タイム・ライフ誌』アジア代表で、設計家のR・T・ジョーンズ親子と親しく、その極東地区のスタッフだったポーレットとも面識があったからだ。英国のリンクス魂を現代的戦略型デザインに込めるポーレットの手腕を認めていたのだ。

早川社長の英国行脚にはもうひとつのエピソードがある。

カレドニアン・ゴルフクラブのラテン語のクラブモットー「Tam Arte Quam Marte」〝力と同様に技（知略）も〟はロイヤル・トゥルーンゴルフクラブを訪れた時に発見し、リンクス魂を表現する素晴らしい標語であったことから、許可を得て採用したのであった。

ローマ帝国の戦闘用語であるこの言葉が、〝力を鼓舞して、コースを捻じ伏せる〟ようなパワーゴルフ全盛の米国式デザインとは、一線を画するリンクス志向のゴルフを象徴したものだったからだ。

つまり、日本の誇るゴルフ史家と英米のゴルフに明るい設計家という知識人コンビが、このコースを応援したのだ。名誉会員に元首相の細川護熙や日本アマ選手権6勝のアマチュア名人・中部銀次郎の名があり、クラブ内に知的雰囲気が充ちているのはそのためであろう。

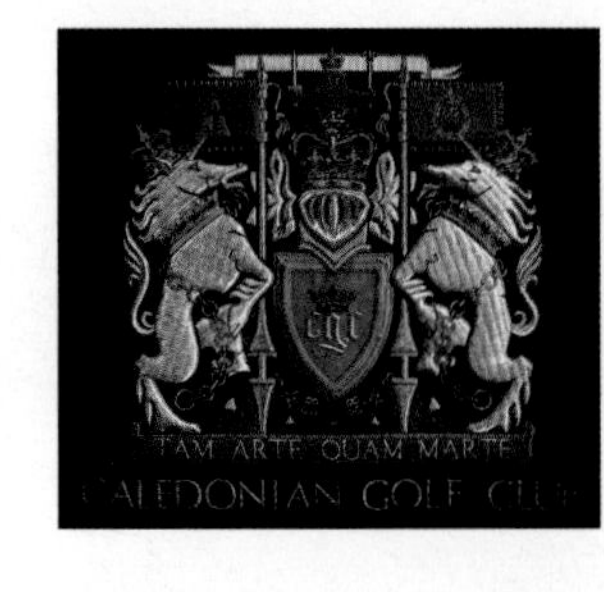


Part2/history

## 「歴史」

## 戦略性を増す 設計セオリー ゴルフは 〝角度〟と 〝距離〟のゲーム

米国式デザインとは？ 英国に発祥したゴルフが米国に移ったのは1888年、ニューヨーク・ハドソン川の牧場にセントアンドリュースゴルフクラブが創設されたのが発端だった。以来、米国人によるコース設計の歴史は原点のリンクスを訪ね、設計の基本を学ぶことから始まった。母なる自然が造ったコースで球技の醍醐味を演出する造形を身に付けることが設計家の条件だったからである。

1910年〜30年代前半までに米国に生まれた名コース

はそのすべてがリンクス志向で、C・B・マクドナルド（ナショナルゴルフリンクス・オブ・アメリカ）やH・ウィルソン（メリオンゴルフクラブ）など傑作が今でも残っている。設計史ではこれを「コース設計の黄金時代」と呼んでいる。

英国でコース設計をする仕事は全英オープンチャンピオンなどプロの副業であった時代が長い。しかし、近代になって大卒のアマチュアゴルファーが設計の専門家として登場する。それがH・コルト（1869〜1951）&C・アリソン（1882〜1952）だ。この2人はオックスフォード&ケンブリッジ大ゴルフ部の代表選手で、リンクスを研究して新しいコース設計理論書『Some Essay on Golf-Course Architecture』（1920年刊）を発表する。

その内容のキーワードは3つ。1.科罰型から戦略型設計へ。2.オプショナル・キャリー（任意のキャリーボール）。3.対角線デザイン。

1は、ただ単に苛めるだけのハザードを排し、効果的にバンカーを配置してホールに多くの攻略ルートを用意する。2は、谷やブッシュをキャリーで越えるショットを要求する。3は、目標を斜めに置いて、対角線に攻める。

この近代的デザインで欧州・米国で活躍したコルト&アリソンは日本にも廣野ゴルフ倶楽部、川奈ホテルゴルフコース富士コースを設計、日本ゴルフ界にコース造りの夜明けをもたらした。来日したのはアリソンで、深いバンカーにその名を残すことになった。

実はJ・M・ポーレットのカレドニアンGC設計で特徴的なことは、この3要素を斬新で美しい景観とともに実施していることである。

「ひとつとして類型のホールがなく、戦略性に富んだ18ホールがそれぞれ連繫し、ハーモニーを奏でます。際立った個性がプレーヤーに強烈な印象を与えるはずです」と彼が自信を持っているのは、ゴルフの歴史と伝統に裏打ちされた設計哲学が背景にあるからだろう。

彼のいう「ゴルフは〝角度〟と〝距離〟のゲーム。この二律背反の矛盾をゴルファーが頭脳と技術で解決するのがプレーの醍醐味です」。これはまさにコルト&アリソン理論の〝対角線(Diagonal)設計〟の別な表現で、彼が〝オルタネート・セオリー(Alternate Theory／二者択一の原則)〟というのと同じ意味。危険を承知で攻めるか、手堅く迂回するかをプレーヤーに問いかけているのだ。

目標のフェアウェイやグリーンを斜めに置く設定はスコットランドのノースベリックゴルフクラブの15番ホールの愛称から〝レダン〟型とも呼ばれる。カレドニアンGCでプレーする人は随所にこの状況に立ち会っているわけで、「だから面白く、醍醐味があり、挑戦しがいがある」と実感していることであろう。

Part3/temptation

## 「誘惑」
## 斜めのターゲットを狙う世界の名ホールを体験する

代表的なホールを挙げて具体的にみてみよう。

名物の最終ホール18番（547ヤード・パー5）は池と渚状のバンカーを越して打てば2オン可能とまでは行かなくてもベストルートになる。もちろん左側に迂回ルートがある。この設定を「ドッグレッグ」と設計家は呼ばない。池の先のベストポジションを斜めに置くだけだからだ。中途半端に池を越すと、ポットバンカーに捉まるのはそのためだろう。そして、グリーンを狙うショットも左右に長く斜めに置かれた目標に池と渚バンカーを越す必要がある。つまり、〝角度〟と〝距離〟の正確さを要求している。腕前に応じたルートを選択した上で、それぞれのショットバリューを問いかけている。「コースとはショットの価値を数字に置き換える競技場」だからである。

危険な池を越すか、迂回するかで代表的な名物ホールに13番（416ヤード・パー4）がある。池に沿って右直角に曲がるフェアウェイを最短距離で狙えば第2打が有利になる。〝危険と報酬(Risk & Reward)〟という設計セオリーがプレーヤーを誘惑している。まさに〝角度〟と〝距離〟でプレーヤーの技量を設計家は測ろうとしているのだ。

米国へ移住して成功した英国人、A・マッケンジー博士に「理想的なコース設計の13箇条」がある。それによると「18ホールにバラエティを持たせるためには距離の短いパー4を数ホール交ぜる」という。

その代表例が14番（384ヤード）で、打ち下ろしの第2打で狙うグリーンの右半分がマウンドで隠されたブラインドになるのがミソだ。もう一つ、16番（350ヤード）はフェアウェイ以外のラフに荒波のように大小のマウンドが連なり、18ホールの中で最も小さいグリーン（360㎡）が半月状に砲台となる。フェアウェイという航路を外すと荒海に船が難破するというイメージが浮かぶ。

こうした不定形で起伏豊かなグリーン（平均606㎡）がポーレット設計の特徴で、ピンの位置次第でさらに難度は増す。グリーン奥に立つピンは赤い旗になるが、おそらく0・5ストローク以上の差を生むはずである。

また、世界の名コースに比肩するデザインを目指すポーレットは、歴史上に有名な名ホールを意識的に採り入れる。カレドニアンGCと同系列の富里ゴルフ倶楽部では、7番パー3ホールにサイプレスポイントクラブの15番をコピーした。ここカレドニアンGCでは15番（490ヤード・パー5）で池とクリークをグリーンに絡ませて、オーガスタナショナルゴルフクラブの13番を彷彿させる。マッケンジー博士と球聖・ジョーンズの合作アイデアの〝パー4.5〟のドラマ演出を狙った名ホールを、ここに再現したのだ。

一頃は「ワイドでフラットな林間コース」が良いコースのキャッチフレーズであったが、そんな時代が懐かしいほどに世界レベルのコースがここに存在する。戦略性に富み、何度でも挑戦したくなる設計の奥深さを堪能してほしい。

〝良いゴルファーは良いコースに育まれる〟のだから……。

文／西澤 忠（ゴルフジャーナリスト） **写真**／細田榮久

『Go!go!』2013年4月号より

百日紅が見事な夏のカレドニアン

# ごあいさつ

理事長　米倉　功

カレドニアン・ゴルフクラブ理事長の米倉でございます。

この度は、カレドニアン・ゴルフクラブ開場に際し、大勢の方々の御支援をいただき、厚く御礼申し上げます。

当クラブの理事長としてひと言ご挨拶申し上げます。

最初に、カレドニアン・ゴルフクラブが開場の運びに至るまでに、多大なお力添えをいただき、開場を待ち望まれておられた地元関係者の皆様、このすばらしいコースを造り上げられたMr.ポーレット、熊谷組をはじめ工事関係者の皆様、更には第一級のゴルフ場造りに熱烈なる情熱と努力を傾注されてきた、早川社長をはじめとする東京グリーンの皆様に、開場の良き日を迎えることができましたことを、心から厚く御礼申し上げます。また、会員の皆様とは、この度の開場を共に心からお祝いいたしたいと思います。

当コースは、「スコットランド指向の戦略型コース」を目指す早川社長の基本理念を受けて、昨年六月に開場した富里ゴルフ倶楽部と同じく、アメリカの俊英ゴルフコースデザイナー、Mr.ポーレットがデザインいたしました。Mr.ポーレットは、スコットランドのリンクスにゴルフゲームの原点を求め「TAM ARTE QUAM MARTE『力と同様に技(頭脳)も』」の理念を設計思想としております。そのため当コースは、戦略性に富んだエキサイティングなコースで、プレーヤーが、それぞれの力量でゴルフの真髄にふれられるように設計されております。そして、スコットランドの高遠な思想、アメリカの洗練されたデザイン、日本の高度な建設技術が見事に調和した、私達ゴルファーが長年待ち望んでいたコースに仕上がっております。

一方、クラブ運営については会員数も限定され、ゴルフを愛される質の高い会員構成により、格調高いクラブ運営が期待できます。ここまで着実に事業を進めてこられた東京グリーンの方々には、更に慎重にして厳格な経営姿勢をつらぬいて、質の高いコースの維持発展に努力いただくようお願いいたします。また、会員の皆様には、カレドニアン・ゴルフクラブが新しい仲間作りの楽しい憩いの場になるよう、クラブ運営をはかりたいと思っておりますので積極的な参加をお願いいたします。

ゴルフの良き伝統を尊び、会員のための会員によるクラブ運営が実現できることを願い、そして、永くご一緒にゴルフを愉しんで参りたいと思いますので、皆様のご理解とご協力を賜りますようお願い申し上げて、私の挨拶といたします。

平成二年十月七日

(伊藤忠商事株式会社　代表取締役会長)

# オープン記念式典に際して

東京グリーン株式会社
代表取締役社長　早川治良

カレドニアン №15

東京グリーンの早川でございます。本日は、皆様、ご多忙の中を、当カレドニアン・ゴルフクラブオープン記念式典にご参集いただきまして有難うございます。心から御礼申し上げます。

カレドニアン・ゴルフクラブは、開発計画から八年の歳月を要しましたが、お陰様で予定通り、本日オープンすることができました。これもひとえに、関係の皆様のご助力の賜物と心から感謝しております。

まず、第一に、地権者の皆様の暖かいご協力と、関係官庁、ことに地元、横芝町の佐瀬町長様にはひとかたならぬご尽力をいただきましたことを、皆様にご報告するとともに、ここで改めて感謝の気持を表したいと思います。

第二に、私ども東京グリーンが、この事業に専念でき、計画通り実現できたことには、終始、私どもの熱意をご理解下さり経営基盤をしっかりとささえて下さった、伊藤忠商事様、第一勧業銀行様、建設担当の熊谷組様、の大きな信用の力がございました。改めて各々の皆様の厚いご支援に心から感謝申し上げたいと存じます。

顧みますと、私がゴルフ場開発の仕事に携わって20年の歳月が経ちました。その間、常に念願してきたのは、〝その時代の最高の品質を追求すること〟でありました。しかし、皆川城カントリー、オーク・ヒルズカントリーと手がけるうちに、様々な反響と私自身の反省の中から、自分が真実先頭に立って最初から最後まで信念を貫き通すことが何より大切なのではないかと考えました。少なからぬ賞賛をいただいた過去の実績と縁を断ち、新たな挑戦に立ち向かうべく、私は東京グリーンを設立いたしました。

日本のゴルフコースの歴史を塗り替えるようなコース造り、世界の名コースの中に指折り数えられるようなコース造り、私の目指すのは、ただその一点。そうして造り上げましたのが、昨年オープンした富里ゴルフ倶楽部であり、このカレドニアン・ゴルフクラブであります。

それではカレドニアンコースがどんなコースであるか。それは今日、皆様ご自身の目で確かめていただきたいと存じます。コース造りのポリシーについてはすでに活字にして皆様にお知らせしてありますので、私から改めて申し上げることはいたしません。ただ、私としては設計ポリシーはもとより、細部の仕上がりに至るまで、かねがね私とポーレットさんと温めてきた夢の実現は果たすことがで

きた、ということは申し上げることができると思います。ポーレットさんは「カレドニアンの18ホールズは、それぞれが世界の名ホールに比肩できる」といい、その様子を「ひとつとして類型のホールがない戦略性に富んだ18ホールズは、それぞれ生き生きと連繋し、ハーモニーしあって続きます。そのさまは、あたかもシンホニーのよう」といっていますが、ポーレットさんにとってもカレドニアンは歴史に残る代表的作品になったと私は思っています。

しかしここに至るまでには、ポーレットさん自身、最後まで現場に行って指導するという姿勢、またその技術とデザインを受けて見事にこなしていただいた熊谷組様とのチームワーク、これは富里以来の名コンビであり、そうした積み重ねがカレドニアンの仕上がりぶりに鮮やかに現れていることを、私から特に申し上げておきたいと存じます。

さて、いよいよ本日をもって、カレドニアン・ゴルフクラブが誕生するわけでありますが、クラブ運営については、幸い伊藤忠商事様からゴルフに造詣の深い米倉会長が理事長に就任され、その先頭に立っていただくことになりました。米倉理事長には、ぜひ会員の声に耳を傾けていただき、会員による会員のための素晴らしいクラブ運営をお願いしたいと思っております。私ども東京グリーンは、これに全面的に協力し、さらにコースのメンテナンス、サービスの充実に、従業員一同、誠心誠意励んでまいりたいと存じます。

この度、当クラブのキャプテンに選任された伊藤忠商事の室伏社長は「メンバーがプライドをもって人に語り、心底から愛せるクラブがベスト」とおっしゃっておられます。幸い、コースについては、会員の皆様が10回20回と重ねておいでになられるたびに魅力が増すような、文字通り生涯楽しめるコースが出来上がったと確信しております。このうえは、会員の皆様の創意とご協力によって素晴らしきクラブライフを創り「メンバーがプライドをもって人に語り、心底から愛せるクラブ」にわがカレドニアンを育てていきたいと存じます。

本日が新しい伝統の始まる日。今後とも皆様のなお一層のご指導、ご声援を賜りますよう、心からお願い申し上げます。簡単ではございますが、これをもってご挨拶にかえさせていただきます。ありがとうございました。

平成二年十月七日

# 優れたコースは優れた芸術と同じである

金田武明
（スポーツ・イラストレイテッド誌　特別顧問）

コースは、生きた芸術である。さらに、クラブも毎日呼吸している。立派な建物、美しいコースという実は、生き物である。

世界の素晴らしいクラブを訪れると、伝統の尊さを感じさせられる。これは数十年、数百年の間、歴代の会員が嬉々としてクラブを育てた結晶なのである。

伝統は、クラブ創立時から始まっている。十月七日、オープニング・セレモニーで、正式にカレドニアンの伝統がスタートする。

セント・アンドルーズ オールド・コース№2

## 頭脳を要求するコース

数多くの名言を残したゴルファーは、球聖ボビー・ジョーンズだろう。一九三〇年、全英、全米両オープンとアマチュアを独占し、しかも二十八歳で引退、弁護士になってしまった人である。英文学にも造詣の深い紳士だった。周知のように、ジョーンズは名匠アリスター・マッケンジー博士を右腕としてオーガスタ・ナショナルのコースを完成させた。一九三四年、マスターズがジョーンズの球友を招待する競技として発足したのも、オーガスタという舞台が完成したからである。

ジョーンズのエッセイの中で全く何でもない一節がある。「まっすぐなボールを続けざまに打つ練習ほど退屈なことはない」といっているのである。

うっかりすると、見逃すほど単純な表現だし、大した意味もないようにきこえる。

しかし、よく考えると、私の練習は何だったのかといった反省も始まる。そして、その後ジョーンズがマッケンジー博士と論じあったコースのあり方にも、その思想がしっかりと続いているのである。

「ただ力ばかりでなく、頭脳を要求するコースを造りたい」という考え方が、

「誰でも楽しめるコースへ」とスコープがひろがって行くのである。

オーガスタは毎春のマスターズのたび毎に、素晴らしいドラマを演じる場になる。世界のスーパースターが文字通り、呻吟し、打ちのめされる光景もある。勝つための秘術をくりひろげるほど、その確率が高くなる。

それでいてオーガスタは、そこの会員にとってこの世のパラダイスなのである。目的が違えば、コースの様相もがらりと変わる。

危険なルートを避け、安全に淡々とプレーすれば、コースは寛大に受けいれてくれる。はじめて訪れたアマチュアが、生涯最良のスコアを記録するのも珍しくはないのがオーガスタなのである。

この両極端ともいえることが一つのコースの中に共存するのは、ジョーンズの思想が具現化したためである。

カレドニアン・ゴルフクラブのモットー、"TAM ARTE QUAM MARTE"は、ジョーンズ、マッケンジーの志向の中に流れていたのである。ゲームの内容としてジョーンズが求めたのは、変化だった。力はあっても単調な攻めは厳しく諌める。例え非力でも、考えたルートを発見する人間には寛大になる。

## リンクスはゴルフテストの場

ジョーンズがマッケンジーと知り合ったのは、おそらく一九二一年だったと推測する。セント・アンドルーズで全英オープンが開催され、ジョーンズが11番ショートホールでボールを拾い上げ棄権した年である。ロイヤル・エンシェントの会員でもあった博士が、この時にジョーンズと知り合ったのだと私は勝手に想像している。

ジョーンズはオールドコースを嫌い、再び訪れないだろうとまで口にしたが、実は、リンクスに対する再評価は、この時に始まっていたに違いない。

リンクスでのゴルフは、ジョーンズにとって全く新しい経験だった。ジョーンズ時代のコースは、ごく少数を例外として、一握りのスーパースターにひどく有利にできていた。力の強い者が必ず勝つ。ティーから150ヤードまではラフかバンカー、フェアウェイの左右には、方向の狂ったボールをとらえるバンカーが口をあけている。

そのトラブルを通過さえすれば、グリーンは真っ平らで円型だから、何のトラブルもない。

この考え方は米国だけでなく、日本にも入って来てしまった。誤解に基づいた旧式なコースが、伝統的な古典的なものと信じられていたのである。

ジョーンズの提案を具現化したオーガスタも当初は理解されなかった。しかし、数年の内に正しい評価を受けるようになった。球聖ジョーンズのゴルフに対する考え方に人々は同調し楽し

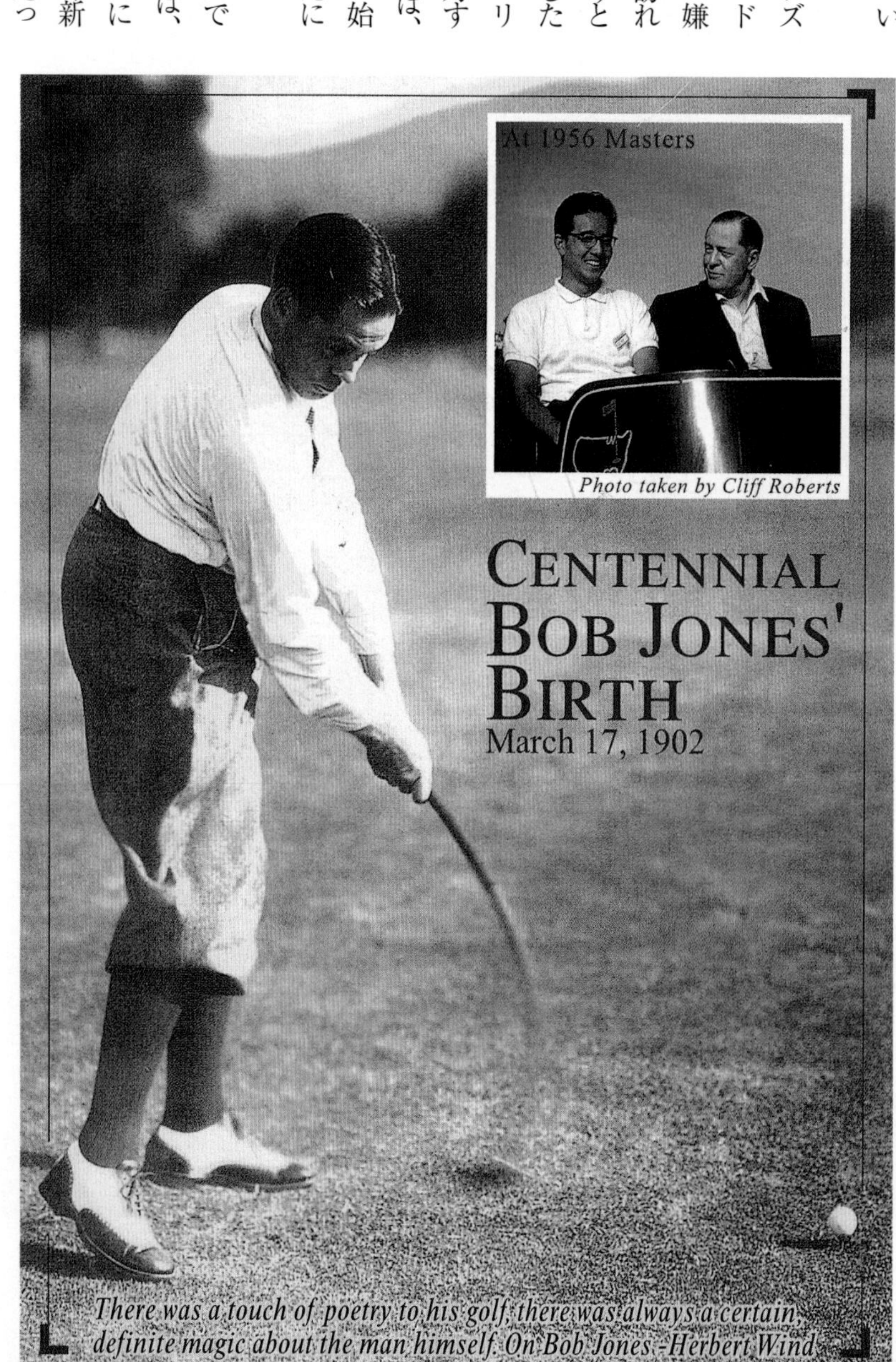


ボビー・ジョーンズ生誕100年を記念した金田武明氏のカード

むゴルフを再発見したともいえるだろう。

　リンクスは、自然が造りあげた、まさに、ゴルフテストの場なのである。スコットランド人が、リンクスでのゴルフはゴルフ技術ではなく、その人間のテストの場になるとさえいうのは、このためである。

　ジョーンズは一九二七年二度目のオープンをオールドコースで勝ち、一九三〇年引退の年に全英アマチュアにもここで勝っている。

　一九六〇年、この町の名誉市民に選ばれたジョーンズは、最大の賛辞をオールドコースに送ったのである。

　ジョーンズも、ボブ・ガードナー（米）も、オールドコースに魅了されるには数年を要している。

　マッケンジー博士の「よいコースはすぐれた芸術と同じように、心の中で育まれるものだ」とは言い得て妙である。

## カレドニアンは<br>リンクスの模倣ではない

　昔のスコットランド人は、リンクスの再現、とくに内陸でのそれは、不可能だといった。しかし、今世紀初頭からハリー・コルトが実現し、戦後は、R・T・ジョーンズも大きく貢献した。

　カレドニアンは、マイク・ポーレットの作品である。マイクは、ジョーンズ・シニアの片腕として精力的に仕事をした。ジョーンズは、流石に一時代を築いた人だけに、定石が実にしっかりしている。マイクは彼の定石を十二分に吸収し、その結果が、カレドニアンのコースにはっきりと表れている。

　何よりも特筆すべきは、これほど自由闊達にリンクスの思想をエクスプロアしたプロジェクトはなかっただろうという点である。それでいながら、カレドニアンはリンクスの模倣ではない。

　リンクスの考え方をこの土地に表現するには、これしかないと信じてまっしぐらに進んだように思う。

　数年前に、ドーノックでの楽しい数日間の話をきいたのが、おそらく、全身で吸収したことだろう。コースの佇

ボビー・ジョーンズ

サイプレス・ポイント

まいにしても、各ホールを美しい杉林でわけながら、ティーから周辺ホールがパノラマに見える。単に広々として明るいだけでなく、その雰囲気もリンクスを思わせる。これは意外だった。リンクスはともすると暗い印象を与えるが、春から夏にかけて、好天に恵まれたリンクスは、確かに明るく、大自然の寛大な贈物に感謝したくなる。その大きさをうまく演出したのが、ティーからの空間だった。

カレドニアンのレイアウトと共に印象的なのは、シェーパーの冴えである。現在、日本で流行しはじめた、「観賞用マウンド」ではなく、神経を使って配置し、造型している。バンカー周辺のマウンドも驚くほど繊細な配慮がなされている。こうしたことになると、造成中の仕事ぶりが想像される。働く人は、洋の東西を問わず、意気で仕事をする。モラールが高まらないとよい仕事はできない。遠い異国で仕事をする人間がホームシックにかかったら同じ形のマウンドを造り始める。注意しても、当人は気づかぬといったことが起こる。早川さんの熱意は、こうした点で発揮されたと推測できる。設計家も思う存分、自分の知恵を出しきり、形を整える人たちも、ゆったり呼吸しながら仕事をしたに違いないと私は感じた。

## ゴルファーを大切にしたコース

こうして、コースという桧舞台は完成した。開場して十年もたったような落ち着いた雰囲気まで添えて。

しかし、劇場としては、桧舞台だけでは終わらない。様々な条件を集大成しなければならないのだ。

ベン・ホーガンの変わった表現を思い出す。「全米オープンを勝つのは、シチューを煮るようなものだ」というのである。よい材料を吟味して求め、準備する。それからタイミングを考えて料理にとりかかる。順序正しく、一つ一つをていねいに、焦らず、急がず、煮こんで行く。長い時間をかけたものを、食べる人の欲しい時に適確に提供する。形ばかりを整えるという考え方とは、全く逆な方法である。

クラブの発足も、ホーガンの表現と似ていると思う。あらゆる想定をし、対処の方法を解決しながら、ソフトを揃えて行かねばならない。シチューを煮るだけでなく、その汁でできたシミをどう抜くかまで考え、準備しておかねばならないからである。

舞台、観客席の方が遥かに楽な仕事だろう。ゴルフクラブは、人が動き回り、活動し、様々なことをする。

春が過ぎて初夏に向かう頃のカレドニアン　美しさは見事な花盛り

ピンの位置により攻め方が多様に変化するNo.12 Par3

ティショットの落としどころにより第2打がマウンド越えとなる
柔らかい球筋と緻密な距離計測が要求されるNo.14 Par4

その意味で、今までのクラブは、あまりに安易に生まれ、それでよしとして来たように思う。

カレドニアンの印象は、私にとって衝撃的だった。ゴルフが始まって九百年にもなるといわれるが、これほどゴルフを大切にし、ゴルファーを中心に考えたクラブは存在しなかったと思う。

近頃、私たちが忘れそうになっていた人間の存在が、再認識されたようにも思ったのである。おそらく、私たちが求めているものは、マニュアル化を超えたサービスであり、人と人との温かい結びつきかもしれない。

## 摂津茂和氏の警鐘

リンクスの原型をセント・アンドルーズのオールドコースにみるなら、その一つにグリーンがある。ここのグリーンは、大海原の波濤に似ている。11番ショートホールを唯一の例外として、受けグリーンは存在しない。受けグリーンのゴルフは、人間の力が強過ぎる。旗の根元を狙って攻めるのが常識になる。

しかし、グリーン奥が向こうにくだっていると(RUNAWAYと称する)無謀な攻めは難しくなる。当然、手前のバンカーが利いて来るのである。

一九二一年にジョーンズが惨敗した一つが、このグリーンの姿だった。そしてジョーンズは「ゴルフは偉大なゲームだ。人を謙虚にするのだから」と、後年述懐しているのである。

こうしたグリーンを攻めるには、スピンの利いたピッチショットだけでは難しい。グリーンの起伏が大きいから、下り坂に当たれば止まってしまう。ピッチショットよりも、ランアップさせる技術が要求される。時には、グリーンから50ヤードも手前から転がしを強要されるほどの風が吹きまくることもある。アメリカのゴルフは「空中のゴルフ」と呼ばれる。ボールを大きくキャリーさせて、旗を見事にとらえるゴルフをいう。しかし、その技術は、リンクスでは通用しない。固い地面と強い風には、たち打ちできる技術ではないのである。

カレドニアンのグリーンは、巧みにリンクスの起伏をとり入れている。プレー中は、無我夢中でよく見えないが、ダイニングルームの窓から9番グリーンをみると分かりやすい。グリーン手前のパンチボール状の部分をのぼると、平らな面がある。その奥は、ハウスの方向に急斜面に下っている。旗を積極的に攻めるのはよいが、僅かな距離感の誤差が、バーディをボギー、ダブルボギーに誘いこむこともあるだろう。

それだからこそ、自分の力を過信せず、謙虚になることが要求されるのだと思う。

摂津さんがこの冊子に掲載されたエッセイの結文は、氏の日本ゴルフに対する警鐘になったと思う。「高度の判断力と謙虚な自己評価によって正しい攻撃ルートを選ばなければ百年の悔いをのこすであろう」

おそらく、早川さんは、摂津さんにカレドニアンを見、プレーして頂きたかっただろう。

ショットを要求されるNo.9 Par4

荒波のようにうねるNo.9グリーン

筆者紹介

**金田武明**（かねだ　たけあき）氏

1931年東京生まれ。早稲田大学政経学部卒業後、アメリカのオハイオ州立大、メリーランド州立大で、経済学、社会学を専攻する。1960年には、世界アマチュア選手権に日本代表として参加。現在は、スポーツイラストレイテッド誌特別顧問。「ビッグ3のプロ根性」「現代ゴルフの概念と実戦」など、ゴルフ関係の著書・訳書も数多い。相模カンツリー倶楽部、霞ヶ関カンツリー倶楽部、富里ゴルフ倶楽部会員。

コース設計ー盛岡メープルC・C。北海道石狩ノースポイントG・C。造成中ー大多喜城C・C。北海道赤井川。古河市営コース。

力強いティ・ショットと正確で高い技術のアプローチ

座談会

# 名コースが名ゴルファーを育てる

TAM ARTE QUAM MARTE

カレドニアンNo.5

## カレドニアンコースを視察して……

### ――世界の名コースに比肩するコース誕生

### これが日本のコースなのか

**司会**　本日は、カレドニアン・ゴルフクラブのコースを設計したマイケル・ポーレットさん、当コースを開発し、今後も経営の衝に当たる東京グリーン社長の早川治良さん、そして会員の代表として、せんだっての理事会でキャプテンに選出された伊藤忠商事社長の室伏稔さんをお招きし、カレドニアン・ゴルフクラブのオープンを前にして、その価値、将来性について、突っ込んで論議していただきたいと思います。

　特に室伏さんには、この機会に、大いに幅広く質問していただきたい。オープンな討論を目指したいと思いますので、よろしくお願いします。

**早川**　ぜひよろしくお願いいたします。

　室伏社長は――きょうは室伏さんと呼ばせていただきますが、非常にゴルフに堪能な方でいらっしゃる。腕前はもちろん、日本のコースばかりでなく、海外のコースを非常にたくさん経験していらっしゃる。その貴重なご意見が伺えると思います。

**司会**　それでは最初に、室伏さんに、カレドニアンコースを視察プレーなさった印象から伺いましょうか。

**室伏**　率直にいいまして驚きました。驚いたといっては失礼なのですが、私には、日本にもこういうコースが生まれるということは、期待はしていても、実はむずかしいのではないかと疑う気持ちもありました(笑)。しかし、自分の目で見てびっくりしました。その気持ちは、視察した理事会の皆さん全員一致していると思いますが、本当の意味で戦略性と美しさを兼ね備えた、世界的に見ても超一流のコースができ上がったと思います。

　しかも、それが新設コースというぎこちなさがまったくなくて、もう二〇年も三〇年も前から存在しているような風格を感じさせる、すばらしいものでした。

**司会**　驚きといえば、今までの日本のコースでは見られなかった要素、たとえばあのフェアウェイやグリーンのアンジュレーションなども、驚きと刺激を覚えますね。

**室伏**　そうですね。しかもアンジュレーションに不自然な感じがまったくないのも驚きです。最近造られたコースでは不自然なものが多いですからね。

　富里コースの場合も同様で、私も会員としてよくプレーしているんですが、富里はコースも非常に戦略的で、よく整備されていて、開場一年というと、お客さんは皆驚きますよ。その驚きというのは、日本ではなかなか見られない戦略性の高さ、それから何といっても、フェアウェイのアンジュレーション、ベント・ワングリーンの造形とコンディションの良さなんですね。たいがいの人は非常に感嘆されますね。

　そのフェアウェイやグリーンのアンジュレーションや造形が、さらに荒々しくあらわれているというのが、カレドニアンの場合でしょうね。いかにも挑戦したくなる雰囲気を持っている。ただ単に力だけでは征服できそうにない。自分の技倆を本当に試されるという興奮を覚えましたね。

### 海外名コースとの比較検討

**司会**　しかも、各ホールがそれぞれ個性を持つというか、変化があって、その点でも刺激されますね。

**室伏**　まったくそうですね。一ホール

◉出席者

室伏　稔
伊藤忠商事株式会社
代表取締役社長

早川治良
東京グリーン株式会社
代表取締役社長

J・マイケル・ポーレット
J.M.ポーレット
ゴルフ　デザイン　グループ

ずつ景観と戦略性が異なる。そして雰囲気としては、フッと、「ここが日本のコースなのだろうか」と思ってしまうようなホールもありますね。

**司会**　海外のコースと比べていかがですか。

**室伏**　私はイギリスのコースはあまり知らないんです。アメリカがほとんどで、確かにゴルフの原点はスコットランドのリンクスですが、アメリカでリンクス的なゴルフコースの代表は、シネコックヒルズだと思います。ここはUSオープンも四回ぐらい行われている。

西海岸ではサイプレス・ポイントがそういう範疇に入ると思いますが、スパイグラスにしても、ペブルビーチにしても、海浜にあって吹きさらしで、自然と闘う感じのコースです。これらの名コースといわれるものは、確かにプレーしてみて、いかにも挑戦意欲を駆り立てられるというか、ゴルファーの意欲をかき立ててくれるのですね。

**早川**　それがゴルフの醍醐味でしょうね。

**室伏**　自然と闘うというか、コースを征服するというか、そういう意欲に非常に駆られますね。オーガスタ・ナショナルにしても、全米でナンバーワンといわれるパインバレーにしても、

神秘的なまでに光る渚バンカーとレイク　No.13グリーンよりNo.18とクラブハウスを望む

ニュージャージーにあるバルタスロールにしても、実際にプレーしてみると、きわめて戦略的なんですね。

もちろんパワーがなければダメなんですが、自分の技術を冷静に考えて、どこをどう攻めるか、非常に厳しいものがある。日本では、こういうコースにはめったにお目にかかれなかったわけですが、カレドニアンはそれに十分匹敵し得るものがありますね。本当に感心しました。戦略性、厳しさ、美しさ、どれをとっても実に味わいがある。しかも、日本の杉林の中にすっぽりと風格を持っておさまっているんですね。うれしくなりました。

**早川**　ありがとうございます。

## カレドニアンコースの誕生まで
### ——本物のコース造りへ。二〇年の歩み

### リンクスの再発見

**司会**　室伏さんのお話は、開発者としての早川さんの狙いをきっちり言い当てていらっしゃると思います。ここでひとつ、こういうコースをつくり上げるまでに至る道筋を、早川さんに語っていただきましょうか。

**早川**　はい。

今、室伏さんのお話を伺っていてわかるように、室伏さんは日本の第一線のビジネスマンでいらっしゃるのですが、同時に、ゴルフについても、これだけのご体験と見識をお持ちでいらっしゃるのです。

ところが、日本のコースはどうだろうか。年々数多くのコースが造られているのに、戦前の数コースを除いて、世界の名コースに比肩する魅力のあるコースはまったくないといってよい状態でした。

そもそも私がゴルフ場開発を手がけたのは二〇年前で、皆川城カントリー（昭和四八年オープン）に携わったのが最初ですが、それ以前からそういう疑問を持ってきました。自分が造るなら、世界的に通用する本当のコースでなければならない。それは何だろうか。ゴルファーの目が高くなっているのに、ゴルフコースを開発する側がついていけない状況をどうやったら打破できるか。

その後、オーク・ヒルズ（昭和五六年オープン）にも携わり、これはロバート・トレント・ジョーンズ・ジュニア氏の設計ですが、それらの経験を積むうちに、本当に良いゴルフクラブを造るには、コース造りの当初から完成後のクラブ運営まで、自分の確固たる信

静寂なたたずまいの中に戦略性を秘めたNo.5 Par3

念を推し通すことが大事だと気づきました。一つには自分で独立して、シンプルなリーダーシップで仕事をできる環境をつくること。もう一つは、一体だれにコース設計を依頼するかということでした。その結果、選択した道は、独立して東京グリーンを興し、設計者にポーレットさんを選んだことです。

**司会** コース設計者の選択は非常に大切なポイントだったでしょうね。

**早川** ええ、ゴルフコースの質を決定しますからね。ゴルフコースは長期的視野に立って考えなければいけないわけで、一度造ってしまえば長生きするものだし、そもそも最初が大切だと思います。

一〇年ほど前ですが、当時、戦略型コース設計理論とワングリーンの必要性を啓蒙されていた金田武明先生にご相談しました。先生はポーレットの優れた個性と芸術感覚を推薦されました。その頃まだお元気だった摂津茂和先生にもご相談に伺いましたら、「スコットランドでプレーをしてきなさい」と先ず言われました。すぐ行ってきました（笑）。

**司会** スコットランドでどんなことを感じられたのですか。

**早川** その頃は、ゴルフ場は広くて長くてフラットであれば良いコースだと

思っていました。七〇〇〇ヤード以上ないと世界に通用するチャンピオンコースではないという戦後の風潮がありましたね。

設計者もそういう傾向でレイアウトしていました。スコットランドに行ってみて、本当のゴルフの面白さは、そういうこととは全然別のところにあることが分かりました。

大自然の波打つようなところで、雨が降ろうと風が吹こうと、自然と対決しながら忍耐強く闘っていく。「リンクスの再発見」の中にも語られているように、海辺のリンクスに最初のコースができたわけですが、自然の大地に人間がゴルフゲームをつくりあげていったという感じ。それがよく分かりました。

## ゴルフゲームとは何か

**室伏**　ポーレットさんもスコットランドのコースを深く研究されていたようですね。

富里コースを設計されるに当たって、会員へのメッセージの中に、〝TAM ARTE QUAM MARTE〟という言葉が引用されていますが、これはポーレットさんのコース設計の理念と深くかかわっていることでしょうか。

**ポーレット**　その通りです。これはラ

美しさの中に魔物の棲む№4　Par4

テン語ですが、スコットランドで300年の歴史をもつロイヤル・トルーン・ゴルフクラブのモットーで、クラブメンバーの全員のバッグにもつけられています。

ロイヤル・トルーン・ゴルフクラブは歴史に残る素晴らしい質の高い名コースであり、ことに戦略的に優れたゴルフコースとして代表的なものとみられています。

**室伏**　このラテン語のことわざはそのまま直訳すれば、〝武力と共に計略によって〟というように解釈できますが。

**ポーレット**　ゴルフプレーにおいては、MARTEは〝力〟と訳すべきでしょうし、ARTEは、〝技〟とか〝頭脳を使う〟という意味でよいと思います。事実、ロイヤル・トルーン・ゴルフコースは、長さに重きを置くのではなくゴルファーたちが頭脳と技を使って、いかにしてすばらしいショットを打つことができるか、そしてまたそれを試すことができるか、ということに重点が置かれているという点で、スコットランドのゴルフコースに共通の、ゴルフの原点というべきすばらしい特徴を備えています。私のゴルフコース設計の理念も、まさに〝力と同様に技も〟という戦略型コース設計の理念の上に立っています。

**室伏**　まさに富里コースもカレドニアンコースも、ゴルフの原点であるスコットランドの偉大なコースと共通の戦略型設計のもとに造られたわけですね。

**ポーレット**　そうです。些細な打ち損じでも厳しく罰せられる選択の出来ないホールと比べ、ティーからグリーンまでにいくつかの攻め方が可能であるホールは明らかにゴルフの魅力を増すと思いますね。

　戦略型コース設計の特徴は、〝考えるゴルファー〟に選択のチャンスを数多く提供します。より慎重なプレーヤーには、より容易で満足のいく攻略法が各ホールに残されている一方、挑戦的な攻略法もあります。〝虎穴に入らずんば虎児を得ず〟といいますが、挑戦者には、成功すれば大きな「収穫」が待っている――このような戦略型コースの神髄が両コースには随所に生きています。

**早川**　ゴルフは自然との闘いであるということ、そして各ホールには、ゴルファーの伎倆によって選択できる幾つかのルートが存在するということ、これが富里やカレドニアンで何回もプレーをしているとよく分かってきますね。

**ポーレット**　冒険心を持つのは人間の特性ですがゴルフの場合は、過度の冒険心は、ハザード、ブッシュ、バンカーあるいはフェアウェイの傾斜によって、必ず罰を科せられます。ゴルファーが頭脳を働かせて自分の伎倆を知り、それに合わせたルートを選べば、それなりの報酬が得られる。そういう要素が、ゴルフをよりエキサイティングなものにするのではないでしょうか。

## 商業主義に毒されている日本のコース

**室伏**　そうですね。私が所属している東京ゴルフ倶楽部とか、関西の廣野なんかは、そういう意味で、戦略的で挑戦しがいのあるすばらしいコースですけれども、今の日本のコースの多くは易しくなり過ぎていると思うんです。

　ドライバーをちゃんと打てば、第二打はショートアイアンで乗ってしまうとか、それも、トップしようが、ショートしようが、関係なくグリーンに乗っかってしまうとか、技術がなくても結果が同じになってしまうようなコースが、余りに多過ぎるんですよね。

　ところが、スコアがいい方がお客さんが喜ぶから、易しくして回転を速くする。そういう商業主義に毒されているようなコースが余りにも多いのではないでしょうか。

　ですから、日本にもう少しチャレンジングなコースがあってもいいじゃないかと私がいうと、「おまえはしょせんアマチュアじゃないか。水やサンドを入れたり、グリーンにアンジュレーションをつけてむずかしくして、接待したお客さんを不愉快にしてしまったら意味がない。プロはあくまで難しいコースに挑戦したらいいけれど、我々アマチュアにそんな必要はない。いいスコアで楽しく回ればいい」という批判を受けるんです（笑）。

ロイヤル・トルーン

　ゴルフは、プロからアマチュアに至るまで、いろいろな考え方があるから、人それぞれの考え方を持ってゴルフをすればいいわけですが、私はあまり易しいコースでは、一生懸命練習した成果を試せないし、技術の差も出ない、そのように思うのですが、そういう考え方をする人も結構いますよ。

**司会**　どんな業界にもありますが、商業主義というか、営利優先主義というか、そういう傾向が今のゴルフ場にはありますね。

**ポーレット**　率直にいって日本は土地が狭く、ゴルフ場として非常に勾配が激しいところが多く、むずかしい点もあるかと思いますが、ブルドーザーで土地を切り取り、平らにならしてしまうのはどうでしょうか。自然こそがプレーヤーに対して刺激をつくり出す鍵なのであって、アメリカにもたくさんありますが、平らに芝生だけを敷き詰めたようなコースは、運動場のようなものです。

**早川**　ゴルフは、四角い平らなグラウンドでやるスポーツとは違いますからね。ブルドーザーでザーと均（なら）して真っ平らにして、そこに芝を張ったのがゴルフコースだとしたら、これほど興味深いスポーツにはならなかったでしょうね。

**室伏**　私も素人なりに思うのですが、コースというものは、第一に、距離がほどほどにあって、しかも、本当の意味で全知全能を傾けた結果がテストされるようなものであってほしい。結果オーライのコースはつまらない。飛ばせばいいというものではなくて、打つ前に立ちどまって、自分がどういうショットを打たなければならないかを考えさせられ、ホールごとにきわめて変化に富み、己の能力に合わせてプレーを楽しむことができるもの。しかも、ゴルファーの技倆が随所に試される、そういうスリリングでエキサイティングなものがゴルフを面白くすると思いますね。

**早川**　まったく同感です。

**室伏**　それともう一つ、ゴルフコースは、樹木や花や水など、自然との調和がとれて、美しいコースでなければいけない。

　オーガスタ・ナショナルは、自然との調和が完璧に図られているばかりでなく、美しいんですね。コースもハウスも、大体、グリーンと白が基調になっていまして、そのコントラストが実に美しく、朝、昼、夕、いつ見ても飽きない、こういうことも非常に大切だと思います。

カモフラージュ設計の技法によるグリーン手前のバンカーはプレーヤーを錯覚させる№4 Par4

　そういう要素を満たし、世界の名コースに比肩し得るカレドニアンをお造りになった早川さんとポーレットさんに、心から敬意を表します。そしてその歴史的な価値や本質をみなさんに一日も早く知らせたいですね。

## 戦略型コース設計の特徴その①
### ——母なる自然を大切に、人工の手を加えず

### いかに自然が刺激をつくり出すか

**司会**　少しテクニカルな部分になりますが、コース設計について、ポーレットさんに伺ってみましょうか。室伏さん、いかがですか。

**室伏**　そうですね。あのラフやフェアウェイのアンジュレーションですが、これは最初から設計図面に入っているものなのでしょうか。

**ポーレット**　最初から入っています。コースを造るに当たってもっとも大切にするのは〝自然〟です。カレドニアンコースの設計に当たっては、自然を破壊するような〝無用な人工の手〟は極力避けました。「立派なコースとは〝母なる自然〟によって創造され、人はただこれを〝発見する〟だけである」

ティショットを左に安全に逃げるか　渚バンカー越えにスリリングに最短距離を攻めるか　その選択によって運命の変わる№5　Par3

と語られています。これこそカレドニアンコースに当てはまる言葉です。地形はもちろん、全体のゆるやかな起伏、大きく美しい樹林や豊かな土壌――すべての条件が優れており、この土地とコースが一体感を持つよう細部にわたって配慮するのは設計者の責任ですからね。ですから自然にある土地の高低やうねりはそのまま生かして設計図に入れました。

**室伏**　人工的なコースはゴルフを実に退屈なものにします。たしかに一流と言われるコースは自然そのものですね。今回カレドニアンをプレーしてみて、ものすごく興奮しましたが、いかに自然が刺激をつくり出すか、よく分かりました。

**ポーレット**　そして、カレドニアンは富里に比べて、それがかなり強調されました。その理由は、カレドニアンは自然林が高く、濃く、密なので、その自然の景観からしても、コース全体のうねりも、フェアウェイのアンジュレーションも強調しました。

そういう点から見ると、富里が繊細で優美な感じに対し、カレドニアンは荒々しい、厳しい顔つきになったと思います。その点は、早くから用地の自然環境を見て、早川社長からも注文されていましたし、私の見方もまったく同じでした。

**室伏**　なるほど、納得できます。たとえば16番のような風景は、富里にもないスコティッシュな迫力を持った、大きなうねりとマウンドの連続ですね。

**早川**　ああいう造りも、もちろんすべて図面どうりですが、しかし、最後の造形的な仕上げは、ポーレットさん自身、あるいは彼の部下の造形専門家が手を入れました。そういう意味では、手造りともいえるし、彼らがいかに美しさとか芸術性を追求しているかがよくわかりました。グリーンの造形も同様ですね。

**ポーレット**　グリーンのアンジュレーションも同じで、やはり自然とマッチさせます。グリーン周辺が穏やかで平たんな感じであれば、グリーンのアンジュレーションもやや抑えられ、厳しさがあれば、当然グリーンも厳しくなります。

これらは、グリーンに限らないことですが、常に周りの状況、全体的な自然環境とどうマッチさせるか、そこにデザインの肝心な点があります。

**室伏**　グリーンもまた、地形の一部になっていなければいけない、ということですね。

**ポーレット**　まったくその通りです。大自然がそこに築いたように存在する

ものでなければなりません。したがって、真っ平らなグリーンはありえないわけです。

**司会**　そのためにはワングリーンでなければいけないのですね。

**室伏**　ワングリーンというものは、ターゲットがすっきりしている。「そこに行くんだ」という、闘争心をより緊張させてくれる要素がありますね。ポーレットさんは、日本のツーグリーンをどう感じておられましたか。

**ポーレット**　そうですね。日本では気候や土質の条件があって、夏のシーズンと冬のシーズンに分けてグリーンを造る必要があったのでしょうし、その点ではよく工夫されていると思います。しかし、やはりゴルフゲームは、一つのグリーンに向かってゴルファーはターゲットを絞って挑戦していくわけですから、そのターゲットが二つあることは不自然というか、焦点がぼけてしまいます。

**早川**　設計理論からいっても、まったくナンセンスなわけです。それに、高麗グリーンではパッティングの微妙なタッチが味わえないので、ゴルフ全体がつまらなくなりますね。

## ベントワングリーンの価値

**室伏**　日本でアメリカ並みのベントグリーンが造れるようになったのは、アメリカの技術と聞いていますが。

**早川**　そのとおりです。アメリカの灌漑技術といいますか、砂構造によるグリーンベッドの構造と、オートメ化された給水装置の組合せですね。このおかげで排水が良くなって、芝根が腐らず、どんなに夏の陽射しが強くても、自動制御で夜間に散水して冷却できますから、夏に弱かったベントグリーンも強く保てるようになりました。

**室伏**　新しい技術によって、一年を通して滑らかなパッティングが可能になったのですね。

**早川**　先年亡くなった摂津先生は、USGA初代副会長でコース設計にも造詣が深く、多くの名コースを建設してアメリカのゴルファーの眼を開いたといわれたチャールズ・マクドナルドの名著〝Scotland's Gift:Golf〟の中から「ゴルフ・コースの性格は一にパッティング・グリーンの構造にかかっている。ゴルフ・コースにおけるグリーンは、いうならば肖像画における顔である……。」という言葉を引用して、富里コースを造るとき私に、ワングリーン制の採用とグリーンの造形の重要性を強く説いてくれました。すべてのゴルファーが公平に実力を発揮できる愉しいコース造りにふみきる絶好の機会だからだと。

**室伏**　ベントのワングリーンの普及は日本のゴルフ水準を世界に近づけると思いますが、同じワングリーンでもただ円くて扁平な形では奥深い面白さが感じられない。

**早川**　その点、富里の会報の対談で中部銀次郎さんも「富里はどのホールもティーに立つとフェアウェイの幅につり合ったグリーンの広さがホール全体のバランスを整えていることを先ず感じます。角度による変化、周りの起伏との流れ具合など造形が絶妙です。どのようなショットで攻めるべきか、いつも考えさせ、また視覚に訴える緊張感が強まります」と、語っておられましたが、このカレドニアンでも各ホールのグリーンがそれぞれ個性をもって実に見事に表現されていますね。

**室伏**　ポーレットさんの繊細な感覚は驚きですが、これも計算しつくされた設計なのですか。

**ポーレット**　私はパッティングは非常に重要だと考えております。なぜならゲームの半分の36ストロークをパッティングが占めるからです。残念ながら全世界のグリーンを見ても殆ど似たりよったり、形は円形に近く、平たんなものが多いです。

　ゴルファーがパッティングに入る前に、ボールのスピードがどのくらい出るか、またボールがピンに向かってどの　ような動き方をするか、というこ

とを十分考えさせることによって、再びパッティングがゲームの中心となるように設計します。そして大事なことは、ゴルフというゲームを更に面白くさせるためにアプローチの段階からそれを微妙に考えさせることです。

富里もカレドニアンも、シェーピングとアンジュレーションについては、私がこれまで世界で見た中で最高の部類に入ります。

特に変化に富んだパッティング・サーフェイスやグリーンの周りの微妙なアンジュレーションは世界でも最高の素晴らしいものに仕上がっております。

## 戦略型コース設計の特徴その②
### ――常にエキサイティングで、バイタリティに富むこと

### プレーヤーの能力に合わせてゴルフが楽しめるデザイン

**室伏**　アプローチショットやパッティングの微妙な面白さはいわれる通りですね。その攻める場所やその日のピンの位置によってグリーンの顔が、そして攻め方がまったく変わってしまうコースは確かに飽きがこなくて素晴らしい。そういう面でも富里、カレドニアンとも名コースの条件を備えていますね。「終生、飽きのこないコース」としては、このほかどんな要素が考えられますか。

**ポーレット**　先ずコースデザインのコンセプトには二つの目的があります。その一つは、すべてのゴルファーに対して面白いものであり、エキサイティングなものであること、そしてすべてのゴルファーにとって公平なコースであることです。

第二の目的は、ゴルファーがすべてのクラブを巧みに使い分けることによって、常にチャレンジのチャンスに恵まれ、エキサイティングなものであると同時に、きわめてバイタリティに富んだものであることです。

全長7200ヤードが一流コースだというような誤解も歴史を見れば明らかですが、長打偏重というのはアマチュアゴルファーにとってゴルフを退屈なものにしてしまいました。ホール別に長さの変化をつくり、あるホールではドライブ・ショットで、アイアンを巧みに使うこともでき、一方フェアウェイでウッドを必要とするホールもある。

第1打では池越えショートカットか安全策か　決断を迫る№18　Par5

つまり、ゴルファーが自分の能力に合わせてゴルフを楽しめるようにデザインすることが非常に重要です。

**室伏**　〝TAM ARTE QUAM MARTE〟の戦略型設計理論ですね。

**ポーレット**　そうです。ゴルフというゲームは角度のゲームであり、また一方、距離のゲームであるわけです。距離と角度の矛盾をゴルファーは自分で判断するわけですが、設計者の側から見れば、この距離と角度をうまく利用することによって、ゴルファーに対してバラエティを提供できることになります。ドライブ・ショットの場合も、フェアウェイからグリーンを狙うショットにしても、いずれのケースにも距離と角度の組合せが要求されるわけです。これが、われわれのデザインの基礎であり、われわれが「オルタネート・ルート・セオリー」（ALTERNATE ROUTE THEORY）と名付けている理論であるわけです。したがってプレーヤーは、常に頭脳プレーを要求されます。角度と飛距離を考え、相互の関連性を有効に発揮できれば、必ず次のショットがより容易になるという褒美が与えられるのです。

**室伏**　各ホールのティーグラウンドや

アプローチやグリーンで自分の能力や気候条件に応じて「どのルートを選択するか」いつも考えさせ決断をせまるコースが飽きのこないコースの要素の一つですね。

**ポーレット**　また変化が生むゲームの楽しみもあります。ホールごとに景観が変わることも大事なポイントなのです。一つ一つのホールが強く印象に残り、しかも全体のバランスの中に存在するようでなければなりません。自然の海、池やグリーン、ブッシュ、谷間や樹林、巧みに組み合わされたバンカーなどがリズムを持って次々と現れてくることが理想です。

　ティーについてもそのことは言えます。従来、ティーグラウンドは距離を調節するためにだけ、前後に並べられただけのものが多かったのですが、左右高低にも差のあるマルティプルなものは、一つずつ周囲のハザードとも組合わされて、きわめて変化に富んだものになります。ティーによって距離と角度はゴルファーを楽しませるのです。

**早川**　サイプレス・ポイントやオーガスタ・ナショナルを設計したアリスター・マッケンジー博士はカモフラージュの技法をコースの中に使っていますが、カレドニアンでも私が気づいただけでも2番の長いグリーン、3番の

深く大きなバンカー、12番の手前のバンカー、14番グリーン手前の大きなマウンド、18番ティーショットの前に大きく横たわる池と渚バンカーなどがそうだと思いますが、こういうデザインもコースを奥深くさせるし、ゴルフを面白くする要素ですね。

**ポーレット**　早川さんは非常に素晴らしい点をつかれています。見かけの難易度と実際が違うというだまかしというか。視覚的な幻想と呼ぶこともできますが、そういう手法は心理的なプレッシャーを生み、ゴルフ独特の精神的闘いを一段と強めエキサイトさせると思います。

　そして全体としては、美しい自然の中に以前からずっとそこにコースがあったような静かなたたずまいの中に、あるホールではドライブが非常な難度を伴うものであれば、次のホールではドライブは比較的容易でもグリーンの状況でピッチングやパッティングの技術が求められる、といったプレーヤーが最終ホールまで飽きることのないような変化が、まるで音楽の流れのようにリズムある連続性となって現れることが大切なのです。

## 目を見張る美しい練習場

**司会**　お話がはずんでいますが、その他カレドニアンコースについての特徴を語っていただきましょうか。

**室伏**　コース全体の印象としては、個々のホールがきっちりセパレートされていて、各ホールが独立している。プレーヤーとしては余計な風景は目に入らないわけですから、プレーに集中できますね。高度な戦略性と共に、さまざまな変化があり、ハッとしたり、考え込んだり、あるいはホッとする場面などが次々あらわれる。非常に挑戦的で、一ホールも似たものがない。18ホールでこれだけ変化のある楽しめるコースは世界でも珍しいでしょうね。

**早川**　私がいうのも何ですが、景観の美しいホールが多いのも18ホール全体の流れというかリズムが心にくいほど良いので、いつの間にかラウンドが終ってしまいますね。

　それともう一つ私が自慢したいのは練習場です（笑）。

スタート前はパッティング練習

グリーンとバンカーを設けた美しい自然な造りの練習場

アプローチ練習場で

**室伏**　そう、カレドニアンの練習場は実に素晴らしい。これは声を大にして私はPRしたい（笑）。

　私はかねてから、日本のゴルフ場に練習場の整備をやってほしいと主張しておりました。ドライビング・レンジはあってあたりまえ。それにプラスして、アプローチ、バンカー、それにパッティングまで、全部練習できる施設が必要だと。

　アメリカのゴルフ場で感心するのは、そういう施設が実に整っていることで、ゲームの前でも、終わった後でも、心ゆくまで練習できるわけです。

　これが日本で初めて、アメリカでも類を見ないほど立派なものが、カレドニアンには用意されているので、びっくりしました（笑）。

**早川**　お褒めいただいて恐縮ですが、これも最初から計画してきました。世界レベルのコースとしては当然必要な付帯設備と考えてきました。

　ごらんいただいたように、用地はワンホール分以上、フェアウェイも本コースと同じように、アンジュレーションがある中に、バンカーでガードされたグリーンが一〇〇ヤード、一五〇ヤード、二二〇ヤード、二八〇ヤードと四つあります。別にアプローチとバンカー用の練習場も造りました。

**室伏**　うれしいのは、練習場も美しく自然の中に横たわっていることです。しかも、ハウスからスターティングホールへ行く途中の一番良い場所にパッティンググリーンとこの練習場がある。これは日本では革命的なことです。大いにPRするゆえんです（笑）。

**早川**　PRといえばもう一つ。富里へ何回もプレーにこられている中部銀次郎さんの練習法に感心したことがあります。ラウンドの前に必ずアプローチの練習グリーンで長時間熱心に練習しているのです。たいていの人はバンカーショットか距離のあるアプローチショットの練習だけしかしません。しかし、さすがにゴルフの名手は違います。ボール一個でグリーンの周りを一周しながら遠くから近くから、多様な攻め方で打ってボールの転がりを試しているのです。それを見ていた私はハッと気づきました。「ポーレットさんはアプローチ用のグリーンとその周りにまで繊細な感覚を使って微妙なアンジュレーションの変化を盛り込んでいたんだな」と。

　自分もまねしてやってみましたが、どこから打っても一つとして同じラインがないので本当に勉強になるし飽きがこないのです。会員のみなさんぜひ試してみてください。面白いですよ。

100Y、150Y、220Y、280Y地点し

**司会**　みなさんポーレットさんに感謝しなければいけませんね（笑）。

## なぜ完成度がこんなにまで高いのか

**ポーレット**　いえ、感謝したいのは私の方です。私は日本のゴルファーの皆さまのために、エキサイティングで新しいゴルフ体験をお約束するコース、すなわちカレドニアンの美しい自然環境と調和したコース設計を早川社長から任されました。

そしてただ紙に設計図を描くだけではなく、工事の第一日目から私どもが必ずその場にいて、すべてをスーパーバイズするというシステムを認めてくれました。そして通常のゴルフコースとひと味もふた味も違った〝フィニシング・タッチ〟で仕上げられたということは重視すべきだと思います。

**司会**　工事現場も燃えたようですね。

**ポーレット**　これは、日本ばかりでなく、アメリカで仕事をする場合にも、設計者と実際に工事に当たる人間との間にコミュニケーションによる大きなギャップが生じます。エンジニアは芸術家ではありませんから、われわれ設計者のアイデアが理解されず、実現されないというケースも少なくありません。往々にしてきわめて失望する結果となります。

カレドニアンでは言葉の障壁を乗り越えて、みな燃えてくれました。

私の意図通りに工事を指導するアメリカ人のスーパーバイザーも、その下で小型のブルドーザーに乗って手造りのようにバンカーやグリーンのアンジュレーションを造り出すシェーパー達も興奮しながら仕事を進めました。もちろん熊谷組の方やその下請けの人達もです。私は日本でもいくつか設計に当たっていますが、こんなことは珍しいのです。本当に満足のいく結果を得るのは殆どないのが現実です。

**司会**　何がそうさせたのですか。

**ポーレット**　何といっても早川社長の理想を実現しようという情熱と忍耐力です。早川社長はゴルフを心から愛している。そして本当に素晴らしいゴルフコースを造りたいと心から願っている。日本におけるゴルフコースの歴史を塗りかえるようなコース造りをしたいと真剣に考えているのが皆に伝わってくるのです。

二〇年、三〇年、そして百年経っても世界の名コースとして憧憬されるような個性豊かなコース造りに参加できたことは大変幸運でした。早川社長にめぐりあえたことに心から感謝しています。

# カレドニアン・ゴルフクラブの今後の展望

### ——価値をさらに高めるコース管理とクラブ運営

## コースメインテナンスの重要さを説く

**司会**　今のお話を伺い、カレドニアン・ゴルフクラブに賭ける早川社長の情熱と、設計者の情熱が一致して、実質的に内容のきわめて豊かなコースが生まれたことが分かりました。

カレドニアンはコースとしてはおそらく日本のゴルフコースのターニングポイントになると確信しますが、これを大切に育てていきたいものですね。

**早川**　ゴルフコースが出来上がった後、そのコースが偉大なコースであると評価されるか否かはメインテナンスにもかかっていると思います。完成後、五年後、そのゴルフコースをさらに価値づけるのはメインテナンスであり、さらに年月とともに改造も必要となるでしょうね。

**室伏**　オーガスタ・ナショナルが出来たのは1932年ですが、その名声は、ボビー・ジョーンズとマッケンジー博士の設計の素晴らしさもさることながら、コースを大事に育てたメインテナンスの良さ、度重なる改造、改良工事のおかげで名声を保ち、高めているといえますからね。

**司会**　富里コースのメインテナンスは先ほど室伏さんもおっしゃっていましたが素晴らしいですね。常日頃どういうことに注意を払っているのですか。

**早川**　相手が植物、生き物ですから。特にグリーンはコースの心臓で、そこでシビれるようなゲームがある。鏡のように滑らかにして、常に転がりのいいグリーンにしないといけない。そのためにはベント芝を死ぬ限界スレスレぐらいに短く刈り込んで、管理しないといけないんです。一歩間違うとグリーンを枯らしてしまう。

そういう極限を追求した管理をするためには、気候、風土、肥料、プレーヤーの歩き方に至るまで研究しなければいけないわけで、日々の戦いです。

日本は割と安易なメインテナンスをしていたんです。自然にも土壌にも恵まれていますから植物が成長しやすい。しかも使っている高麗芝や、野芝はバカ芝といわれるくらい強い芝ですから、ほどほどの管理をやっていればまあまあの状態になる。フェアウェイもグリーンも、ちょっと長めに刈っておけば、絨毯みたいにフワフワして気持ちがいいんですね。安易さと見た目の良さで、それがいいものだと考えられていたけれども、世界的プレーヤーがプレーするときには、それではダメなんです。短く刈り込んだ状態でないと、いいプレーにならない。日々の調整、研究、血のにじむような努力が要求されます。

**司会**　古いタイプのグリーンキーパーでは、対応できないのですか。

**早川**　当社では若手を登用し、新しい考え方に挑戦させています。もちろん先生もつけています。アメリカでも最優秀のグリーンキーパーをポーレットさんから派遣して貰っています。工事中からずっと夫妻で滞在して、綿密な計画のもとで指導をしてくれていますので、新しいメインテナンス法が取り入れられています。

**司会**　コース造りにはいろんな人たちの協力が要るわけですね。

**早川**　そうです。そして大切なことは、あらゆる部門の関係者の意識革命が必要です。―われわれがやろうとしている仕事は何を目標としているのか、名コースとは何なのか―。当社のスタッフをはじめ、工事担当者から各下請けの担当者に至るまで、すべての人が従来の仕事とは意識を変え、集中してもらわなければいけない。そのために、各地の名コースを見学したり、内外の文献を読んだり、それぞれが勉強し研究し直してから事に当たろうではないか、手をつける前に、事前に積極的に、可能なかぎりの知識とアイデアと技術を吟味した上で仕事に当たろうではないかと啓蒙しております。

ティショットをフェアウェイ左サイドに落とすと　アンジュレーションが激しくなる№16　Par4

**司会**　みんなが世界最高のものを自分たちの力で実現しようという意識をもてば、エネルギーが湧きますね。

## 会員によるクラブ運営とサービスの徹底

**早川**　これはクラブ運営やサービスの徹底にも必要です。これまでコースの方に話が集中してしまいましたが、名門ゴルフクラブといわれるところはどこもやはりコースが優れています。そこで私どもも、まず優れたコース造りに全力を傾注しているわけですが、容れものとしてのコースと、その中身としてのクラブ運営は、車の車輪のようなもので、どちらを欠いても名門ゴルフクラブとは言えないと思います。

もちろんゴルフクラブは会員の運営によるべきでありますが、私は会員のための会員によるクラブ運営をことに重視し、私たちはそのお手伝いをするというか、運営にともなうサービス部門を完璧にはたしていきたいと思っています。

まず、コースを最良の状態に維持管理すること、効率的な経営を行って安定した経営のもとで最高のサービスを提供する、これが原則でしょう。クラブライフの内容の検討や運営については、会員の代表である理事会および分科委員会にお願いするわけですが、私たちはその活動に全面的に協力します。

私としては、器にふさわしいサービスはもちろん、さらに効率と質の高い内容のあるサービスを目指し、同時に従業員が誇りと喜びを感じることのできる職場づくりを、実現させたいと思っています。

**司会**　クラブライフについては、今後更に煮つまってくる段階があるでしょうから、機会をあらためて、くわしく伺うとして、最後に、カレドニアン・ゴルフクラブの会員希望者に早川さんからのメッセージをお願いします。

**早川**　なによりもゴルフを愛しておられる方にご入会いただきたい、そう願っております。そういう方は、きっとゴルフについて深く理解しておられ、コースを大切に育てていただけると思っております。

**司会**　美しいコースでマナーの高い方々が公平にプレーを楽しまれる……。

**早川**　生涯楽しめる、おのずと気品の漂っているコース、クラブになると信じておりますし、きっと毎週来てみたくなるコースだと信じております。あとは会員の皆さまが中心になってクラブの内容を深め、クラブライフを充実させていただきたいと思います。

**司会**　マナーの高い、品位と格調のあるクラブとして発展する鍵は、会員の自覚が大切ですね。

**早川**　ゴルフクラブは会員のものですから、文字通り会員のための会員のものでなければなりませんね。そういう目的に対して私どもは最善の協力をしてまいります。私も一緒にゴルフをたのしみながら――。

**司会**　室伏さんから最後にひとこと。

**室伏**　僕は、メンバーがプライドを持って人に語り、心底から愛せるクラブがベストだと思うんです。早川さんには、そういうクラブをつくるためにいろいろ努力していただいていますが、それが究極の姿だと思いますので大いに期待しています。

**早川**　私自身、皆さんが誇りをもってクラブの自慢をしてくれることに、逆に喜びを感じていますので頑張ります。ありがとうございました。

# ゴルフの奥行きの深さを秘めたレイアウト

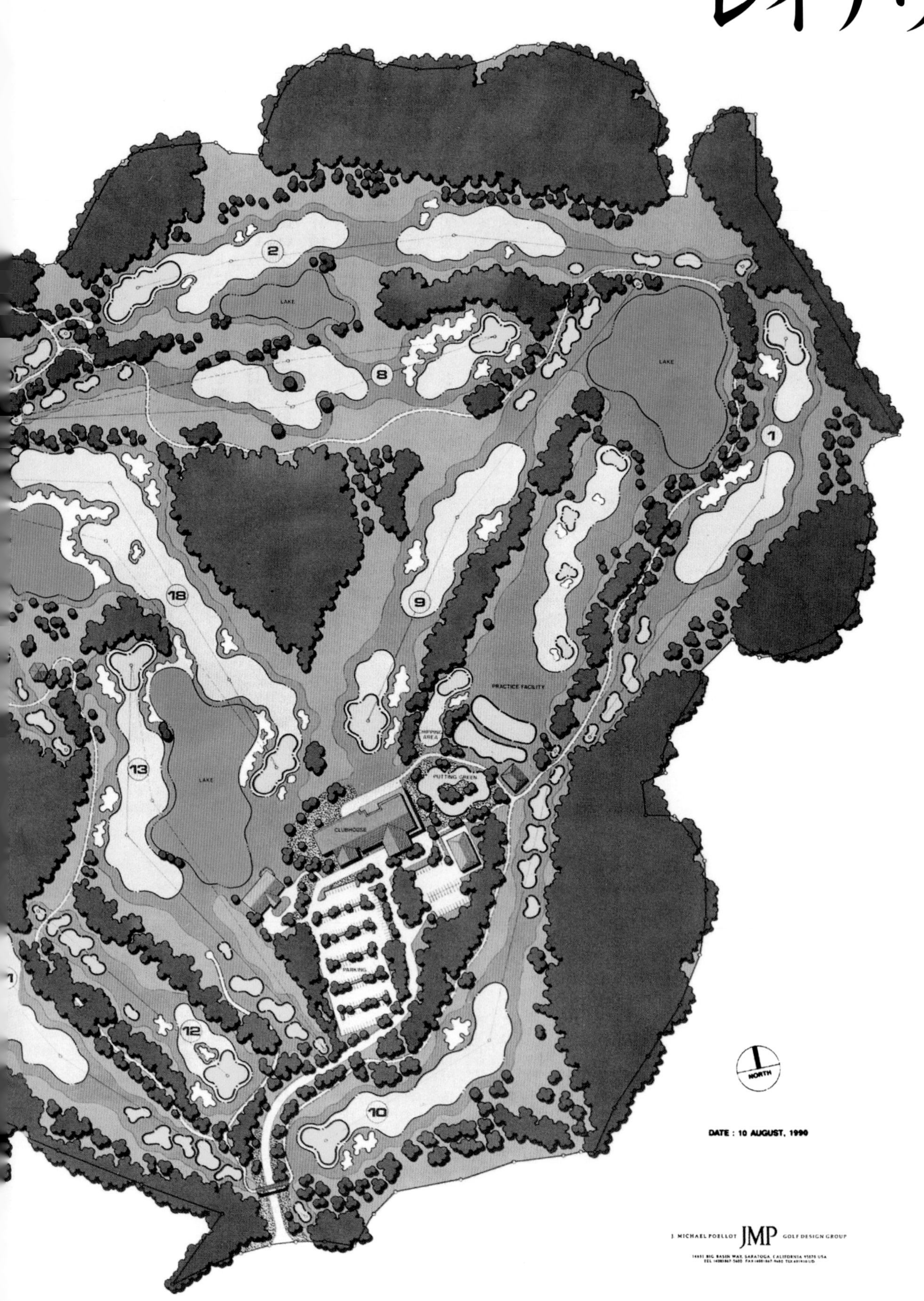

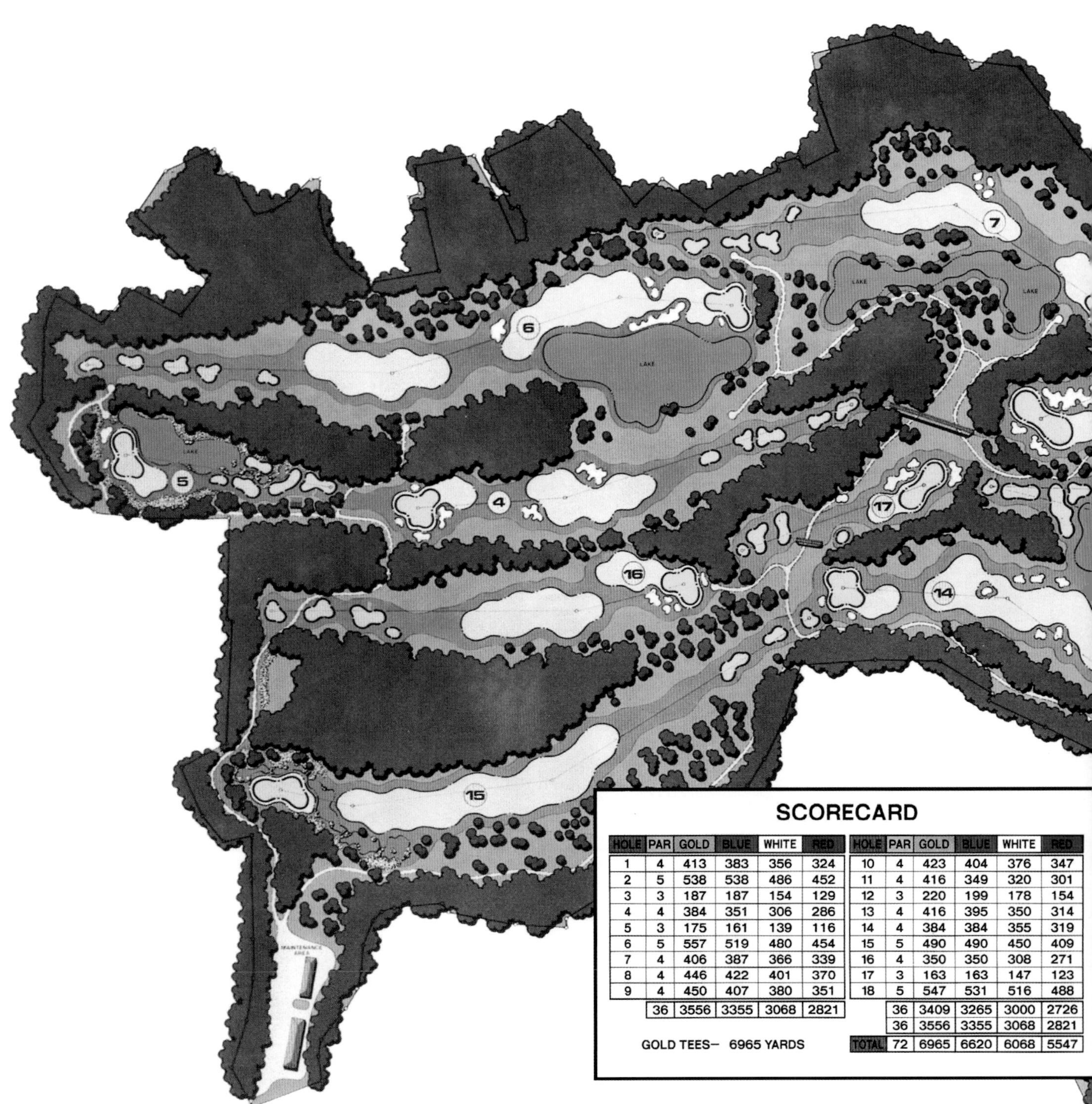


## SCORECARD

| HOLE | PAR | GOLD | BLUE | WHITE | RED | HOLE | PAR | GOLD | BLUE | WHITE | RED |
|---|---|---|---|---|---|---|---|---|---|---|---|
| 1 | 4 | 413 | 383 | 356 | 324 | 10 | 4 | 423 | 404 | 376 | 347 |
| 2 | 5 | 538 | 538 | 486 | 452 | 11 | 4 | 416 | 349 | 320 | 301 |
| 3 | 3 | 187 | 187 | 154 | 129 | 12 | 3 | 220 | 199 | 178 | 154 |
| 4 | 4 | 384 | 351 | 306 | 286 | 13 | 4 | 416 | 395 | 350 | 314 |
| 5 | 3 | 175 | 161 | 139 | 116 | 14 | 4 | 384 | 384 | 355 | 319 |
| 6 | 5 | 557 | 519 | 480 | 454 | 15 | 5 | 490 | 490 | 450 | 409 |
| 7 | 4 | 406 | 387 | 366 | 339 | 16 | 4 | 350 | 350 | 308 | 271 |
| 8 | 4 | 446 | 422 | 401 | 370 | 17 | 3 | 163 | 163 | 147 | 123 |
| 9 | 4 | 450 | 407 | 380 | 351 | 18 | 5 | 547 | 531 | 516 | 488 |
|  | 36 | 3556 | 3355 | 3068 | 2821 |  | 36 | 3409 | 3265 | 3000 | 2726 |
|  |  |  |  |  |  |  | 36 | 3556 | 3355 | 3068 | 2821 |
| GOLD TEES— 6965 YARDS |  |  |  |  |  | TOTAL | 72 | 6965 | 6620 | 6068 | 5547 |

# CALEDONIAN GOLF CLUB

18 HOLE CHAMPIONSHIP GOLF COURSE

CHIBA PREFECTURE, JAPAN

DEVELOPED BY
TOKYO GREEN COMPANY, LTD.

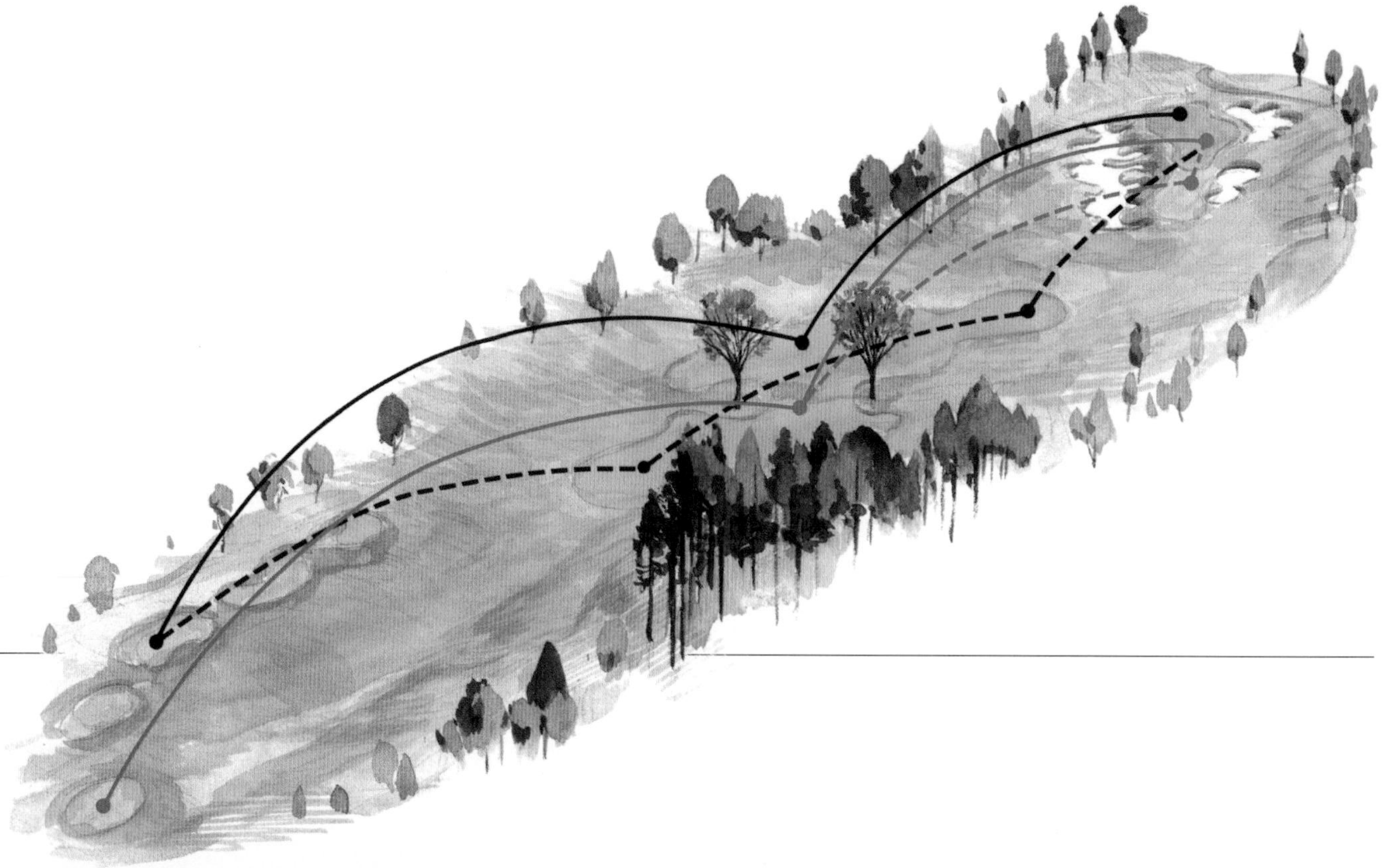

## CALEDONIAN GOLF CLUB

# 8H PAR 4

GOLD：446YARDS BLUE：422YARDS
WHITE：401YARDS RED：370YARDS

８番ホールは、フルバックから４４６ヤードと、距離の長いミドルホール。ティーグラウンドに立つと、グリーンの左サイドをガードする、巨大なバンカーに目を奪われるだろう。曲線と曲線が複雑に織りなすその造形美は、まるで、大地をキャンバスにして描くモダンアートのようでもある。

フェアウェイに立つ２本のけやきの木の中央を狙い、ティショットを打つのがセオリーだが、ここからの第２打は、左足下がりのライから長目のクラブ、しかもバンカーを避けるために、ドローボールでピンを狙うという高度なショットが要求される。

従って、攻略方法としては、第２打で直接グリーンを狙わずに、グリーン右前の花道へ運び、第３打のアプローチに勝負を懸けるのが賢明な策と言えるかも知れない。

ただし、ティショットでけやきの木を越すことができれば、つまり、良くコントロールされたロングドライブが打てたとしたら、そこは比較的フラットなライとなり、グリーンも非常に狙いやすくなるというわけなのである。

このように、一見広そうなフェアウェイでも、フラットなライは全体のごく限られた部分。その他の大部分のエリアは、微妙なアンジュレーションがあり、ボールゲームとしてのゴルフを、より面白味のあるものとしているのだ。

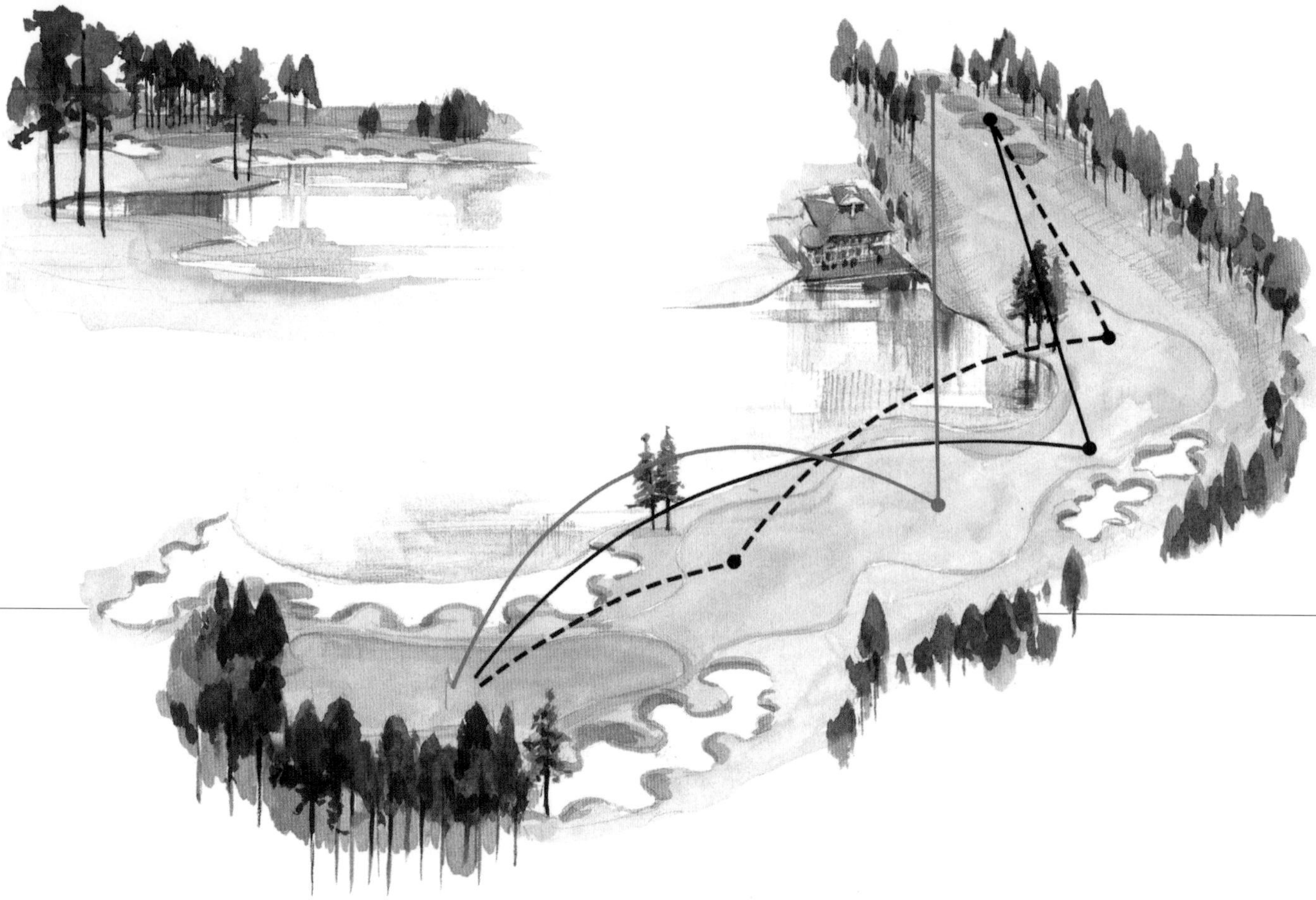

## CALEDONIAN GOLF CLUB

# 13H PAR 4

GOLD : 416YARDS BLUE : 395YARDS
WHITE : 350YARDS RED : 314YARDS

緑濃い12番ホールのグリーンを後にして、13番ホールのティグラウンドに立つと、そこには、大きな池が無限の空間を作り出している景観が目に飛び込んでくる。しかし、この美しい風景を見て、感動しているだけではいけない。明確な攻略ルートを組み立て、ティアップすることが、プレーヤーに課せられた使命なのである。

安全にフェアウェイの左サイドへボールを運ぶか。それとも、フルバックからでは、250ヤードを越えるロングドライブで池越えを狙うのか。あらかじめ、ターゲットエリアをしっかりと絞り込んで、ボールの落とし場所を決断するゴルフを、〝ターゲット・ゴルフ〟や〝シンキング・ゴルフ〟と呼ぶが、カレドニアンコースでは、この13番ホールをはじめとして、まさにこの言葉がピッタリと当てはまる、コースデザインになっている。

右サイドに渚を見ながらフェアウェイを歩くと、心も安らいでくるが、だからといって第2打で気を抜くわけにはいかない。ティショット同様に、第2打も明確な攻略ルートを組み立てることが必要だ。両サイドがバンカーに挟まれている為に、花道が狭いグリーンへは、高く、そして止まるボールが要求される。正確にフェアウェイの左サイドへと第2打を刻み、第3打のアプローチショットでピンをダイレクトに攻める事が、時には必要かも知れない。

いずれにしろ、ただ漫然とショットすることを否定し、力と同様に技、そして頭脳をも要求しているのが、このカレドニアンコースなのである。

## CALEDONIAN GOLF CLUB

# 15H PAR 5

GOLD : 490YARDS BLUE : 490YARDS
WHITE : 450YARDS RED : 409YARDS

ニューコースでありながら、既に伝統と風格さえ感じさせる山武杉を、左手に見ながらティオフする15番ホールは、フルバックから490ヤードと、4つあるパー5の中では、最も短かいホールである。

このホールの特色は、何といってもグリーン手前を横切るクリークであろう。グリーンの右サイドから左へ流れゆくクリークが、戦略性を高めると同時に、美しい景観を醸し出している。それはまるで、オーガスタ・ナショナルの13番ホールを彷彿させると同時に、カレドニアン・ゴルフクラブが、世界の名コースと同様の、ドラマチックでエキサイティングなコースデザインである証しとなっているのである。

ティショットで、左にある杉林を恐れずにフェアウェイの左サイドへボールを運び、そこから大胆に2オンを狙うのか。それとも、安全にフェアウェイの右サイドを通って、3オン・4オンを狙うのか。イーグル、バーディもあれば、ダブルボギーもある。攻めと守りで、ストラテージ（戦略）が、明確に分かれるホールと言えよう。

ただし、手前のクリークだけに気を取られてはいけない。このクリークは、グリーンの右サイドを奥までガードしているので、球筋と正確性が要求されるのである。

僅か5ヤードほどのクリークが、コースの戦略性を左右する。ポーレットの高度なコースデザインの結晶と言えるホールである。

## CALEDONIAN GOLF CLUB

# 18H PAR 5

GOLD : 547YARDS BLUE : 531YARDS
WHITE : 516YARDS RED : 488YARDS

カレドニアン・ゴルフクラブの、そしてポーレットのみごとな芸術感覚が大胆に息づいているのが、この18番、ホームホールである。

18番ホールの特徴は、巨大な池を絡ませることによって、斜めにターゲットを狙わせるデザインになっていること。この設計パターンを、専門的には、〝レダン・タイプ〟と呼び、戦略的なコースデザインには必要不可欠なものとなっている。

もし、バーディやイーグルといった報酬を得たいならば、ティショットはできるだけ大きなキャリーで、池をクリアしなくてはならないだろう。その距離は、フルバックからでは250ヤード、レギュラーからでも220ヤードは必要となるのである。ただし、それだけで安心してはいけない。第2打、もしくは第3打でグリーンを狙うにも、池越えのショットが要求されるのだ。

これらのショットに共通して言えるのが、最初に述べた、ターゲットを斜めに狙うということ。報酬を得ようとすればする程、距離と同様にコントロールも必要となり、危険度が増すのである。しかし、この危険に敢えて挑戦し、そして克服したときほど、至上の喜びを感じることはないだろう。

妖しいまでに光り輝くホワイトサンド。どこまでも青く澄み切ったレイク。しかし、その美しさに目を奪われていてはいけない。綺麗な薔薇には刺があるという言葉の定説通り数々のトラップが仕掛けられている、フィニッシングホールだ。

## 設計者としてギャラリーとして
# J・M・ポーレットのタカラワールド観戦記

J・マイケル・ポーレット

総合プロデュースの戸張捷氏のインタビューに答えるポーレット

### ◉台風被害復旧への称賛

カレドニアン・ゴルフクラブのアネックスに着いたのは、今や名声高いタカラワールド・インビテーショナルの初日の午後をまわったところだった。妻のベヴァリーと私は早川さんご夫妻の客としてこのトーナメントを観戦すべく来日した。アネックス二階のスイートからは、池の向こうに美しい13番ホールのパノラマが開ける。私たちが着いた時には、1番と10番からスタートしていたプレーヤー達がまだコースに見かけられた。

穏やかで澄んだ天気の様子から、週末までは天候には恵まれるだろうと安心した。とくに土曜日、日曜日の両日、一万人を超える観客が予想されることでもある。

金曜日の朝早くクラブハウスで朝食をとっていた私たちに、ローラ・デービスと彼女のキャディが同席してきて、しばしの間楽しく話を交わした。私の求めに快く応じてローラが語ってくれたコースについての感想は、彼女のような世界クラスの選手がこんなにもとうれしくなるものだった。ことに、事前の準備でこの素晴らしいトーナメントに相応しいコースを整えてくれたカレドニアンのスタッフの努力をローラは強く誉め称えた。彼女は鋭い観察眼でキーパーの工藤氏とカレドニアンのコース管理のスタッフが、数日前に襲った台風による大きな被害を修復させていることを見てとっていた。今日のコースの素晴らしいコンディションを見れば当然の称賛と言うべきかもしれない。

そんなローラがただ一つだけ口にした疑問は2番ホールについてだった。「なぜ2番のフェアウェーの中間地点にラフを設けたのですか?」。彼女がパー5のティーからは可能な限り、ドライバーで打ちたいと思っていること、そしてＬＰＧＡツアーの中ではロンゲスト・ドライバーの第一人者であることを自分でも誇りにしていることは勿論である。(彼女の最高飛距離は３４０ヤードほどにも及ぶと思う)

### ◉ローラ・デービスに「タムアルテ」を説明

2番ホールについてのこのローラの質問は、カレドニアンのゴルフコースの設計に対する哲学を理解してもらうのに、願ってもない機会を私に与えてくれた。ローラに「タムアルテ・クァムマルテ」の考え方を手短かに説明してから、カレドニアンがティショットでの距離と力を最重要な要素とするようなタイプのコースではないこと、そしてプレーヤーはコースに自分のゲームの型を押しつけるのではなく、どんな攻め方が必要なのかをコースがプレーヤーに対して語るようにさせるべきではないかと提言した。彼女は分かったかのようにうなずいて午後のプレーに出て行った。それあらぬか、3番ホールでのホールインワンを含めて凄いスコアを出した。

ローラのティショットがホールに吸い込まれた時、妻と私はグリーンの後ろで見ていた。私たちのそばにやって来た彼女は「ご覧のとおりこのホールは完璧だったわ、マイク」と言っていた。

ローラや岡本さん、塩谷さん、あるいはその他の素晴らしいプレーヤーをカレドニアンで見られるなどなんと贅沢なことであろう。ことにこれらの人たちが自分の設計したコースを様々に攻めるのを目にするということは、私にとってこれほど心躍り冥利につきることはない。

### ◉プレーヤーに挑戦意欲を

カレドニアンのバンカーやその他のハザードは、プレーヤーの挑戦意欲をそそるように戦略的に配置されている。しかしこのコースのどのハザードも攻略に成功するには完全なショットが要求される。けれどもより慎重な人に対してはこのコースを安全にプレーして行く道も常に用意されている。このことがカレドニアンをメンバーやゲストだけでなく、プロフェッショナル達にとっても楽しめる体験の場となし得ているのではないかと思っている。

予選通過者のほとんど全てが、三日目のラウンドで二日目よりスコアを良くしていたのが興味深かった。選手たちが自分のゲームの進め方をコースに適応させるようになり、このカレドニアンのコースでのプレーに成功するための隠された秘密を理解し始めたことをこの事が幾分か示している。

### ◉18番フェアウェーバンカーの意味

このコースの全てのハザードの中で、18番フェアウェーの途中にある、フェアウェーバンカーについての意見が最も多く私に寄せられた。しかし私がこのホールの戦略を説明す

優勝杯をかかげるローラ・デービスと塩谷育代プロ

ると、ほとんど全てのプロがこのバンカーを動かしたり、改造したりすることによって著しく挑戦性が失われてしまうことを理解してくれた。

事実『米国流ゴルフコースデザインの父』といわれる偉大な設計家のロナルド・ロスはかつて「配置を誤ったバンカーなどというものはないんだ。それをどけたいと思うのはゴルファーの常のことさ」と言っていた。

土曜日の朝早いうちは空も澄んだ良い天気で、三日目の競技は順調に進んでいた。しかし午前十一時頃になると雲が覆いすぐに雨が降り出し、降雨による中断が宣言されるほどの激しい降りとなった。

これが別の局面をもたらす結果となった。再開の後、コースは今やプレーヤーにもう一つの顔を見せることとなった。カレドニアンは多面的な性格を持つコースであり、そのうちのどの性格に立ち向かって行くかを決めるのは各プレーヤーの責任なのである。この雨によって午後のコンディションは選手達がより積極的に――特にグリーン上とフェアウェーで――攻めることを可能にした。しかし転がりが非常に少なくなったことから、ほとんどのプレーヤーにとって正確なクラブ選択が難しい課題となったのである。

### ◉エキサイティングだった最終日

日曜日はこの大トーナメントにふさわしい

エキサイティングな競技が展開された

エキサイティングな最終戦となり、追い上げて来た塩谷さんが勝ち取ったタカラ杯はまさにその価値の証しとなった。

これらの優れたプレーヤーを見ていると、戦略的なコースというものは7200ヤードもあるモンスターコースなどよりも、はるかに面白く楽しめるということが良く分かる。さらにまた、素晴らしいゴルフゲームというものは300ヤードの、ドライブを飛ばすこと以上の多くの要素で組み立てられているのである。カレドニアンのようなコースではショット毎の技と落とし場所の巧みさが、エキサイティングなゴルフを生み出すためのキーであり、またゴルファーの様々の能力に応じた公平なテストの場ともなるのである。

1996年タカラワールド・インビテーショナルが大いなる成功を収めたこと、そしてタカラ、JLPGA、メンバーの方たちやこの素晴らしいイベントに時間と労力を奉仕したボランティアの方たち、また東京グリーン及びカレドニアンのスタッフなど、皆さんの絶大な努力の結果をそれが示しているのだということを、私たち夫婦は強く実感した。

妻のベヴァリーと私の両名ともこの度の機会を非常に名誉と感じ、関係各位が今後とも引き続き成功を収められんことを願った次第である。

# 歴代トーナメント優勝者

1991年
三越シニア・クラシック
**リー・トレビノ**
スコア／202

1992年
TPCスターツ・シニア
**金井 清一**
スコア／278

1992年
PGAフィランスロピー
**尾崎 将司**
スコア／271

1992年
三越シニア・クラシック
**リー・トレビノ**
スコア／208

1992年
雲仙普賢岳チャリティ・プロアマ
**加瀬 秀樹チーム**

1993年
インペリアル・トーナメント
**芹沢 信雄**
スコア／212

1994年
タカラワールド・インビテーショナル
**平瀬 真由美**
スコア／278

1995年
日本学生ゴルフ選手権
**木村 友栄**
スコア／282

1995年
日本女子学生ゴルフ選手権
**有藤 智香**
スコア／225

1995年
タカラワールド・インビテーショナル
**M・マギャーン**
スコア／283

1996年
タカラワールド・インビテーショナル
**塩谷 育代**
スコア／282

1997年
タカラワールド・インビテーショナル
**L・ノイマン**
スコア／282

1998年
関東アマチュアゴルフ選手権 決勝競技
**矢野 東**
スコア／291

1998年
タカラワールド・インビテーショナル
**高村 亜紀**
スコア／288

1998年
タカラワールド・インビテーショナル
**ローラ・デービス**
スコア／285

2000年
日本プロゴルフ選手権
**佐藤 信人**
スコア／280

2001年
樋口久子・紀文クラシック
**天沼 知恵子**
スコア／210

2002年
日本プロゴルフシニア選手権大会コマツカップ
**陳 志明**
スコア／265

2017年
アジアパシフィックオープンダイヤモンドカップゴルフ
**片岡 大育**
スコア／272

# フェア・プレーの精神と「カレドニアンGC」

中部銀次郎

オーガスタ・ナショナルNo.13

## トーナメントのゴルフと愉しむゴルフ

1989、90年と二度にわたってマスターズ・トーナメントのテレビ中継でゲスト解説者として『オーガスタ・ナショナル』を見たことがあります。

中部銀次郎氏

オーガスタと言えば、世界中のゴルフコースの〝設計上の教科書〟と見なされ、〝世界一美しいコース〟と呼ばれているのは私も知っています。どちらかと言えば、戦前に造られた日本の古いコース『廣野』や『東京』で育った私の目からしても、確かにオーガスタは景観の美しいコースでした。

しかし、それはプレーヤーとしてではなく、一局外者、傍観者としての私の感じ方であって、もしも私があのコースに立ってプレーするとしたら、あのフェアウェイの起伏、バンカーの形、樹木の枝一本、青い水面、マウンドの大きさ……全てがハザード（障害物）としか見えず、美意識に目覚めている暇など、爪の先ほども生じないと思ったのです。

つま先下がりから、ドローボールが要求されるNo.8

私がこう申し上げると、読者の中にはきっとこう考える人がいるはずです。「オーガスタは球聖ボビー・ジョーンズと近代設計学の巨匠、アリスター・マッケンジー博士が共同設計した世界一の名コースなのではなかったのか？」

確かにそのとおりです。見た目に自然が美しく、誰がプレーしても愉しいことを目標にしてオーガスタは設計されたと聞いています。

その設計原案の二人の精神は50年以上の歴史を経て、ジョーンズが亡くなった今でも、コースのどこまでも守られているのでしょうが、マスターズというトーナメントの舞台、世界の名プレーヤーが挑戦する時のコースしか見ていない私には、あまりに過酷な条件が在り過ぎると思えてならなかったのです。

ほんの一例をあげれば、2番、10番のフェアウェイにある起伏は、越せるロング・ヒッターにはよりボールが転がりやすく、越せないショート・ヒッターにはランをせず止まるように設定されています。

名物パー3の16番グリーンは全体に池に向かって傾斜しており、池寄りにピンが立った場合、ピンの根元にボールを落とすのはミス・ショットになります。グリーン右にあるバンカーとグリーン・エッジの間を狙い、ボールの自重で傾斜を転がることを計算しなければならないほど、アンジュレーションのある速いグリーンなのです。

こういうアクロバチックなショットの連続で4日間のラウンドをこなすには、我々日本人の想像を絶する体力と精神力が必要で、私には人間業とは思えなかったというのが実感でした。

ただし、オーガスタの会員がプレーを愉しむ普段のコースの表情はもっと違うはずです。

聞くところによると、ジョーンズとマッケンジーの設計主眼は〝パーやボギーを狙ってプレーするには易しく、バーディを取るには難しい〟ことだったとか。だから、ボール探しでプレーヤーを苛立たせるだけのラフを無くしたマッケンジーの考えには私も賛同します。また、ジョーンズの有名な言葉に、「ゴルフには二種類ある。トーナメントのゴルフと愉しむためのゴルフと」。

このまったく異なる二つのゴルフを一つのコースで全うさせようという発想がコース設計の永遠のテーマだと思うのですが、オーガスタでさえ、そのひとつの回答に過ぎないと私には思えたのです。

カレドニアンにて、中部銀次郎氏と早川社長

カレドニアンNo.18

## 世界レベルのコースを目指す

何故、オーガスタのことを長々と綴ったかと言いますと、この度、縁あって東京グリーンの早川治良社長と面識を頂き、『富里』や『カレドニアン』をプレーした感想を求められた時、私はすぐにオーガスタを連想したからなのです。

特に、カレドニアンにはプレーして愉しく、歯応えのある難度が心地良い範囲で、コース設計の永遠のテーマに対する一つの模範的解答があると思えたのです。

早川社長がアメリカ人設計家のマイケル・ポーレット氏と夜を徹してでも話し合ったと聞いて、二人が〝日本に於ける世界レベルのコースを目指した〟ということが随所に感じられたからです。山武杉の森を背景にしたグリーンと水面に接するような渚のようなバンカーを見ると、この極めて欧米的な景観の中に、日本人の伝統的美意識の一つに〝白砂青松〟というものがあるのだから、人間の審美眼には人種の違いはないと思って見ていました。

クラブハウスにて

ただし、この美観もプレーする時にはハザードとしての別の顔を見せます。

例えば、13番や18番のティショットにはプレーヤー自身の正確なキャリーの飛距離を把握していることを要求されます。その数字によってそれぞれのプレーヤーのターゲットが違ってくるのです。特に、13番のように水面上を通して距離を目測するのは難しい技術の一つです。

18番もワン・ストロークを争うトーナメントであれば、安全な左のフェアウェイへ4番ウッドで打つところでしょうが、愉しむだけのプレーならばドライバーで水と渚を越すルートに挑むのも一興でしょう。

このように一つのホールに多くの攻略ルートがある設計パターンをストラテジック（戦略型）と言うのでしょうが、普段のカレドニアンには大トーナメントでのオーガスタほど過酷でない範囲で、ルート選択の幅があるホールが多いと感じました。

つまり、プレーヤーを必要以上に困らせたり、難度の高いショットを連続して要求していず、リーズナブル（理に適った）で、フェアに思えました。

フェア・プレーの精神はプレーする側の問題だけでなく、コース設計の側にも必要不可欠なものだと考えます。

〝トーナメントのゴルフ〟をもう終えた私ですが、〝愉しむためのゴルフ〟をしに、何回でもカレドニアンのティに立ちたいと思っています。

# 設計者に負けてはダメ、と中部は言った

## 挑戦して、一度でも成功したら、成功が成功を呼ぶ

杉山 通敬

「ああ、よかった」

まるでアベレージ・ゴルファーのようにして中部銀次郎さん（以下敬称略）が安堵の胸をなでおろしたのは、カレドニアン・ゴルフクラブの18番のティショットを打ち終えた時だった。

ご存知のように、中部は日本アマに6回優勝の記録を持つチャンピオン・ゴルファーである。彼が競技界を引退したのは1987年のことで、以後、ひとりのアマチュアとして親しい仲間と「楽しむゴルフ」を心から味わうようになっていた。

といっても、競技ゴルフで培った「1打としてないがしろにしない」プレーぶりは、サマ変わりしたわけではない。格調の高い凛としたゴルフはむしろ、競技ゴルフの時より純度が高まったようにも思えるほどだった。それが空気伝染でもするかのごとく、一緒にプレーするものに伝わり心地よい雰囲気をつくり出す。決して堅苦しいのではない。

「ああ、よかった」

ベストを尽くして好結果につなげるという

と言って胸をなでおろしたのは、ティショットが池を越え、フェアウエイをキープしたからである。ティはバックティではなかったが、池を越すには220ヤードのキャリーが必要であろうことは判断していたとみえ、

「ギリギリかな」

打つ前に呟いていた。

「久しぶりにちょっとドキドキするな」

一緒にプレーしていた連中がみな正真正銘のアベレージ・ゴルファーであったこともありいつになく、彼はくだけた様子であった。

ティショットをフェアウエイにキープしたあと、セカンド・ショットは池の左側のフェアウエイに運び、第3打でグリーンに乗せた。

あとのことは忘れたが、ホールアウト後の19番ホールで彼が言ったことは覚えている。わたしが「ギリギリって、最近のティショットの距離はどのくらいなの？」と尋ねたのが話の始まりだった。酒を飲みながらのことなので舌はなめらか。

「真芯に当たってキャリーは230ヤード。ランを入れて250くらい。ちょっと芯を外れたら220の距離はあぶない。だからドキドキだった。でもね――」

盃の酒を口に含んだあと、さらに言った。

「でもね、設計者が越せるものなら越してみな、と言っているときはその挑戦を受けて立つ気になっちゃう。たとえギリギリでもシンさえ食えば充分に越えるんだから、ベストを尽くす気になる。それが好結果につながることがしばしばあるんです」

「逃げちゃいけない」

「自分の飛距離との相談なので、越えないと判断したら逃げるしかない。だけど越えるのに逃げてばかりいたら、越せるものも越せなくなって、その分の楽しみ方も減っちゃう。集中力も高まらないから、逃げたのに中途半端な打ち方をしてかえって池の真中にドボンする。だけど挑戦して、一度でも成功したら、成功が成功を呼ぶ可能性があります」

「無謀と紙一重みたいな気がするけど……」

「確率がゼロ。あるいは10回やって1回しか成功しないようじゃ無謀かもしれないけれど、自分の判断で越せると思ったときは積極的に越せるぞ、と思ったほうがいい。集中力が高まるし、仮に失敗しても原因がどこにあるのか吟味する材料になる。設計者が戦略性を盛り込もうとするのは、プレイヤーの力なり技術なり精神力を引き出そうとしているからなんです」

「逃げてばかりいたら、戦略性なんかない」

「設計者に負けちゃダメです」

一杯やりながらそんな話をした。そう言えば現役時代の中部は、どんな小さな試合でも勝ちたい一心でプレーしたという。人に勝つ。コースに勝つ。自分に克つ。引退後は「人に勝つ」は薄らいだようだが、その分コースと自分には手を抜かなくなったのだ。

ガンに侵され、「楽しむゴルフ」も出来なくなった頃、自分のゴルフ人生を振り返って言ったのを思い出す。

「すべては夢でした」

今年は中部銀次郎の七回忌の年である。彼はカレドニアンを好んでいた。

# 類似したホールが一つもない面白さ

杉山 通敬

中部銀次郎がカレドニアンGCを好んでプレイしたのは、攻める面白さが味わえたからだと思う。いつであったか、当クラブの早川治良会長が、中部とのプレイ後の歓談で、

「カレドニアンの特長はどういうところにあるでしょうか」

と尋ねた。十数年も以前のことなので、精しい会話のやり取りは定かでないが、

「1番から18番まで類似したホールが一つもない所でしょうね」

と応答したのが印象に残っている。国語辞典で〈類似〉を引くと、〈よく似ていてまぎらわしいこと〉とあり、〈類似品〉を例に挙げてある。

いわゆるブランド品にはこれが出回り、本物と偽物の区別がつかない者にはしばしば、騙される。そうした〈まぎらわしさ〉がカレドニアンの18ホールには一つもないことを〈類似〉ということばで言い切ったのだ。

言い換えれば、

「1番から18番まですべてが本物で、偽物がない」

そんなニュアンスがあって、印象に残っているのだ。現役時代の中部のコースマネージメントは誠にシンプルだった。彼はよく言っていた。

「ティショットの狙いどころは常にフェアウェイのセンター。グリーンを狙うショットは、ピンがどこに立っていてもグリーンのセンター」

中部のマネージメントは「センター主義」だった。ところが必ずしもそうでないことをあるとき、N氏から聞いた。N氏は1960年代に日本アマの常連だった。

「いつだったか、日本アマの練習ラウンドにお伴をさせてもらった。練習なのに1打として手を抜かない。たとえばティショットなど、フェアウェイを三等分してターゲットを絞る。幅が45ヤードあるとすれば、左サイドとセンターと右サイドと15ヤードずつ三等分して狙いを絞っていた。だからたと

中部銀次郎のアドバイスは懇切丁寧だった(故中部銀次郎氏と早川会長)

中部氏（左）と早川会長は遅くなるまでゴルフ談義

え、センターに飛ばしても納得しない。15ヤード右へ逸れたとか、左へ逸れたといって原因をチェックする。ピンの位置によっては、センターが必ずしもベストポジションではないというわけ。凄い人だな、と感じました」

　どうやら「センター主義」を説いたのは、アベレージ・ゴルファーに対する指針だったのかもしれない。N氏からこの話を聞いたのは中部の没後のことである。彼がカレドニアンを初めてプレイしたのは、いつなのかは知らないが、現役を引退したのは1987年で、カレドニアンが開場したのは1990年だから引退後であることは確かである。

　早川会長が大の中部ファンであることもあって、西澤忠氏が案内したという。そんなことから、カレドニアンの有志会員と、中部が日頃親しくしている仲間と、年に何回かフレンドマッチをやるようになった。前述の「類似」のコメントは、そんな折の19番ホールで出たのである。その席上で、早川会長がさらにおねだりでもするように、

「もう少し具体的に言うと、どういうことですか」

　と尋ね、アルコールをきこしめした中部はなめらかな口調で応じた。

「たとえば2番のパー5は縦長の三段グリーン（現在は二段グリーン）、次の3番のパー3は瓢箪を横にしたような横長のグリーン。ですから2番は縦に並んで三つのグリーンが独立してあると思っていい。3番は横に並んで二つのグリーンがある。縦長で縦に対する距離感を試され、横長では横に対する距離感を試される。その上で、縦長では横ブレのないショットを、横長では縦というか、高いショットを試される。ですから、三段グリーンの上段にピンがあるのに下の段に乗せても乗ったことにならないし、瓢箪の右にピンがあるのに左に乗せても乗ったことにならない」

　時折、盃を口に運びながらそんなふうに言ったあとさらに、

「2番と3番だけでなく、18のグリーンがみんな違う形状をしていて、グリーン周りの造形も一つも類似してない。ですから、それに応じた攻め方をさせられる。そこがカレドニアンの面白さじゃないですか」

　参会者のあちらこちらから「さすがは中部銀次郎、伊達に日本アマを6回も勝ってないな」。

　しきりに半畳が飛ぶ。ラウンド後にみんなで一杯やりながら、そんなひと時を過ごすのは実に楽しく、今となっては懐かしさが募るばかりである。

**【プロフィール】**

杉山通敬氏

1935年東京生まれ。国学院大文学部卒。「ゴルフダイジェスト」編集長を経て1977年3月にゴルフ・ジャーナリストに。ゴルフ雑誌を中心に寄稿、活躍している。著書に『帝王のゴルフ』『プレイ・ザ・ゴルフ』『日本の人物ゴルフ史』『ゴルフがうまくなる本』『ゴルフ花伝書』『中部銀次郎ゴルフの心』『ジャック・ニクラスの魅力』『中部銀次郎新ゴルフの心』『中部銀次郎ゴルフの流儀』『中部銀次郎ゴルフの極意』など多数。

# 『カレドニアンで一番いいのは、いつラウンドしても愉しい、それが一番でしょ』

**下関、廣野、東京と名だたる名門をホームコースにしてきた中部銀次郎。そんな彼が90年代に気に入ってよく足を運んだのが、M・ポーレット設計のカレドニアンGCだ。ここを気に入ったのが「ラウンドしていて何となく面白いから」だとか……。この言葉にこそ、“中部流、コースの見方”が詰まっているのだ。**

コースを見るのも、ゴルファーの腕なんだ――という中部銀次郎の言葉を紹介した。続いて、中部流のコースの見方についての発言を、思い出すままに記してみたい。

彼のホームコースは、少年期には地元の下関GCを揺籃の地としていたが、神戸の大学に進んだ後は廣野GCを研鑽の場とし、社会人となって東京に出てからは、東京GCをホームコースにしていた。すぐ隣の霞が関CCにも所属したが、通う頻度は50対1ぐらいの割合で東京GCの方が多かった。彼のゴルフ半生にとっては、「ホームコースはこの東京GC」という時代が一番長い。

1990年代のいつごろからか、介する人あって彼はカレドニアンGCの名誉会員となった。カレドニアンは彼の他にも金田武明、長嶋茂雄氏らを名誉会員に迎えていたと思う。東京グリーンの早川氏と中部の友人ゴルファーと語らって、年に二回のコンペも催されるようになり、筆者もよく出かけて行った。人見知りする中部がこのような催しになぜ応じたのか――と周りでは訝ったが、何より彼がカレドニアンのコースとしての面白さに魅せられていたゆえだっただろう。

彼はカレドニアンに赴くことが次第に多くなっていった。それで、一度、可笑しなことがあった。コンペで中部の設計した久慈大洋GCに出かけるというときのこと、車は彼が運転して筆者が助手席、後ろには克子夫人が乗っていたが、首都高から常磐道に入るところを、いつの間にか彼は千葉に向かう道を走らせていたのだ。

「ちょっと、名人。いったい、どこのコースへ行こうっていうの?」

と、向かう道の違うことに気づいて筆者は言った。

「あれっ、間違えちゃった。そうか、今日はカレドニアンじゃなかったのか……」

うっかり間違えてしまうほど、彼にとってカレドニアンは馴染みあるゴルフ場になっていたのである。

カレドニアンは、マイケル・ポーレットというアメリカの若手設計家の手になる。設計の特徴は、リンクス風の味わいを加えたところにあって、ために「スコティッシュ・アメリカン」と称されている。その辺りに不思議な魅力があった。中部が魅かれたのも、そのアメリカ風とスコットランドリンクス風の混在したところだったと思う。

この中部がお気に入りのカレドニアンについて、彼と車の中や酒場で何度となく論じ合ったことを思い出す。

「カレドニアンは、何となく回ってて面白いんだよね、あそこは」

「なんとなく面白いって、どういうこと?」

と、筆者は彼の本音を聞き出そうとする。彼が連載していた『もっと深く、もっと楽しく』のまとめ役としては、日常の会話が取材なのだ。

「回ってて、まず似たようなホールがないじゃない。次のホールに移ると、まったく違う印象のホールが待ってる。こういう造り方って、なかなかできるもんじゃないよ」

「言われてみれば、確かに。名門とか謳われているゴルフ場でも、どこも林に囲まれてまるでそっくりみたいなホールが続いているとこ、けっこうあるな」

「でしょ？　プレーしてて単調になっちゃうんだよね、そういうゴルフ場って」

「そういう点では、銀ちゃん、久慈大洋はホールごとの印象がくっきり違ってる。ホール建てには、いろいろ工夫した？」

「もちろん、考えたよ。難しいのは、ホールごとに違いを出そうとすると、はったりが多くなっちゃうの。世間で変化に富んで面白いといわれてるコースで、要するに作為的なはったりばっかり——っていうゴルフ場、少なくないのよね」

「なるほど、いつか一緒に行った名古屋の××ＧＣなんて、外連味（けれんみ）過多だった気がするけど、ああいうコース？」

「そう、名匠××さんの設計だけど、どうもあそこは××設計とは言われてるけど、弟子が手掛けたらしい。あのころは、××さんはもう歳とってて、コース造りを自分では見てなかったっていう。コース、設計意図通りにできてないのかもしれないね」

「で、カレドニアンだけど、何が一番いいんだろうか？」

「いつラウンドしても愉しい。それが一番でしょ。よくできてるコースだよ」

「まあ、そうだね」

コースのホール建てなど、ゴルフをプレーする上で問題にすることはない——と、考える人もあるだろう。1ホール、1ホールをショットをし、アプローチをし、パッティングしていれば、ラウンドは終わる。が、ゴルフというのはそれでいいのか？　むろん、考え方は人それぞれなのだが。

筆者は、ゴルフを単なる遊びだとは思っていない。何らかの思惟行為を伴うゲームだと見做している。その点、中部銀次郎の知遇を得て、機会あるごとにゴルフ論を交わせたことは、最大の幸運だった。

出典：『ゴルフクラシック』２００８年９月号より抜粋

**なかべ・ぎんじろう**

１９４２年山口県下関市生まれ。日本最後のアマチュアイズム継承者。日本アマでは前人未到の６回の優勝（62、64、66、67、74、78年）を成し遂げ、四半世紀にわたり日本アマチュアゴルフ界の頂点に君臨した。またフェアウェイでの凛とした姿から〝貴公子〟と呼ばれ、彼の著書『もっと深く、もっと楽しく。』『悠々として急げ』（いずれも日本文化出版刊）はゴルファーのバイブルとしてロングセラーとなっている。２００１年12月14日、59歳の若さでこの世を去った。

TADASHI NISHIZAWA

# 故・中部銀次郎が残してくれたもの

西澤 忠

## ボールのディンプル1個を見て打てば、ショットは良くなる

昨年のシニア選手権に初めて優勝したメンバーの平野育男さんが勝利者談話を載せていた会報を読んで、あまりに懐かしいので久しぶりに「富里」で逢い、プレーした。

雪の降る天気予報に反して上天気に恵まれ、やはり〝ゴルフはパートナーといいコースで幸せな気分になれる〟と感じ入ったものである。

……ところで、スコットランドでプレーした経験が優勝の原動力になった、と語ってましたよね。雨でも、風が吹いても自分のゴルフが出来るようになったとか。それまでは温室育ちのゴルフだったわけですか?

「プレー日の朝、雨でも降っていると、今日は駄目だとか、どうでもいいや、とステバチな気分になって、粘りのあるゴルフができなかったのです。でも、コース設計家の加藤俊輔さんと行ったスコットランドのリンクス・ツアーでラウンドするうちに、風も雨もゴルフの一部、どんな天候でも自分の力量の中で、ベストなプレーをするんだというゴルフの原則に目覚めることができたんです。ひさしぶりに優勝できたのも、リンクス・ゴルフを体験したおかげだと思います」

実は、その2002年夏のスコットランド・アイルランド・ウェールズのリンクス・ツアーには僕もご一緒したお仲間だった。「セントアンドリュース」はもちろんのこと、北スコットランドの「ロイヤル・ドーノック」からアイルランドの「ロイヤル・ポートラッシュ」など3カ国12コースを巡る過酷なツアーだった。当然なことに雨の日も風の日もあり、リンクスに翻弄されて帰って来たのだが、自分でも気がつかないうちに平野さんは〝ゴルフの本流〟を実感していたのではないだろうか。

かつては「富里」のクラブ選手権(1998年)、理事長杯(2000年)に勝っていた平野さんだが、しばらく勝利から遠ざかっていたのだが、復活した背景にはそんな理由があったらしい。

よく考えてみれば、それもそのはずで、「富里」も「カレドニアン」もM・ポーレットの設計。彼はスコットランドのリンクス哲学を日本風土に再現したのだから。

もうひとつ平野さんとのラウンドでうれしかったことは、彼が中部銀次郎のワン・ヒント・アドバイスを取り入れて、見事な

## ＝ ゴルフゲームとはなにか ＝

日本アマ６回優勝の中部銀次郎氏は晩年カレドニアンの戦略性を楽しまれました。

**特にカレドニアンではプレーして愉しく、歯ごたえのある難度が心地よい範囲で、コース設計の永遠のテーマに対する模範的解答がある。** —中部銀次郎—

ショットを見せてくれたことだった。

「ボールを見ろ、とはよく言われますけど、インパクトでどうもボールを見ていられない。それが難しい」と、平野さんが言うので、中部銀次郎から聞いたアドバイスを披露したら、たちまちショットの精度が増し、ボールがツカマリ出したのだ。

そのヒントとは、「スイング中にボールを見ろと言われても、一般アマは漠然と見るだけ。ボール全体の輪郭を見るのではなく、ボールのディンプル１個を見て打てば、ショットは良くなるはずです」というもの。

「さすが！　憧れの中部さんだけに良いことを言いますね。またひとつ開眼しましたよ」と喜んでくれたのだ。

日本アマ選手権に6回も優勝したトップ・アマ、中部銀次郎が亡くなって3年半が経過したが、彼の遺してくれたヒントは今でも生きていると思った。技術的なヒントは数限りなくあり、それは〝中部ブック〟となって多くの読者に読まれている。59歳と早くに亡くなった彼だが、遺してくれたものは大きいのだ。

プレー中に、そんな〝中部語録〟を想い出しても、即座にヒントが活きることはないものだが、平野さんの場合はこれまで培った技術的な財産が並ではない証拠。ヒントを活かすだけの技量が備わっていたのに違いない。

晩年になって交際のあったおかげで、彼の形見として戴いたものも数多い。そのうちのひとつ、ブルーのセーターを当日は着ていたので、帰りがけに平野さんにプレゼントさせてもらった。

「これも、中部が私たちに遺してくれたものです」と言って……。

TADASHI NISHIZAWA

# 中部銀次郎のホーム・コース〝廣野〟と〝カレドニアン〟

西澤 忠

昨年の暮れに「廣野GC」を中部隆君とプレーした。彼は中部銀次郎の長男で、母親の実家、尾道造船の社長を務め、「廣野」のメンバーである。

2001年12月14日、食道癌、59歳で逝去した中部銀次郎を偲び、彼の家族を中心に友人・知人が集まる〝命日ゴルフ〟の会である。毎年命日には彼の最後のホーム・コースであった「東京GC」で開催していたが、10年目の会なので、彼のもう一つのホーム・コースへお邪魔したのである。なにしろ、日本アマチュア選手権6回優勝の彼が初優勝したコースで、〝日本一の名門クラブ〟と謳われる憧れのマトだけに東京から多くの友人・知人が集まった。

しかし、今の「廣野」に中部銀次郎を思い起こす足跡はない。メンバー・ボードの名札は外され、ただひとつ「アマチュア・コースレコード」のボードに「G.Nakabe 69 1962」があるだけ。ホールインワン、クラブ・チャンピオンなどの掲示板にも彼の名はない。クラブ競技にも出ず、日本アマのタイトルのみを目指して練習に明け暮れる日々だったからである。

中部銀次郎が「廣野」へ日参した頃は甲南大ゴルフ部の選手で、卒業して東京へ社会人として移ってからは「東京」がホーム・コースになった。どちらも古

い名門コースだが、晩年になって「カレドニアンGC」の名誉会員になるとせっせと通うのだから面白い。日本的林間コースとアメリカンタイプといわれるモダンなコースに違和感はないのか？と疑問視する人も多いかと思うが、本人は渚バンカーと池越しのショットを楽しみ、アンジュレーションの強いグリーンを嬉々として愉しんだものだ。「こういうグリーンでパットすると、いかにもパットはクリエイティブ（創造性）な作業だと分かる」という。

息子の隆君はクラチャンらしい腕を披露して、当日のベストグロス「74」で優勝した。一緒にフェアウェイを歩いていると、往年の銀次郎とプレーしていると錯覚をするほど、姿形がよく似ている。背筋をピッと伸ばし、頭の上下動もなく大股にボールへ向かって歩き、すっくと構えるスタイルがウリふたつ。「親子なんだなあ」としばし自分のゴルフを忘れた。

「廣野」と「カレドニアン」にはその設計思想に共通項があると個人的には思っている。昭和初期の英国人コース設計家、C・H・アリソンと、現代の米国人設計家、M・ポーレットの設計思想がリンクス志向というコンセプトで共通しているからである。

1930年（昭和5年）に来日したアリソンは京都の名庭を視察したり、スッポン鍋を食し、日本の風土に英国リンクス・コースの真髄を表現したと言っていい。松・杉・ヒノキのある平野に池や小川を採り入れ、球技としての醍醐味を表現した。リンクス・コースの起伏を再現し、勇気ある決断のショットには忠実に報いる設計レイアウトを施したのである。

その思想はポーレットの設計にも底流としてあり、彼のいう〝対角線設計〟（ダイアゴナル設計）とはアリソンの師、H・コルトの思想でもあったからである。

「私の設計したコースにドッグ・レッグしたホールはない。狙うべきエリアが斜めに置かれるだけなのだ」とポーレットは言っている。ターゲットを斜めに置く……とはリンクスを研究してコルト、アリソンが発見した戦略性の要点で、この二つのコースに明確に見られる設定だ。狙うポジションが斜めにあると、自分の飛距離と方向をあらかじめ狙い定める必要がある。これこそ個々のプレーヤーに設計家が要求する戦略性なのだ。

中部親子が「カレドニアン」でのプレーを楽しんだのはこのレイアウトの共通項に親しんだからではないだろうか。グリーンを狙うショットで、ピンの位置によっては難易度がスコアで0・5～1・5ほども違う変化を愉しめるからだろう。銀次郎は「池ギリギリに立つ赤い旗に出会うと、ピンが歓迎している！と思い、精一杯のショットをしようと心がけた」と言っていたものだ。そこにこそ、〝Risk ＆ Reward（危険と報酬）〟の思想が息づいている。

中部銀次郎が心躍らせて赤い旗を狙った「カレドニアン」で、今度は息子の隆君を迎えてプレーしてみようと思う今日この頃である。

# ランドの精神、ここに息づく

道具と同様、ゴルフコースは進化する。
スコットランドのリンクスコースを起源に進化したゴルフコース、
それが千葉県のカレドニアン・ゴルフクラブだ。
そこでは、それぞれに〝顔〟をもつ18ホールが、
プレーヤーのチャレンジスピリットを
いやがうえにも刺激する。
リンクスの精神が息づく18ホールの旅へ、
いざ出発……

## 美しい自然と卓越した人知の融合からコースは生まれた

「スコットランドにゴルフが生まれたのは、そこにリンクスランドがあったからだ」（詩人、アンドルウ・ラング）

複雑なアンジュレーションやポットバンカーが織り成す高度な戦略性……。ゴルフの聖地、セントアンドリュースに代表されるリンクスコースをスコットランド人は「神の創造物」と評する。これらのコースが人知を一切介さず、過酷な自然によって造られたものだからである。

# リンクス

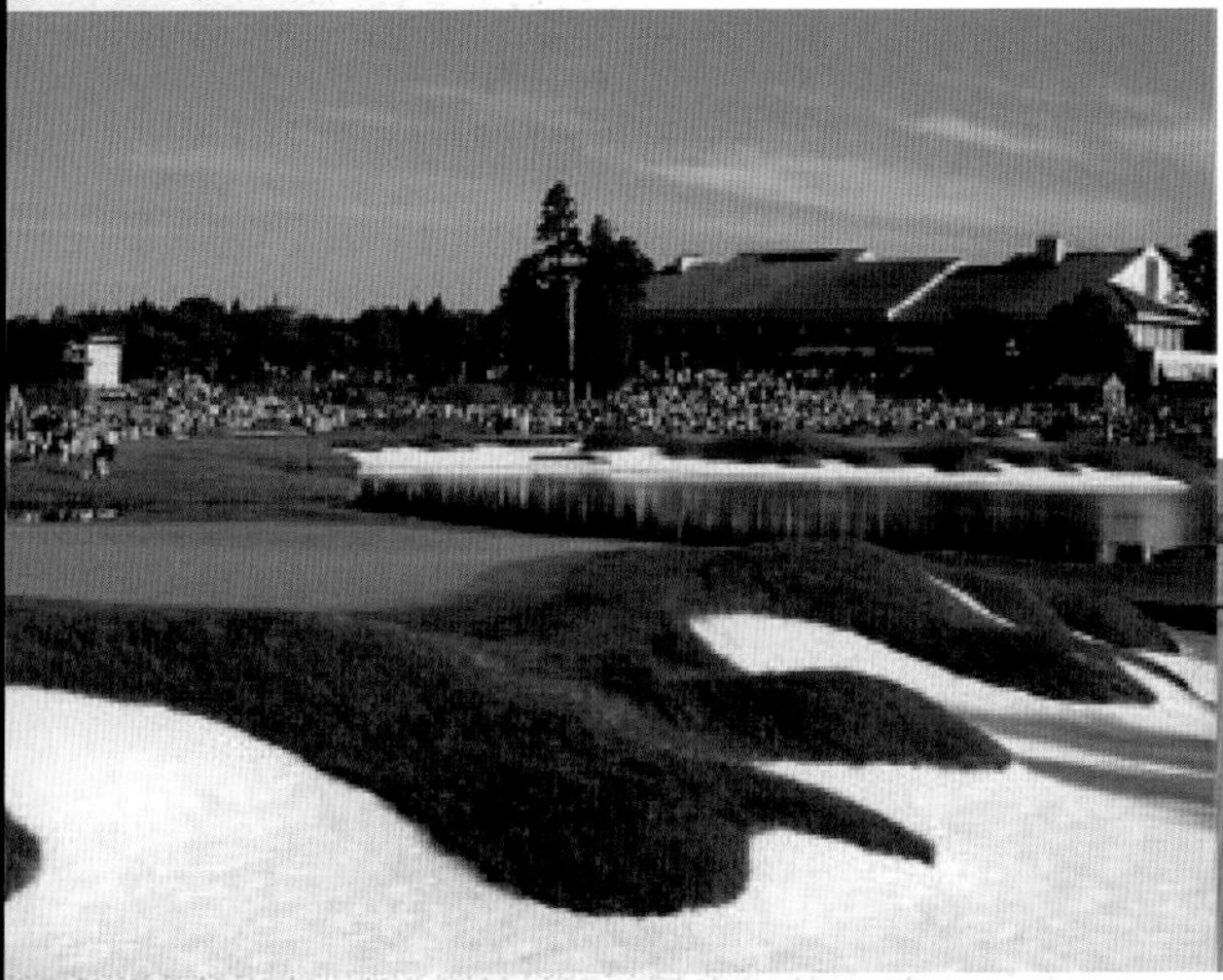

日本プロゴルフ選手権をはじめ、男・女子プロ競技を多数開催。美しくメンテナンスされた緑の芝に渚バンカーの白砂が輝く

草花に囲まれた練習グリーン。ドライビングレンジやアプローチグリーンも完備と施設は充実

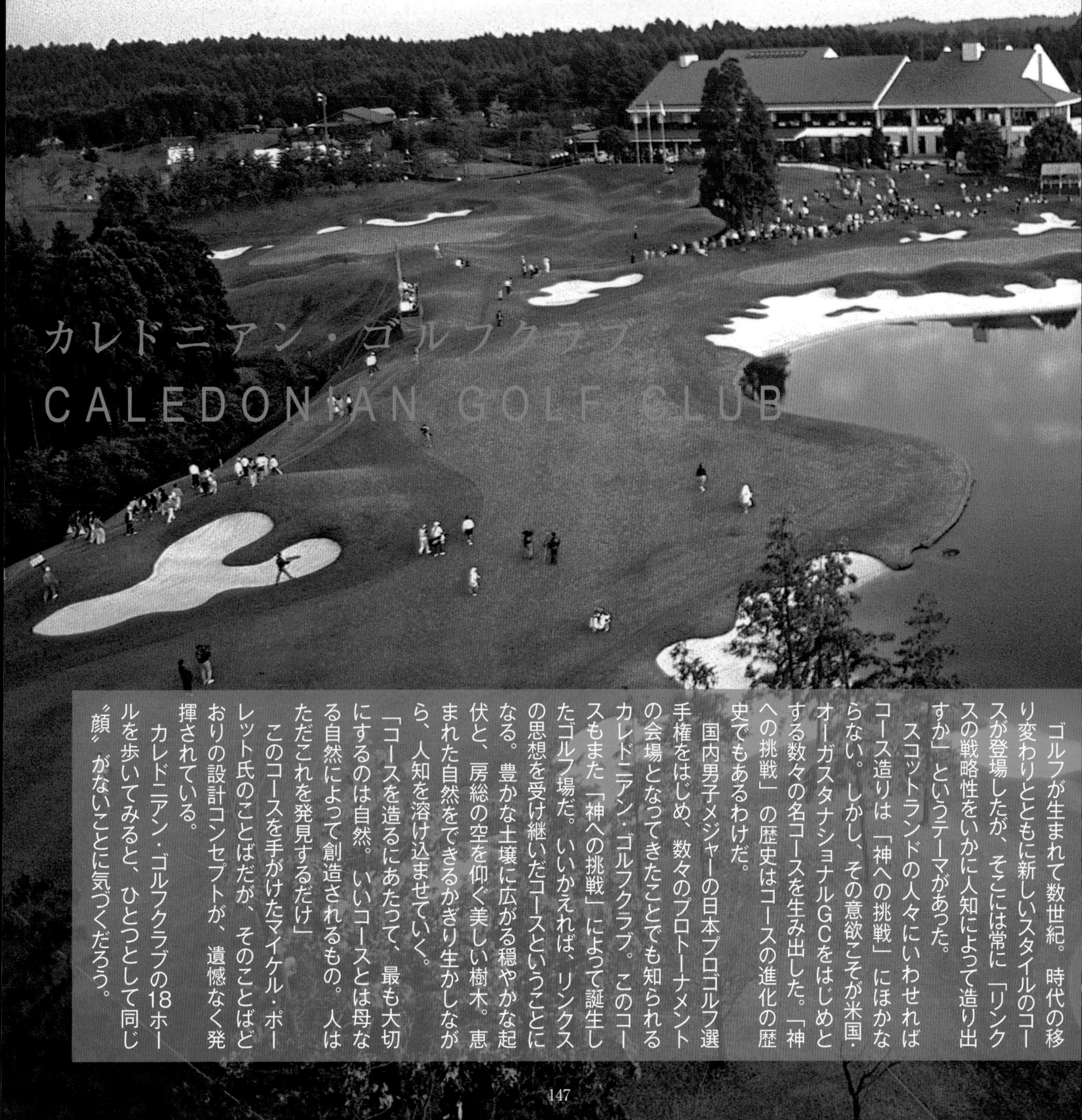

## カレドニアン・ゴルフクラブ
## CALEDONIAN GOLF CLUB

ゴルフが生まれて数世紀。時代の移り変わりとともに新しいスタイルのコースが登場したが、そこには常に「リンクスの戦略性をいかに人知によって造り出すか」というテーマがあった。

スコットランドの人々にいわせればコース造りは「神への挑戦」にほかならない。しかし、その意欲こそが米国・オーガスタナショナルGCをはじめとする数々の名コースを生み出した。「神への挑戦」の歴史はコースの進化の歴史でもあるわけだ。

国内男子メジャーの日本プロゴルフ選手権をはじめ、数々のプロトーナメントの会場となってきたことでも知られるカレドニアン・ゴルフクラブ。このコースもまた「神への挑戦」によって誕生したゴルフ場だ。いいかえれば、リンクスの思想を受け継いだコースということになる。豊かな土壌に広がる穏やかな起伏と、房総の空を仰ぐ美しい樹木。恵まれた自然をできるかぎり生かしながら、人知を溶け込ませていく。

「コースを造るにあたって、最も大切にするのは自然。いいコースとは母なる自然によって創造されるもの。人はただこれを発見するだけ」

このコースを手がけたマイケル・ポーレット氏のことばだが、そのことばどおりの設計コンセプトが、遺憾なく発揮されている。

カレドニアン・ゴルフクラブの18ホールを歩いてみると、ひとつとして同じ“顔”がないことに気づくだろう。

# 米国のコース一〇〇選は八つの厳しい基準で評価される

**アメリカのゴルフ雑誌『ゴルフ・ダイジェスト』誌と『ゴルフ・マガジン』誌がそれぞれ「世界名コース一〇〇選」を選定していることはご存知のことと思います。世界のゴルフに精通した一〇〇人前後のセレクターたちで構成される「一〇〇選コース選考委員会」で、厳正な基準のもと、世界の名コースを選出しています。日本から今までに選ばれたのは、廣野や川奈などほんの数コースにすぎません。**

**そんな中、なんとカレドニアンGCは過去10年以上にわたり、毎年ノミネートされてきました。カレドニアンはモダン・クラシック時代を画するスコットランド志向の名コースとして、世界から高く評価されてきたのです。日本の国内雑誌の、あいまいな基準での評価とは別格の、世界基準での本物としての評価を受けているコースであるということを、会員の皆様は誇りにしてください。**

**なお、今年度はカレドニアンのほかに廣野、鳴尾、パインレーク、古賀、川奈、東京倶楽部、霞ヶ関(西)、日光、大洗、箱根、小樽、北海道クラシック、がノミネート(候補)コースとなっています。世界をまわっているセレクター(選考委員)が、アメリカなどから来日して視察プレイを続けています。金田武明先生がコースの評価基準を、次のように書かれていますのでご紹介します。**

金田 武明
(日本ゴルフコース設計者協会・名誉理事)

ゴルフ・ダイジェストの創始者、ビル・デービスは根っからのゴルフ好きで、晩年になってもゴルフへの意欲が強かった。ゴルフ全盛時代の一九七〇年にデービスが思いつき、発足させたのが〃米国の一〇〇選(グレーテストという言葉を使った)〃だった。

デービスは「コースに点数をつけ、順位をつけてみたら面白いというだけのアイディアだった」と、若かりし頃の自分を想い出しながら語ってくれた。結論としてまったく予想以上の大成功で、副産物も多かったのである。ビジネスとしても発行部数が増え、広告収入も大幅にプラスとなった。

それればかりか、この〃一〇〇選〃を選ぶための条件が、あっという間に教科書となり、その条件を満たすための競争になり、全米のコースが進歩せざるを得なくなったのである。

〃セレクター〃という存在も大きい。ロー・ハンディキャッパーに限られるアマチュアとプロゴルファー、合計六六〇人がセレクターになる。セレクターは完全なボランティアで、旅費(交通費、宿泊費)、グリーンフィなどは自己負担である。友人を連れてプレイする可能性はあるが、友人も費用を負担する。

ボブ・マッコイ氏もセレクターの一人だったが、確か元弁護士で、世界中の名コースをプレイして歩いている。少なくとも六、七年にわたり、自分のプレイしたコース名、彼の印象を克明にプリントして送ってくれていた。元弁護士というだけで、これだけ優雅に暮らせる米国人がうらやましく思えたものだ。

年間、十二コースから七十五コースもセレクトにかかわる人たちがいる。もちろんボランティアに違反した場合は資格を失うが、生涯失格という厳しいルールである。

この一〇〇選のコース選考の基準条件は次

の八項目である。

## 1．ショット・ヴァリュー

〈Shot Values〉

最も重要視されるポイントで、この条件だけはポイントを二倍して計算する。クラブごとの飛距離、正確性、次のショットへの関連性など条件も高度である。

## 2．スコアへの抵抗度

〈Resistance to Scoring〉

チャンピオンシップ・ティからスクラッチ・プレイヤーがプレイし、フェアでありながら、どれほど難しいか。

## 3．デザイン・バランス

〈Design Balance〉

距離、地形、ハザードの位置、グリーンの形状、アンジュレーションなどが変化豊かにコースを造りあげているか。

## 4．メモラビリテイ

〈Memorability〉

各ホールに個性があり、しかも、1番から18番まで一貫した流れがあること。プレイ後、明確に各ホールが印象的であること。単調さを極力避けること。

## 5．エステティックス

〈Esthetics〉

景観の美しさがゴルフをより楽しいものにする。オーガスタ・ナショナルに代表されるコースの美しさである。

## 6．コースのコンディショニング

〈Conditioning〉

評価するためにプレイした日のティ、フェアウェイの整備、グリーンのスピード、バンカーの砂の状態など細かく見る。しかも、二年に一回ずつ発表されるから管理の人も会員も安心はできない。

## 7．伝統

〈Tradition〉

どのような歴史がつくられてきたか、公式競技を開催したか、コース設計はどのように寄与したかなど。古いクラブは有利だが、それだけではなく、ゴルフの歴史に対する関心度も考慮に入れられる。日本ではまったく無視されている点だ。

サイプレス・ポイント

## 8．歩けること

〈Walkable〉

米国ではコースを歩けることの重要性を大切にしている。カートしか認めないコースは得点が少なく、いつでも歩いてラウンドできるコースにボーナスポイントが与えられる。

〝米国の一〇〇選〟で大切なポイントは、冷静で、客観的な観察によって各コースの順位が大きく上下する点である。たとえば、ベスページ州立公園のブラックコースは46位に入っていて２０００年の全米オープン開催で評判をとったが、２００４年は一〇〇選から漏れてしまった。カリフォルニアのスパニッシュベイも同様に一〇〇選に入りそこなっている。このような厳しさが、米国全体のコースをよりよいコースに造り上げているのである。

ゴルフマガジンも約十年遅れて〝グレートコース〟を始めたが、こちらは米国だけでなく世界を視野にしている。おそらく、将来はゴルフ界に大きな貢献をするに違いない。

私は幸いにして〝一〇〇選〟の内、四十五コースをプレイするチャンスを得たが、毎シーズンの努力は必要だった。一〇〇のほかに、一般ゴルファーの選ぶ〝ベスト・プレイセズ・トゥ・プレイ〟もある。よい情報がよいコースを生む。その意味で、わが国は恵まれているとはいえない。

TADASHI NISHIZAWA

# 金田武明さんのコース設計理論から見た「カレドニアン」攻略術

西澤 忠

金田武明さんが亡くなって、この10月で1周忌を迎える。「カレドニアン」でプレーする度に、コース設計の分野で教わったことを思い出す。

金田さんの設計コースは全部で7コースと少ない。ひとつの現場に足繁く通い、造成をゼネコン任せにしなかったこともあるが、処女作「メイプルCC」（岩手県岩手郡滝沢村）を手掛けたのが56歳の時で晩年に近かったからだ。その後、第2作目に携わった「クラブ・シェイクスピア・サッポロGC」（北海道石狩市）が面白かった。全18ホールにシェイクスピア戯曲のタイトルを冠し、そのイメージでホール・レイアウトをするというユニークなデザイン作業になったからだ。1番と10番のグリーンが1グリーンになるので〝ロミオとジュリエット〟、6番に2グリーンを用意して〝お気に召すまま〟と選択させるなどは分かりやすい口で、〝目には目を〟や〝冬物語〟となると頭を悩ましていたものだ。金田さんが自慢し、私も気に入っていたのは11番の〝真夏の夜の夢〟で、グリーンの背後に流れ落ちる滝がグリーンの下を通って正面に溢れ出るウォーター・ホールだった。自然素材と向き合い、そこへ配置するデザインと知的に戯れる設計スタイルがいかにも悪戯好きの金田さんらしく、微笑ましかった。

米国の設計家、J・M・ポーレットに「富里」「カレドニアン」のデザインを依頼する段階で、早川治良社長（当時）との仲介の労をとった折の金田さんもユニークな働きをしたと思う。当時、ベンツ&ポーレットの名でペアを組んでいた二人を「相模CC」へ誘い、ゴルフをプレーしたのだが、ご相伴にあずかったのが私だった。桜の花が誇らしく満開の季節で、西海岸アイオワ州生まれの二人が日本の春を満喫した。グリーン上にピンクのカーペットを敷いたような花びらの乱舞に、全員が笑いながらプレーしたものだ。

プレー後、金田さんは日本のゴルフ草創期の名手で、「相模」を設計した赤星六郎のゴルフと設計について語り、「コース設計の原点はスコットランド・リンクスにあるが、その魂を日本の風土にマッチさせるような設計がベストだ」と、諄々と説くのだった。

例えば、ポーレットのいう「私の設計するホールにドッグ・レッグはない。ティに対してフェアウェイが斜めに置かれているもので、これを〝対角線設計（diagonal design）〟と呼んでいる」との持論は英国人設計家、H・S・コルトの理論からの引

バイト・オフ設定の代表的なカレドニアン18番（右）　戦略性の基本である

用である。アリソンとの共著『Some Essay on Golf-Course Architecture』（1920年刊）はリンクスの名ホールを分析した設計論で、「ハザードはプレー・ラインと斜めに接するように置くのがセオリー」と主張しているのだ。

「この理論が米国では、〝ハザードを大きなキャリー・ボールで跳び越すほど次打が有利になる〟という英雄型デザインとなった。カレドニアンの18番ホールはその典型で、池と渚バンカーを大胆に越せば、2オンの可能性が生まれる」と金田さんが解説してくれたものだ。

「ジャックなど設計の専門家はそれを、〝バイト・オフ（bite off）〟という。危険な区域をショットで跳び越す、噛み切るという意味だと思う」とさらに説明してくれた。「カレドニアン」では18番に限らず、13番の池越えホール、「富里」では13番、谷越えのティショットなど〝バイト・オフ〟設定のホールがある。セカンドでグリーンを狙う設定でも、ハザードを越す場合に応用される。つまり、ターゲット（グリーンやフェアウェイ）が斜めに置かれる設定こそ、リンクスにある戦略性の基本で、ゴルフの醍醐味はそこに尽きると金田さんは力説するのだった。

メンバー諸氏の皆さんも、この設計上の理屈を知ってプレーすれば、スコアがまとまるはずでは？

# 「世界」伝えた先駆者　金田武明氏死去

日本経済新聞・編集委員　工藤憲雄

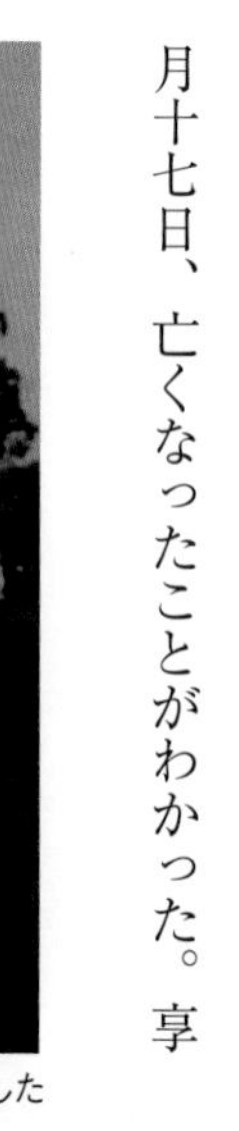

1956年のマスターズでは球聖ボビー・ジョーンズのカートに同乗した

日本経済新聞連載コラム「ぐりーん・さろん」でおなじみだった金田武明さんが十月十七日、亡くなったことがわかった。享年七十五歳。一九七〇年から八七年まで週に一回、長期連載されたこの知的なゴルフコラムは、当時の多くのビジネスマンを魅了、話題を提供した。「スポーツ・イラストレーテッド誌アジア代表」という肩書きが懐かしい。

バブルで崩壊した日本の失意の時代の九七年から二年間、このコラムを再開し、ゴルフの復活を鼓舞している。

ジャック・ニクラスやアーノルド・パーマーという当時あこがれの米国のプレーヤーの技や心をこれほど巧みに伝える人はいなかった。米国留学で築いた語学力とアマチュアゴルフで鍛えた腕（霞ヶ関CC、相模CCのクラブチャンピオン）があったればこそ。

ゴルフとともに歩む人生を決定的にしたのが五六年、球聖といわれるボビー・ジョーンズとマスターズの練習日に出会ったことだ。

ジョーンズに記念写真をお願いすると快くゴルフカートに同乗させて「トム・宮本（宮本留吉プロ）は元気かい」と話しかけてくれた。その偉大な包容力に二十五歳の若者はゴルフの奥の深さと人間の寛大さを知る。学生ゴルフの戦後の復興に尽力、日本に世界のゴルフを紹介する「先駆者」としての役目を負ったのも自然の流れだった。

その翌年、中村寅吉ら日本が奇跡の優勝を遂げるカナダカップを解説した。これはゴルフ初の実況中継でもあった。

三年前のちょうど今ごろ、見事な紅葉に包まれた岩手県のメイプルカントリークラブ（金田氏設計）で夫人の博子さんや友人を伴い楽しく過ごしたのが最後のゴルフとなった。「人に迷惑をかけないこと」。このゴルフの最小の命題が守られていないことが気掛かりだったと思う。

（日本経済新聞　平成18年10月25日付より）

クラブハウス玄関前の大きく育ったモミジ

ンの攻略法を教わってきた。

オーガスタ・ナショナルGCを設計したアリスター・マッケンジーは「ブラインドホールはつくらない」ことを『設計の13カ条』の一つに挙げているけれど、カレドニアンGCにはブラインドホールどころか、ドッグレッグホールもない。ティからフェアウエイまでまっすぐ見通せるホールばかりで、フェアウエイも広い。**だから、オーガスタ・ナショナルGCと同じように、ティショットはアベレージゴルファーでものびのび振れる。**

イラスト・水野あきら

**ところが、ティイングエリアに上がると、フェアウエイに向かって真っすぐ打っていけるホールはなぜか少ないのだ。**ホールの形状はほとんど真っすぐなのに、ティイングエリアを左右にずらしたり、フェアウエイを斜めに使わなければならなかったりして、非常に変化に富んでいるホールが多い。

**これは「対角線デザイン」と言って、ホールを斜めに使って打たせるように設計したホールが多いからだ。そうすると、方向だけでなく、距離も考えてターゲットを決めなければならない。フェアウエイに向かってただ飛ばせばよいというのではなく、フェアウエイのどこにボールを置くかを考えて打つことが大事だということが分かってくる。**

一緒にプレーしていただいた渡辺さんのティショットを見ていると、フェアウエイの右、左と打ち分けているホールが多いことに気がつく。たとえば6番のパー5。ティショットは左の山裾のほうを狙って打てばフェアウエイのセンターに出てきそうに思えるけれど、渡辺さんはかなり右サイドに打っていた。

このホールはセカンドの落下地点からグリーン近くまで、右サイドに池が広がっている。セカンド地点に行ってみると、第2打は右サイドから左のバンカー方向を狙えば右の池に落ちる心配がないのでしっかり打っていけることがわかる。ホール自体はほとんど真っすぐに見えても、右、左とティショットから打ち分けなければならないので、真っすぐなホールは一つもないという言い方もできるわけだ。

**オーガスタ・ナショナルGCのグリーンを見たとき、「なんという彫りの深い顔をしているのだ」というのが第一印象だった。**西洋人の顔は彫りが深いのでグリーンまで彫りが深いんだ。日本人の顔は彫りが浅いからゴルフ場のグリーンものっぺりしているのかなあ？　なんて思いながらプレーしていた。

**しかし、カレドニアンGCのグリーンはオーガスタにも負けないような彫りの深い、いい顔をしている。しかも18ホール、全部違った、個性的な顔をしている。**

「レダンホール」という言葉がある。パー3のグリーンがティイングエリアに対して45度、左に斜めにレイアウトされたホールのことで、スコットランドのノースベリックGC西コースの15番・パー3が原型とされている。

カレドニアンGCの17番パー3は典型的なレダンホールだ。ぴったり45度、グリーンは左に斜めに置かれている。グリーン自体が左にドッグレッグしているようなレダンホール。

「グリーンが右手前から左奥に傾斜しているので、右手前に乗せれば左奥のピンに向かってボールは転がっていく」と渡辺さん。**ショットをするときから、グリーンの傾斜をよく読んで利用すればピンに寄せることができるということを渡辺さんに教わりながら、あっという間の18ホールだった。**

『月刊ゴルフマネージメント』 2019年10月号より

## 速いグリーン

## 金田武明氏の口癖

ゴルフはコースとの戦いであるから、海外のトーナメントを取材に行くときは試合もさることながら、コースを見たいという気持ちも強い。１９７５年、ゴルフ雑誌の編集部からフリーライターになって、マスターズを初めて取材に行ったときは、創設者のボビー・ジョーンズの書いた『GOLF IS MY GAME』という本を片手に、練習日は朝早くから日が落ちるまでコースを歩き回った。

試合が終わった翌日（月曜日）、18ホールをプレーすることができた。当時はオフィシャルハンディ7だったので、チャンピオンシップティから打ってもボギーオンはできるのだが、グリーンに上がってからが大変だった。広大なワングリーンが大海原のように大きくうねっている。

試合の翌日なのでグリーンの芝は多少伸びているはずなのに、それでも日本では想像したこともないような速さだ。少し下っていると思って、音が出ないようにそーっと転がしてやっても３メートルぐらいはオーバーしてしまう。

**日本のコースも早くベントの高速グリーンにしないと世界に追いつくことはできないと思いながら帰ってきた。**そのことはゴルフのことを１から教えていただいた恩師の故・金田武明氏もよく言っていた。金田さんは早稲田大学を卒業後、米国・オハイオ州立大学とメリーランド大学院に学んで、60年世界アマ（メリオンＧＣ）の日本代表プレーイングキャプテンで出場している。スポーツイラストレーテッド誌アジア代表。『ゴルフルールの心』『近代ゴルフの心と技術』『現代ゴルフの概念と実戦』など多くの著書を残している。**「速いグリーンが良いゴルファーを育てる」**という話を、マスターズを取材に行く前から金田さんによく聞いていた。そう言われて、アメリカの一流選手を見ていると、落ち着いて、考え深いプレーヤーが昔から多かった。スリーパットをしても怒ったり、くやしそうな顔をするプレーヤーはあまりいない。ミスをしても毅然としている。

**「速いグリーンは静かに燃える性格がないと征服できない」**と金田さんはよく言っていた。**「日本のゴルフを世界的なレベルに引き上げるには高速グリーンのコースが増えなければならない」**というのが金田さんの口癖だった。

金田さんは２００６年、病のために75歳で亡くなった。しかし、**「日本にもオーガスタ・ナショナルのような高速グリーンを」という金田さんの遺志はカレドニアン・ゴルフクラブ（千葉県）のグリーンにしっかりと根付いている。**

## カレドニアン・ゴルフクラブ

金田さんが推薦したＪ・マイケル・ポーレット（米国）の設計によってカレドニアンＧＣが誕生したのは１９９０年であるが、２０１４年からマスターズ並みの14フィートの超高速グリーンに取り組んでいる。今では通常営業でも12から13フィートの速さでプレーできる。

今年7月、カレドニアンＧＣの競技委員長・渡辺明彦さんにお願いして一緒に回っていただいて、超高速グリー

# 知的ゴルファー、故・金田武明氏の洞察力

西澤 忠

当クラブに縁の深い金田武明氏が昨年の10月17日、肺炎のため逝去された。75歳だった。〝エバーグリーン金田杯〟などのクラブ競技表彰式にはかならずクラブにお見えになりカップ授与の前に〝ゴルフ、ちょっといい話〟をなされたので、その含蓄ある知識の泉に触れた会員諸氏も多いことだろう。

その金田氏と僕は、1965年（昭和40年）早大卒と同時にゴルフの出版社に入社直後から、大学の後輩として公私にわたるお付き合いをいただいていたので、約40年以上の交流があったことになる。雑誌編集者と執筆者という関係が主たるものだったが、忘れがたいのはコース設計家になられてからの晩年である。英米の名コースを巡礼した知的ゴルファーが設計家になった動機は、氏の尊敬するゴルフ史家、摂津茂和氏のこんなひと言だった。「君のように世界の名コースを知る人こそ、日本のゴルフ場レベルを上げるため写真集を出すか、コース設計家になるべきだ」。

それまでも、米国のコース設計家、R・Tジョーンズ親子との交遊から弟子筋にあたるJ・M・ポーレットを「富里」「カレドニアン」設計に起用するアドバイスなどをしておられた。米国の設計者協会で講演を行ったこともあった。したがって、摂津先生の背中の一押しも効いて、岩手に「メイプルCC」（1986年開場）を設計することになるのも自明の道だった。岩手山を望む滝沢村の肥沃な林野に世界の名コースに触発されたイメージを日本の風土・文化に定着させたデザインは処女作とは思えない完成度の高さで、東北随一のコースと評判を呼んだ。設計家の多くはグリーン・キーパー、土木技術者が常識の時代に、トップ・アマ出身の知的ゴルファーからの転進は戦前に活躍した赤星四郎・六郎兄弟、大谷光明いらいの姿と重なって、インテリジェンスある美しいコースが誕生したからだと思う。

コース造成中の現場に同行したことが数

金田武明氏を偲ぶ会にて

多くあり、その都度、「設計とは?」「いいホールとは?」のお話を伺うのが楽しみだった。

もともと金田氏は在野精神に富んだジャーナリストだった。その背景には米国留学があり、1956年マスターズを観戦中に球聖ボビー・ジョーンズとの邂逅もあり、米国ゴルフの紹介者でもあった。だから、日本で初めてカナダ・カップ(現ワールド・カップ)が開催された1957年、初のテレビ中継にも駆り出され、解説を行っている。弱冠25歳のときである。「ナマイキな若造だったんだよね」と恥じらう顔を覚えている。

在りし日の金田武明氏

しかし、それだけではない。試合前、10月23日付朝日新聞に予想記事を書いている。そこには、〝中村寅吉、小野光一の日本ペアにも優勝の可能性あり〟と書いた。スニード・デマレーの米国代表がフジヤマ・芸者の日本に物見遊山で来ること、高麗芝グリーンの難解さを根拠に、冷静に勝負の行方を占った結果だった。

これに関連してもうひとつ思い出す。それは交遊のあったジャック・ニクラスが1986年マスターズに、46歳にして6回目の優勝を果たしたが、前年の暮れのクリスマス・カードに「あなたの最後のパワーがマスターズで花開く」と書いたというのだ。つまり、メジャー18勝目の勝利を事前に予想したのである。

コース、技術、メンタル、社会環境など知的バックボーンを持つ金田氏の深い洞察力の一端だった。混迷を続ける日本のゴルフ界は、惜しい人を失ったと思う。金田さん、やすらかにお休み下さい。　合掌。

TADASHI NISHIZAWA

# カレドニアン16番の2つのグリーンで知る奥深さと興趣

西澤 忠

昨秋の一日、金田武明氏の一周忌に際して、生前親しかった人々や会員代表が集い故人を偲ぶゴルフの会がカレドニアンGCで行われた。早川社長とご子息の武朗氏の呼びかけに応じた20人ほどの慎ましい会だったが、アフター・ゴルフの席で盛り上がった話題のひとつに16番ホールの〝カネダ・グリーン〟があった。ご存知の通り、16番のグリーンは背後の林に陽や風が遮れることもあって、芝の生育が良くないことから、13年前、金田武明氏に設計を依頼したサブ・グリーンが追加された。本グリーンの右手ラフに造られたサブ・グリーンは深いポット・バンカーにガードされ、アンジュレーションが複雑で、会員でさえ手を焼く難グリーンになった。特に、奥へ傾斜するため転げ落ちたボールが谷底まで行く設定に泣いた人も多かったはず。

生前の金田氏に設計意図を訊いたことがある。「山椒は小粒でピリリと辛い、さ!」という答えでどうも禅問答のようだが、「距離の短いショート・パー4ホールのグリーンはパズルの謎解きのような難解なグリーンであるべきだ」ということらしい。343ヤードと距離の短いパー4ホールなので、短いクラブでの針の穴を通すようなセカンド・ショットを要求したいのだろう。

たしかに、J・M・ポーレットがこのホールで施したデザインはフェアウェイが浮島式で、ラフ・エリアにはマウンド群が荒波の波頭のようにうねるので、プレーヤーはティ・ショットでドライバーを捨てレイアップしてでも、フェアウェイを確保したい。グリーンも縦長で逆L字型なのでピンの立つ足元にボールを落とす、5ヤード刻みの距離感が求められる。つまり、フェアウェイから短いクラブで攻めるルート以外にパー以下のスコアは約束されない。

そういえば、「フェアウェイとは正しい航路、ラフは荒海なんだ」と金田氏に教えられたことを思い出す。Fairway(正しい道)を行く船の航海は無事だが、Rough Sea(荒海)では遭難の危険もある……そうした設計上のセオリーを知れば、〝カネダ・グリーン〟が多少の毒気を含み、正しいバック・スピンのかかるボールは受け付けるがサイド・スピンのボールを撥ね除ける意味が理解できるのではなかろうか。

パーティで話題になったのは、このグリーンの毒気を含んだ難しさとアンジュレーションの読みにくさだった。そこには多分に金田氏のパーソナリティと不可分の要素を感じたからに違いない。

〝寸言、人を刺す〟というような金田氏の批評精神は一流のジャーナリストに不可欠な要素だが、彼の毒牙に一度でもかかった人には忘れられない思い出らしく、故人を

「エスプリの効いた毒気……」と評されるカレドニアン16番

偲ぶエピソードが笑い話として披露された。その代表例が16番の〝カネダ・グリーン〟なのだった。

そんな出席者のスピーチを聞いていた早川社長が、「ワン・グリーンのコースを提唱してきた会社としては、1ホールでもツー・グリーンがあるのは不自然かも知れない。改造するに当たって、当時ポーレットからも図面を貰っているので、いずれポーレットのオリジナル・グリーンを拡幅し、カネダ・グリーンを廃止する考え方もある……」と発言した。

この一言が議論に更なる油を注いだ。

「いえ、私は反対です。このコースの貢献者、金田氏の存在を後世に知らせるためにもあのグリーンは残すべきだ」

「あのラインの読みにくさこそ、金田氏のエスプリの効いた毒気なのだから」etc.と大方は存続希望に終始したものだ。

考えてみれば、世界ナンバーワンと名声の高いパインバレーGC（米国ニュージャージー州）にも2ホールにツー・グリーンがある。8番と9番ホールのグリーンが小さく、森の日陰になりやすいためで、カレドニアンGCと同じ発想なのだ。

しかしながら、〝ショート・パー4ホール〟の話題で、これだけ談論風発するのだから、カレドニアンGCのレイアウトがいかに奥深いか、また興味尽きないかという見本だろう。

コース設計家の世界では〝短いパー4ホールの設計次第で、その設計家の技量が問われる〟という。P・ダイやJ・ニクラスの設計コースにも必ずひとつは、〝山椒は小粒で……〟式のホールがある。

そんなホールのティに立つプレーヤーが俗にいう〝サービス・ホール〟として喜ぶのは間違いで、〝ドライブ&ピッチ〟ホールにはどこかに陥穽があることを知って欲しいものだ。

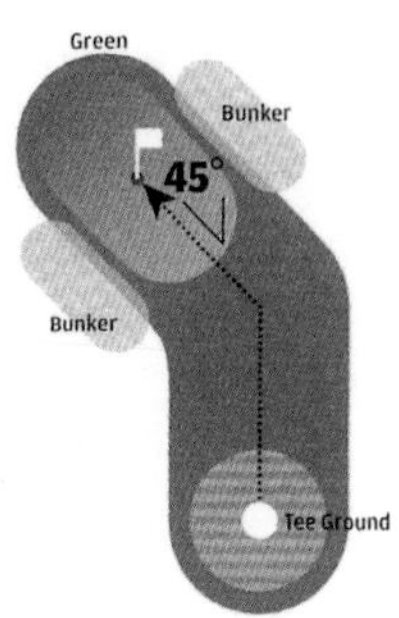


**Hello! REDAN!**

No. 3

text by nishizawa tadashi

ハローレダン 第3回

# リンクス魂を継承するグリーン

文／西澤 忠

カレドニアン・ゴルフクラブ

千葉県

千葉県の成田空港にほど近く、やがて開場して四半世紀を迎え、2000年には「日本プロ選手権」を開催した(佐藤信人優勝)ユニークなコースがある。スコットランド国名の古語を名称にした『カレドニアンGC』で、J・マイケル・ポーレット(John Michael Poellot 1943〜)のレイアウトはスコットランド・リンクスの魂を受け継ぐ設計手法で、造形も戦略もかつての日本にはなかったスタイル。つまり、従来の日本的な〝平坦なフェアウェイの林間コース〟ではない。地表はうねり、変幻自在な形のグリーンが池を伴って佇むからで、それは、ポーレットがペンシルベニア州生まれの米国人だが、バタ臭い米国式デザインを避けて英国式リンクス志向を目指したから。その手腕を買われて最近では、トム・ファジオと組んで『プリザーブGC』を造り、全米100コースの81位にランクされている。

彼の特徴として、対角線設計(diagonal design)がある。プレイヤーが狙うターゲット(目標)のフェアウェイやグリーンを対角線上に置くという方式。池でもバンカーでもターゲットをガードするハザードはプレイヤーに正対せず、斜めになるので、距離と方向の両方をテストされる。したがって、スコットランドの古い名リンクス、『ノースベリックGC』15番、愛称〝レダン〟を模したホールがあるのは当然であろう。

『カレドニアンGC』では17番(195ヤード・パー3)がそれだ。大詰めにあるホールは谷越えになるグリーンが縦長で、左側には深いバンカーが2個、右側には一段低いラフ・エリアになる。手前3分の2は単なる受け勾配だが、心憎いのはその先に左右に尾根(Ridge＝分水嶺)が走り、奥に下る勾配が微妙に左に傾く。ホールの中心線に対して約45度左に振れたこの部分に旗の立つときは難度が著しく上がり、まさにレダン・タイプの戦略が浮き上がる。本場のレダン・ホールはマウンド越しのブラインド・ホールだが、ここは明確にボールの行方が見える。それだけに、プレッシャーは倍加する。ドロー・ボールを打ちたいが、左のハザードが気になる。この緊張感が堪らない。

距離の短い曲者のパー4が16番、そして最終18番は二度も池を越すパー5ホールで、変幻自在な上り3ホールがドラマを演出する。まさに見事なフィナーレの舞台設定ではないか。

コース設計家という創造者にはゴルフ史の古典に学んだ〝温故知新〟の心意気があるのだろう。

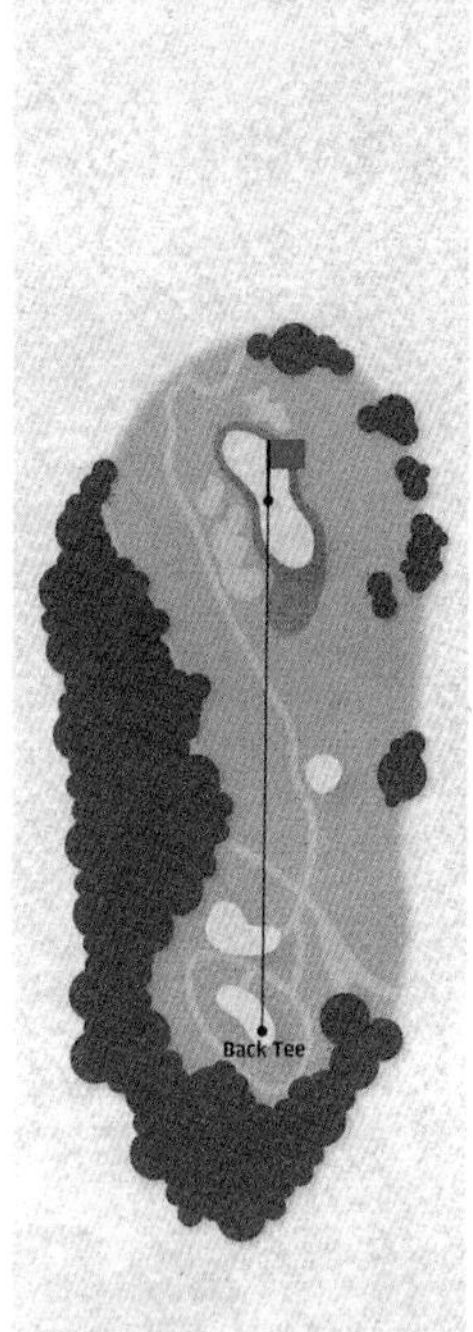


**Caledonian Golf Club**

Hole **17th**

par3

Gold 195yds
Blue 163yds
White 150yds
Red 123yds

カレドニアン・ゴルフクラブ

- 千葉県山武郡横芝光町長倉 1658
- 設計 /J・マイケル・ポーレット

にしざわ ただし／ゴルフジャーナリスト。1941年生まれ。1965年早稲田大学文学部西洋哲学科卒。同年、ゴルフダイジェスト社入社。同社発行の月刊「ゴルフダイジェスト」誌編集長を経て、1996年1月にゴルフジャーナリストとして独立。

REDAN誌 2015年11・12月号より

～名門から隠れた宝石まで～

第14回

# 一度は回りたい“日本の聖地”100選

日本版「キングズバーンズGC」

## カレドニアン・ゴルフクラブ

千葉県 M

名匠ロバート・T・ジョーンズの愛弟子の一人がマイケル・ポーレット。
彼が手がけたのが、リンクスの思想が随所に溢れるカレドニアンである。

選・文／大塚和徳

カレドニアン・ゴルフクラブは千葉県の中央部に位置し、東関東自動車道の富里ICから約20分、千葉東金道路の松尾横芝ICから数分の地にある。バブル経済末期の1990年に開場し、早20年の歴史を持つ。バブル期には何人ものアメリカ人設計家が来日して大金を投じたコース造りを行い、ゲーム上意味のない奇を衒ったハザードやグリーンで目を惹こうとしたが、多くは本流から外れていた。しかし、カレドニアンは違う。マイケル・ポーレットが経験・知識のすべてを投じて設計し、その成果を世に問うた傑作である。

生まれは1943年。大学で植物学、大学院で造園学と芝草の管理を学んだポーレットは、1970年代初期、コース設計家ロバート・T・ジョーンズと出会い、彼のアジア事務所を任された。ここで約20コースの設計・建設を経験。その後、英国で有名リンクスを中心に多くのクラシックコースを実地に調査・研究し、設計の糧とした。一時、アイオワ州立大の先輩ディック・フェルプスの事務所でコロラド州をベースに活躍したが、カレドニアン建設時には独立していた。

ポーレットがカレドニアンで目指したのは、変化に富んだ挑戦的で個性的な18ホールがバランス良く配置され、周囲の景観に溶け込んだ美しいリンクス風のコースだった。

確かにこの設計思想は十分に実現されている。ルートプランでは原地形が上手に生かされ、バンカーとマウンドを軸にしたハザードは正にリンクス風である。変化に富んだ各ホールは、いずれも違ったコンセプト。グリーンの多くは長方形で細長く、飛球線から捩じれて斜めに横たわる。長方形でないものも、通常の円形ではなく、クラシックな四角形のバリエーションである。表面のアンジュレーションもいわゆる〝ポテトチップス〟ではない。原地形の傾斜を大胆に生かした、英国で〝マッケンジー・グリーン〟(アリスター・マッケンジーにちなんで)と呼ぶものに近い。なかでもいくつかのグリーンは「戦略型設計」の元祖ジョン・ローが推奨した、後方へ下る形状となっている。

グリーン周りには深さのある〝アリソン・バンカー〟が多いが、4番パー4ではフェアウェイ右半分を覆って同形のものが現れ、レイアップするか越えるか、左へ避けるかの選択を迫る。フェアウェイのサイドバンカーにも変化をつけ、14番パー4ではポットバンカーを使っている。フェアウェイのハザードでは、16番パー4でボストンの超名門マイオピア・ハントCで有名なチョコレート・ドロップに出合う。さらにリンクスの有名ホールの応用例が随所に出てくる。17番パー3は有名な「レダン」、続く18番パー5は出だしが大きな池を使った「ケープ」で、アプローチは美しいビーチバンカー越えだが、左からの迂回ルートも用意されている。

当クラブのモットーは、ロイヤル・トゥルーンGCと同じ〝Tam Arte Quam Marte〟(As much by skill as by strength)「力と同様に技術で」という意味である。コース征服にはこの言葉通りに、正確なショットを打てる技術が求められる。

リンクス風の素晴らしさから連想するのは、2007年夏に訪ねたキングズバーンズGCである。数年前にセント・アンドリュースの東に誕生して話題を呼んだこのコースは、同じジョーンズ事務所の欧州代表だったカイル・フィリップスの傑作。それゆえに、アジア事務所の代表だったポーレットの傑作カレドニアンは〝日本版「キングズバーンズ」〟と呼びたい。

グリーン周りの難しさに定評のある415ヤードの9番パー4。
フェアウェイのうねり具合にリンクスのエッセンスがたっぷりうかがえる。

題字・イラスト／小寺茂樹

「GOLF TODAY」2011年4月号466号より

●コース所在地
千葉県山武郡横芝光町長倉1658
☎ 0479-82-6161
URL:http://www.caledoniangolf.net/index.html

おおつか・かずのり／ゴルフ史家。1934年生まれ。東京大学経済学部卒。米国でMBA取得。英国ターンベリーホテルの経営、ジ・オックスフォードシャーGCの建設に携わる。海外で回ったコース350以上、米ゴルフマガジン誌「世界ベスト100コース」の選定パネリスト。英ロイヤル・ノースデボンGC、英ロイヤル・セント・デイビッズGC会員。著書に『「ゴルフ千年」—タイガー・ウッズまで』(中公新書ラクレ)、『世界ゴルフ見聞録』(日本経済新聞出版)など。

※この連載では、名門コース(D=distinguished)、クラシックコース(C=classical)、隠れた宝石コース(H=hidden gem)、モダン・アメリカンコース(M=modern American)の4タイプに類別して紹介します。

## 時代的背景によるコース・カテゴリー化とそれぞれの名コース

# 本流の思想にジョーンズとポーレット独自の思想がカレドニアンの設計に生きている

大塚　和徳（ゴルフ史家）

昭和45（1970）年頃から日本では大手ゼネコンが主力となって平凡なコースを乱造し始めた時期に、アメリカではコース設計に大きな発展があった。

1970年代にはロバート・トレント・ジョーンズに対抗する形でピート・ダイが現れた。コース設計ではスコットランドの有名リンクスを訪ねて研究し、独特の設計概念を確立した。1969年開場のジャック・ニクラスと共同設計したハーバータウンゴルフリンクスが最初の話題作で、そこでは小さなグリーン、起伏の大きいフェアウェイ、ポットバンカー、ハザードの縁に枕木の活用、フェスキュウ芝の深いラフ、造形面での急激な変化（アブラプト・チェンジ）などで新規性をアピールした。

人工的表現を前面に出す設計概念、設計手法に映るが、詳細に観察すれば、ナショナルGL以降のチャールズ・マクドナルドに通じるものがある。いずれも現場のリンクスがモデルだからだろう。

現在、アメリカで人気の高い設計家トム・ドークも、ベン・クレンショウと組むビル・クアも、コース設計の始まりがピート・ダイのシェーパーだった事実は見逃せない。「モダーン・アメリカン」として、きみさらずGLから始まったピート・ダイの日本での活躍は目を見張る。

ジャック・ニクラスの存在も大きい。コース設計でのニクラスは、デスモンド・ミュアヘッドとのコンビで始まった。ニクラスがプレー面から、ミュアヘッドが造形面から知見を出し合う形だったが、両者とも個性が強く数コースで決別した。しかし、共同設計ではニクラスのホームコース、ミュアフィールド・ビレッジGCを含む名コースが造られた。日本のニュー・セント・アンドリュースGCも同じカテゴリーである。

その後ミュアヘッドはコース設計から離れたが、約10年後、近代絵画にも例えられる奇抜な設計でカムバックした。ギリシャ神話からのモチーフ、アメリカの地図をハザードの境界線に使用などで注目された。日本では新陽CCに始まって約10コース手掛けている。

ニクラスは設計にバーブ・カップ、建設にジェイ・モーリッシュのコンビで再出発した。現在、カップは独立（現在、全米コース設計者協会会長）し、モーリッシュはトム・ワイスコフと組んで日本でも1コース造っている。ニクラス事務所は設計スタッフの頻繁な交代のため、時期によってコースの性格が違うが、押し並べて美観と威圧感を訴えるが、実際には見かけより易しいとの評判である。作品は北の北海道クラシックGCから南のハウステンボスCCまで、約20コース造っている。

「モダーン・アメリカン」の先駆けロバート・トレント・ジョーンズは、1972年の軽井沢72ゴルフ以降は1995年のグリーンブライア（当時の名前）のみ。父から日本をゆだねられた長男のロバート・ジョーンズJr.は活動的で、代表格のゴールデンバレーGCを含む約20コースを設計している。作風は父親とは異なり、ハザードの配置や形状、グリーンの起伏など造形面ではニクラスに近い。

1980年代半ばから、アメリカのコース設計では、ピート・ダイ型の人工的なものへの反動から、1920年代の「アメリカン・クラシック」を見直す動きが起こった。ロバート・トレント・ジョーンズの次男リース・ジョーンズが代表的な存在である。1988年全米オープン会場のジ・カントリークラブ（1913年全米オープンでフランシス・ウィメットが優勝したコース）の改造で名を成し、イーストレークGC（ボビー・ジョーンズが育ったコース）の改造、ベスページSPGC（ブラック）（2002、2009年全米オープン会場）の復元などで活躍して、現在は〝USオープン・ドクター〟と呼ばれている。設計概念は父親とも兄とも異なり、かつての名

設計家ティリングハスト（全米オープンで有名なウィンギット・フットGCやバルタスロールGCの設計者）に近い。自然で優美な曲線が特徴で、自分の作風を〝ネオ・クラシック〟と呼んでいる。ベン・クレンショウ＝ビル・クアのコンビも類似の概念である。

このグループはコース造成の最盛期には日本に来なかったが、最近の大型コース改造で顔を見せ始めた。リース・ジョーンズの茨木CC（西）、ベン・クレンショウの横浜CC（西）、ブライアン・シルバ（設計思想は師匠のジェフ・コーニッシュから〝マクドナルド＝レイナー〟へシフトしていると自称する）による我孫子GCの改造などである。

この他の「モダーン・アメリカン」では、評価の高いものに、西那須野CCのロバート・ボン・ヘギー、ボナリ高原GCのロナルド・フリームがいる。また、ニクラスと並んで〝ビッグ・スリー〟と讃えられたアーノルド・パーマーとゲーリー・プレーヤーも、その知名度を使っていくつかの数のコースを設計した。作風は各々に特徴があるが、どれもニクラスやロバート・ジョーンズの設計概念に通じるものである。

何れのグループも実際の設計担当者は大学で造園学や芝草を専門的に学び、その後、確立されたコース設計事務所で実際のプロジェクトに参加し、イギリスやアメリカで本物のコースを直に観察、吟味している。更に、コース設計に関する古典的書物（多くが1920年代に刊行）にも目を通しており、イギリスのハリー・コルト、ヒュー・アリソン、アリスター・マッケンジーから、アメリカのチャールズ・マクドナルド、ジョージ・トーマス、ロバート・ハンターまで、一応の設計理論は頭に入れている。この辺が平凡で質の低い「ジャパニーズ・コンベンショナル」のコース設計と違うところである。

「モダーン・アメリカン」の一人、カレドニアンGCの設計者マイケル・ポーレットは三代続くゴルフ一家に生まれ、12歳でゴルフを始めた。3つの大学でそれぞれ生物学、芝草、造園学を専攻して学位をとり、ロバート・ジョーンズとの出会いからコース設計へ足を踏み入れた。

1980年に〝全米コース設計者協会〟が初代会長ドナルド・ロスの故郷、スコットランドのドーノックで総会を開いたが、これに参加した時、ポーレットはアメリカとアジアで既に約20コースを経験して、ジョーンズ事務所の幹部だった。この機会にブラッド・ベンツと知り合って意気投合し、アイオワ州立大の同窓ディック・フェルプも誘って、独自の設計事務所を立ち上げた。典型的なアメリカン・ベンチャーである。時間を置かずフェルプが去り、1980年代末にはベンツも去ったため、日本での約20コースの多くはポーレット単独の設計による。

ポーレットの設計概念は、基本にアメリカン・ゴルフの本流ロバート・トレント・ジョーンズの思想があり、更には独自に学んだイギリスの古典派思想、アメリカの近代設計思想が加味された固有のものである。

〝カレドニアン〟はネーミング（〝カレドニア〟はローマ人が使った〝スコットランド〟を意味する古語）も素晴らしいが、コースも本場リンクスの雰囲気を持ったポーレットの代表作であり、その個性的な設計は名作の域に十分達している。

日本のコース・ランキングでは、戦前から続くアリソン流の「ジャパニーズ・クラシック」と、ここで論じた「モダーン・アメリカン」とが多くを占める。これは極めて順当である。二つは全く違った設計思想で、その優劣は論じ難いが、確かな設計理論に支えられた〝優れたコース〟である点は同じである。「ジャパニーズ・クラシック」には母国イギリスから続く本流の良さが、「モダーン・アメリカン」にはイギリス流にはない〝近代性〟、〝豊富なアイディア〟、〝奇抜な発想〟が見受けられる。

最近、スコットランドやアイルランドにアメリカ型リンクスが誕生しているが、これは「アメリカ型」が本物であることの証拠であろう。

**【プロフィール】**

ゴルフ史家。
1934年、大分県生まれ。東京大学経済学部卒業後、第一銀行を経て帝人に入社。ウォートン・スクールでMBA取得。英国ターンベリーホテルの経営、ジ・オックスフォードシャーGCの建設に携わる。海外で回った有名コースは350を超え、現在は米ゴルフマガジン誌「世界ベスト100コース」の選定パネリスト。英国ロイヤル・ノースデボンGC会員。〈主な著書〉『ゴルフ五番目の愉しみ』（文春新書）、『「ゴルフ千年」―タイガー・ウッズまで』（中公新書ラクレ）がある。

10点満点）

## 評価

ホールでも省略してしまったら、大事なものを見逃したことにな
リーにあるコースをすべて見なければゴルフコース設計がどこま
理解することは出来ないだろう。
代理店に連絡を！

ス。間違いなく世界で最高のコースの一つ。
念なホールの存在などに関して弱点はない。
見ておきたい。

も優れたコースの一つで、特別に旅行をして見に行く価値がある。
はあり、書きだすこともできるが、全体として素晴らしいレイアウト
面白さがあるから失点は打ち消されるだろう。

ス。コースから100マイル（150－60km）以内にいるなら見に行
設計、面白いホール、良い状態、快適さが楽しめるだろう。しかし、
に何か特別なものを与えているようなレベルとは必ずしも言えな

コース。そのコースのある国にいれば間違いなくプレーする価値が
ヴァリュー、デザイン・バランス、メモラビリティなど見に行く価値

を裏切るはずはない。

良いコース。しかし、私の判断基準の中では中程度。近くにいてゴ
なった時にちょうどよいコースであるが、アラスカにでも住んでい
わざー日かけて訪れるほどの価値はない。

コース。18ホール中何ホールか際立っているが、少なくとも風光
りのゴルフができる。また非常に良いコースであるものの、熟練
に十分なやりがいを感じさせるには、短すぎたり狭すぎたりする
ある。

ね平均的なコース（ただし、私は「平均的なコース」を見るために旅をする
で、必然的に私の尺度（スケール）は「良」「優良」「最高」に偏っている）。

はないが、かといって酷いところもない平凡なコース。私の友人のデー
言うには、「さっとプレーして、ビールをガブ飲みするためのコース」。

ゴルフコース。設計上明らかな誤りがあるか、メンテナンスの状態
けゴルフをしたいと思っていてもプレーは避けるべき。

どわざとらしく不自然なコースで、いかなる状況でも推薦はしない。造成
資金を費やしたコースで、そもそも最初から造られるべきではなかった。

アン・ゴルフクラブは目立つ高圧電線があるにもかかわらず〝6〟の評価を得ています。カレドニアンをプレーしたトム・ドーク氏は「非常に良いコース。特に13番Par4、15 番Par5、18 番Par5はその豊かな戦略性と変化が世界のトップクラス」と評価しました。

当時、カレドニアンGCは新設コースでありましたが、かなりの高評価となっています。当時より変わらないドーク氏のポリシーと視察に裏付けられた見識はまさに慧眼であると言えます。

富里ゴルフ倶楽部のコースについても、アプローチとグリーンの造りは世界有数だとの評価を受けました（豪雨で全ホールをラウンドできなかったため評価外でした）。

トム・ドーク著『THE Confidential GUIDE to Golf Courses』に、日本国内では〝6〟という高評価がカレドニアン・ゴルフクラブに付けられた。（撮影　戸田嘉昭）

### トム・ドーク（Tom Doak）

世界的なゴルフコース・デザイナー。彼が関わった「世界のゴルフ場TOP100」には五つのゴルフコースがリストアップされている。長年にわたり「世界の名コース100選」の選考委員長を務めている。
1961年ニューヨーク生まれ。1982年コーネル大学卒業。米国のゴルフコース設計家ピート・ダイ氏のもとで設計、造成、造型、レイアウト計画を学んだ。大学在学中は奨学金を得てイギリスを中心にクラシック・コースの研究、調査をした。米国ゴルフコース設計家協会会員。

## 「世界のゴルフ場 TOP100」選定で来日した選考委員たち（1993年）

富里ゴルフ倶楽部の7番を訪れた
選考委員一行はその景観に感嘆した

雨の中、トム・ドーク氏は
カレドニアンをラウンド

トム・ドーク選考委員長、選考委員を囲んで、金田武明氏、早川社長らがプレー後に懇談

## トム・ドークのゴルフコース評価基準

| 評価 | 日本 | 米国 | 英国 | |
|---|---|---|---|---|
| 10 | | ●サイプレスポイント<br>●シネコックヒルズ<br>●パインバレー<br>●パインハーストNo.2<br>●メリオン(西) | ●ロイヤル・ドーノック<br>●オナラブルカンパニー・オブ・エディンバラ<br>●セント・アンドルーズ(オールド)<br>●バニーバニオン | ほぼ完璧。<br>る。このカテ<br>でやれるかを<br>いますぐ旅行 |
| 9 | | ●ウイングフット(西)<br>●ペブルビーチ<br>●オーガスタ・ナショナル<br>●リビエラ<br>●サンフランシスコ | ●ライ<br>●ロイヤル・ウォーリントン<br>●ロイヤル・カウンティダウン | 傑出したコー<br>状態や距離、<br>一生に一度は |
| 8 | 廣野ゴルフ倶楽郡<br>川奈ホテルゴルフ(富士) | ●ハーバータウン<br>●TPCソーグラス<br>●ロサンゼルス<br>●カパルア<br>●ミアフィールドビレッジ<br>●パスタスロル(ロワー) | ●カーヌスティ<br>●ブレストイック<br>●ロイヤル・トルーン<br>●クルードンベイ<br>●ターンベリー<br>●ロイヤル・リザム・セントアンズ | その地域で最<br>いくつか欠点<br>に加え、特別な |
| 7 | 霞ヶ関カンツリー倶楽部(東)<br>東京ゴルフ倶楽部<br>鳴尾ゴルフ倶楽部 | ●スパイグラスヒル<br>●ピーチツリー<br>●パサティエンポ<br>●スパニッシュベイ<br>●ベスページ(ブラック)<br>●サイオト | ●ロイヤル・リバプール<br>●サニングデール<br>●ロイヤル・バークデール<br>●ロイヤル・ウェストノーフォーク<br>●アディントン<br>●マクリハニッシュ | 素晴らしいコー<br>くべき。正統な<br>ゴルフの世界<br>い。 |
| 6 | **カレドニアン・ゴルフクラブ**<br>北海道クラシックゴルフクラブ<br>名古屋ゴルフ倶楽部(和合)<br>パインレークゴルフクラブ | ●ザ・カントリークラブ<br>●ウイングフット(東)<br>●アトランタ・アスレチックCC<br>●パルタスロル(アッパー)<br>●ファイアストーン | ●ムーアタウン<br>●ザ・バークシャー<br>●ネアーン<br>●ウエントワース<br>●ロイヤル・ノースデボン | 非常に良い<br>ある。ショット<br>がある。<br>あなたの期待 |
| 5 | 霞ヶ関カンツリー倶楽部(西)<br>太平洋クラブ御殿場 | ●TPCスコッツデール<br>●イーストレイク<br>●オークヒル(西) | ●ロイヤル・アバディーン<br>●ロイヤル・ディービス<br>●マローネ | 平均よりずっと<br>ルフがしたく<br>ない限りわざ |
| 4 | 東広野ゴルフ倶楽部<br>北海道ゴルフ倶楽部(イーグル)<br>武蔵カントリークラブ(豊岡)<br>小樽カントリー倶楽部 | ●ポピーヒル<br>●トーリーパインズ(北)<br>●ヘリテージ<br>●ポピーヒルズ<br>●ナッソー<br>●フィラデルフィア | ●セント・アイビス<br>●ロイヤル・ウィンブルドン<br>●ティンビー<br>●ザ・アイスランド<br>●ロイヤル・ダブリン<br>●キラーニー | そこそこ面白い<br>明媚でそれな<br>したゴルファー<br>ようなコースも |
| 3 | 神戸ゴルフ倶楽部 | ●トーリーパインズ(南)<br>●ハーフムーンベイ | ●マッセルバラ・オールドリンクス<br>●ダンバー<br>●ロイヤル・バーチェス | 世界的に見て根<br>わけではないの |
| 2 | | ●デルモンテ | | 設計上の面白み<br>ブ・リチャーズか |
| 1 | | | | 極めて未熟な<br>が悪い。どれだ |
| 0 | 北海道GC(ライオン) | ●アトランタ・ナショナル | | 精神を害するほ<br>に無駄に多くの |

### ドークの慧眼

トム・ドーク氏。現在、ゴルフコース・デザイナーの世界にあってトップの地位を保ち続けるデザイナーの一人です。

その彼が1996年、30代半ばにしてすでに世界中の1000コース以上を視察し、経験したことをベースにした『THE Confidential GUIDE to Golf Courses』を出版しました。彼のポリシーである自然の地形を利用し、かつホール・ルーティンを重要視した忌憚ない評価は、賛同を得た半面、多くの批判も受けました。

しかし、20数年経た今、彼の一貫したポリシーには時代が求める自然との調和、それにサステナビリティ(継続性)があります。世の中にはベストコースのランキングが定着していますが、彼はそのようなランキングではなく、本著ではドーク・スケールという辛辣ながら独自の評価、解説を用いたプレー・ガイドブックにしています。

「世界の名コース100選」の選考委員長として数名の選考委員とともに、1993年の来日の際も、10か所以上のコースを視察し評価しています。上の表にあるように、日本の名門とランキングされるゴルフ場の中で、カレドニ

# ポーレット設計のリンクス思想とは？

西澤　忠

J・M・ポーレットの設計思想については、会員の皆さんはすでにご承知のことと思う。早川社長、摂津茂和先生、金田武明氏などのエッセイに「ポーレット設計は古いスコットランド・リンクスに触発され、リンクス思想に裏付けられた戦略型のレイアウトである」という具合に。

そこで、ここではもう少し具体的に、ポーレット設計の原点、発想がリンクス・コースのどこに由来するものか、英・米の名コースのどこに触発されたのかを考察してみたい。「コース設計の源流はすべて古いリンクスにある」というのはコース設計史の教えてくれているところだからである。

一例として挙げれば、マスターズ・トーナメントで有名なオーガスタナショナルGCをマッケンジー博士と球聖ボビー・ジョーンズが共同で設計するに当たって、二人の意見一致を見たのは「リンクスの名ホールをここに再現する」であった。特に「セントアンドリュース・オールド」は少なくとも5ホールに影響したといわれている。再現といっても模倣ではなく、名ホールの戦略性を現代風に再生したのである。

では、世界の設計家に思想的な動機付けを与えた名ホールの原型とはどんなものか？　以下に挙げるのはその一例である。

1．〝アルプス〟タブレストウイックGC17番ホール

グリーン正面に高いマウンドがあり、ブラインド設計の基本パターン。

2．〝ケープ〟(岬)ミッドオーシャンC(バミューダ)5番ホール

米国のC・Bマクドナルドの設計で、高いティから海越しに斜めのフェアウェイを狙うパターン。

3．〝レダン〟ノースベリックGC15番ホール

設計者不詳の名コースのパー3で、縦長のグリーンが右手前から左奥に斜めに延び、傾斜は奥に下りとなる。左は深いバンカー、右奥はマウンドとバンカー。フックボールを要求するパターンで、反対に、右奥に斜めになるものを〝逆レダン〟という。世界の設計に最も影響を与えたパターン。

4．〝アイランド・グリーン〟(浮島グリーン)TPCソウグラス17番ホール

P・ダイ設計で有名な池に浮かぶグリーンのパターンだが、米国に古くからある設計パターン。

実はもっと多くのパターンの原型があるが、ここでは重要な2・岬と3・レダンを富里GC、カレドニアンGCのホール・デザインで説明しよう。

まず、カレドニアンの13番、18番ティショットを思い起こして欲しい。大きな池を越して打つか、安全に左フェアウェイから迂回するか？のアルタネート（二者択一）を迫られる状況。富里の13番ホールも左右が逆になり、池が谷になるだけで方式は同じ設定だ。この危険なエリア（池や谷）をビッグ・キャリーボールで越す設計パターンは比較的近代のもの

## 18番ホールの後で

で、米国で20世紀初期に流行した。越せば次打が短く有利になるが、危険もはらむところから、〝リスク&リオード（危険と報酬）〟という設計専門用語も生まれた。この〝英雄型デザイン〟をポーレット設計では随所に見ることになる。専門家が〝バイト・オフ〟（bite—off）というパターンで、日本にはなかった戦略性だが、廣野GCを設計したアリソンが導入し、今では多くの米国人設計家が流行させた。

次に〝レダン〟はカレドニアンの17番に現代風にアレンジしている。右手前から左奥にかけて長いグリーンが斜めに置かれ、傾斜が奥に下がる。ただし、ポーレットは途中にリッジ（尾根）を横切らせて、自分なりの造形を試みた点がモダンだ。

また、このパターンはパー3ホールだけではなく、フェアウェイからグリーンを狙う、またはパー5の第2打にも応用される。カレドニアンの16番の第2打での狙い方はまさに〝逆レダン〟であろう。

もう一つの〝アルプス〟はマウンドで目標を隠す、ブラインド・ショットを要求するパターンだが、ポーレットはカレドニアンの14番ホールで活用した。打ち下ろしの短い第2打なので、グリーンの右半分をマウンドで隠した。〝ハーフ・ブラインド〟ともいうべきもの。ピンが右に立てば難度が上がり、左なら通常になる心憎い演出である。

また、ポーレットが最も如実に過去の名作を再生させたのがカレドニアンの15番と富里の7番ホールだろう。マッケンジー&ジョーンズのオーガスタ13番とやはりマッケンジーの名作、サイプレスポイントの15番を再現させたからである。

1910～20年代、米国の名設計家は英国のリンクスに学んで名コースを生み出した。〝設計の黄金時代〟といわれるこの時期の設計家と同じように、ポーレットも英国回帰の思想で、よりモダンな様式のコースを誕生させたのである。

古きを訪ね新しきを知る「温故知新」の精神が球技として醍醐味のあるいいコースを生む背景にあることを知って欲しい。

カレドニアン No.18

# いいコースは プレーヤーの技と勇気を引き出すもの

西澤 忠

2年ほど前に、韓国の済州島へ行ってみた。「ブラック・ストーンGC」という名前のコースがあってマイケル・ポーレット事務所の若手スタッフがデザインしたものであった。ポーレット自身は1943年、ペンシルバニア州生まれで、すでに大御所なので若手の部下にデザインを任せたのだろうが、見事な造形に畏れ入った。済州島は〝牡蠣と風と岩の島〟で、黒い岩石をホールの縁取りに駆使して、心憎い演出ぶりだった。池や滝のハザードを駆使したデザインはポーレットの手腕に負けていない。師匠のデザインを踏襲した姿に感銘を受けたものである。

そのポーレットが日本でデザインした「カレドニアンGC」は1990年開場だから四半世紀を超す歴史を刻んだ。

会員の皆さんはすでにご存知の通り、ポーレットの設計手法は英国リンクスランドに触発されたもので、起伏あるフェアウェイにバンカーやマウンドが絡む造形を主にしたスタイル。グリーンは不定形で、アンジュレーション豊かな表情を見せる。それまでの日本の林間コースによくある平坦なフェアウェイに、ボールが転がっても乗るグリーンではない。この日米のコース比較から、ポーレット設計はアメリカン・タイプ・コースと言われたが、彼の狙いは英国スコットランドのリンクスに見られるような戦略と造形であった。

その代表的な例として18番ホールを考えてみよう。

クラブハウス周辺、特にフィニッシング・ホールはゴルフ場の大団円の舞台。その日のゴルフをどう劇的に終わらせるか?に設計家は苦心する。そこへ池と渚バンカー、複雑なマウンドを効果的に設置し、一大ページェントを演出したポーレットのデザイン手腕は並みなものではない。

特に18番ホールは劇的な要素が沢山あり、その日のゴルフをどう締めくくるかの格好な舞台になっている。渚バンカーを越す第一打、うねるフェアウェイを確保する第二打、やはり渚バンカーにガードされた横長のグリーンを狙う第三打と緊張するショットが要求される。見事なフィニッシング・ホールだ。

デザイン上で特筆すべきはホール全体が右にカーブして、二度にわたって右に折れ曲がっていること。これをほとんどの人が「ドッグ・レッグ」(犬の後ろ足のように折れ曲がる)と呼ぶが、設計家はこれを〝対角線設計(diagonal design)〟または〝二者択一ルート〟(alternative route)という。危険を冒して大胆に、より目標に近いルートを選択すれば次打が有利になる設定。斜めに置かれた目標に対して、どの方向に何処を狙うかプレーヤー自身が判断しろという設計家の問い掛けなのである。

こうした戦略的デザインは18ホールのあらゆる状況で見られる。要するにプレーヤーは腕前、状況に応じて自分なりの判断を求められているわけ。これぞゴルフの戦略性である。

〝対角線設計〟(diagonal design)は水やバンカーなどのハザードを斜めに越す設定をいう。川や池をただ越すだけではプレーヤーの戦略性を問えない。斜めに置かれた目標(ターゲット)ならば、プレーヤーの力量に応じて多彩な目標が生まれる。より次打が有利になる目標は力強いショットで大きなキャリー・ボールが必要になる。

このハザードを空中で越す設計の狙いは早くから着目されて、アメリカに渡った英国の設計家、A・マッケンジー博士などは

## 18番ホールの後で

自著の中で、「リンドバーグのスリル」と表現している。あの双発飛行機で大西洋を横断したリンドバーグの快感を言ったものだ。

その後、もっと現代になると、〝帝王〟ニクラスの設計には高い球筋でハザードを飛び越す設定はより多くデザインに現れ、英雄型デザインとして珍重される。大きなキャリー・ボールでハザードを越すと、次打が有利になる設定である。これを彼は専門用語で〝バイト・オフ（bite off）〟と呼んでいたが、多くの資料を調べてもこの語源はいまだに分からない。彼が日本のコース造成地に派遣するお気に入りの設計家・リー・シュミット氏に訊くと、「彼はハザードをビッグ・キャリーで越す設定が大好きで、よくバイト・オフを多用した」と言っていた。ともかくニクラスの設計では池やハザードを高いキャリー・ボールで飛び越すレイアウトが数多いのだ。

ポーレットの見せる18番の設定はまさにこのバイト・オフである。それも渚バンカーを越し、巧くすればツー・オンも可能になる。この戦略性を美しい風景の中で演出して見せてくれた。

一見するとこの第一打は渚バンカーを越すだけに見えるが、実は右端を狙うほど大きなキャリーを必要とする。微妙に斜めになっているのだ。安全にセンターを越すとポット風バンカーが待つ。右を越すとボールはよく転がり、距離も出る。これが〝バイト・オフ〟の秘密であろう。

プレーヤーの腕前と戦略によって狙い方が様々に変化する。しかも、その日のゴルフの総決算である最終ホールにこれだけ多彩な戦略ルートを提示するポーレットの設計に脱帽である。しかも景観が美しい。

済州島で見た黒い岩で縁取られた水のハザードは脅威を覚えさせるが、ここでは美観の中での挑戦なのだ。渚の上にボールがあればペナルティは1打ではなく半分で済ませられる。水没ならば完全に一打のストロークを失うが、渚の砂上ならば一打の半分で、回復可能なのだ。

昔よく中部銀次郎と一緒にプレーしたが、彼の池越えに直面した時の心理状態を訊いたことがあった。

「アメリカ人の設計では我々日本人には付いて行けない条件設定がある。体力の差なのだろう。旗の位置がかなり過激な設定になるのもそのためだが、時と場合によっては攻めざるを得ない場合もある。安全策で逃げるのも一法であるが、ティで考えるうちに〝攻めてみるか！〟と決意を燃やすこともある。旗の位置がこちらの決意を促すのだろう」

日本の古くからある名門コースならばそんな果敢な攻め方はありえないが、東京GCの会員だった中部氏がカレドニアンGCをこよなく愛したのはそんな心理戦が好ましく思えたからだろう。世界アマ・チーム選手権で数多く海外試合を経験した彼だから、難度の高い旗の位置にも挑戦したくなったのだろう。

良いコースはプレーヤーの技と勇気を引き出すものらしい。

# エグゼクティブのためのゴルフ講座（その77）

文と写真
金田武明

Caledonian Golf Club

## 東京ゴルフ倶楽部・朝霞コースの幻を追って…
# 挑戦そして失敗
（地球温暖化に勝てず）

ゴルフコースの誕生には、天・地・人の三条件が必要である。

特に、米国や日本のように人工的に造成する場合は、この一つが欠けても難しくなる。

日本のゴルフは一九〇一年、六甲山に4ホールスが生まれて以来、九十年以上の歴史を持つが、本格的なゴルフコースが実現し始めたのは十数年前でしかない。

本格的という意味で、私はエバーグリーンを考えてみたい。

日本でエバーグリーンを夢見たのは、どうやら大正末期、岩崎小弥太氏だったようだ。ご当人がどこまで本気だったかは不明だが、その実現に全身全霊を打ち込んだのは相馬孟胤子爵だった。

一九二九年、駒沢（東京倶楽部）で相馬氏が枯れた高麗芝のところどころに生えている緑を発見、これを採取して帝大植物研究室へ持ち帰った。それが洋芝だったことから、日本でもエバーグリーンは可能とひらめいた。

この心細い緑が、実は岩崎氏が一九一四年に英国から種子を取り寄せて蒔いたエバーグリーンの名残だったのである。相馬さんはその翌年、チャールス・アリソンが来日し、朝霞コース設計という段取りになるとは知らずに洋芝の研究を怠らなかったのである。

No.13 No.18　クラブハウスとホテルアネックス

高麗芝は冬になるとこうだった

東京倶楽部が駒沢から朝霞（膝折という地名）へ移る時、朝霞のグリーンをクリーピング・ベント、フェアウエイとティはブルーグラストレッドトップにしたいというアリソンの希望に力を得て、相馬氏は馬車馬のように走り始めた。

朝霞ばかりでなく霞が関、相模、そして廣野もグリーンはベントに決定して進んだ。相馬氏は米国のキャリア博士に五カ年以上の気象の平均を送付し、種子の選択を依頼、コーコス・ベントに決定している。

一九三一年九月に播種、翌年五月には美しいエバーグリーンのコースが生まれた。おそらく当時としては、世界でも有数の美しいコースだったことだろう。

一九三二年は、不幸にして史上でも稀な高温、高湿の夏のため、七、八月にブラウン・パッチ発生。どのコースも洋芝は全滅に近い状態に追い込まれた。霞が関は気が早く、すぐにセカンド・グリーンを造り、わが国

エバーグリーン後

初のツーグリーンの先駆者となっている。

東京倶楽部は相馬氏が懸命に努力してエバーグリーン復活を実現しようとしていたが、一九三六年二月二十三日、氏が急逝。ここで戦前のエバーグリーンの歴史は終わる。これまでがエバーグリーン戦前史である。

それから半世紀以上が経った。アメリカでの芝生研究は長足の進歩を遂げ、そのノウハウがようやく日本にも入ることになった。

米国ゴルフ協会は一九一六年に芝生試験場を造り、グリーン研究部門を一九二〇年に農務省の協力を得ながら発足させた。ゴルフ場以外の芝生に対する需要が九割だから、農務省としても力が入ったのだろう。

相馬氏が駒沢でエバーグリーンを採取して小躍りした年（一九二九年）、米国の芝生試験場は十五になった。コース数は五六四八。翌年は遂に六〇〇〇を超している（一九三〇年はボビー・ジョーンズがグランドスラム完遂後、引退している）。

No.5　それぞれの四季を美しく装う

日本は、植民地を入れても七十五ほどのコースの時、米国は六〇〇〇もコースがあったのである。芝生の研究は、戦争中も続いた。現在、米国のコース数は一万六千を突破。二〇〇〇年には一万九千と予想されている。今、私たちの入手できる情報は、米国で少なくとも七十年余の年月をかけ、延べ人員百万人以上の知識の集大成である。芝生の種子も細かく分ければ一四〇〇を超すといわれる。

土壌の研究も進んでいる。一九三〇年代の技術水準は、室町時代以前のようなものである。フェアウエイのベント化は極端だし、プレーヤービリティが良いとはいえないこともわかってきた。

やはりベントはグリーンに限るように思える。

ここに紹介するカレドニアン・ゴルフクラブは、創始者であり社長の早川治良氏のゴルフへの情熱が、相馬さんで途絶えたエバーグリーンの夢を再現させたクラブである。米国から専門家を呼び、フェアウエイのブルーグラス化を研究し始めて三年目。

日本での過去の失敗が、古い人々の頭にはこびりついている。

日本は違う、アメリカでも英国でもないと頑強に言い張る人が多い中での決断だ。

一九九三年は冷夏とさえいわれたことも幸いした。ブルーグラスは二、三年までがデリケートだからである。しっかり根が生えれば、健康に育つものだ。ただし、それだけの手入れ、管理のノウハウは不可欠だが、そうした条件さえ整えば、将来は明るい。

関東地方でエバーグリーンのコースが実現すると、相馬さんは信じていた。ゴルフを愛し、自分の所属するクラブを我が家のように思っていたからだ。残念ながら時が合っていなかったのである。

やはり、ゴルフコースがきちんと誕生し、育っていくには、天・地・人が揃わねばならないことを痛感させられるのである。

『LA INTERNATIONAL』誌
一九九四年二月号より

No.6　開場3年とは思えない風格

〝プレイアブルに〟〝よりストラテジックに〟、

# グレードを上げて進歩する
# カレドニアン15年間の改造

東京グリーンの「富里ゴルフ倶楽部」「カレドニアン・ゴルフクラブ」が〝スコットランド・リンクス志向の戦略型コース〟を旗印にスタートして、すでに17年余りが過ぎようとしている。マイケル・P・ポーレットの設計哲学の特徴〝対角線デザイン〟(diagonal design)の戦略性と、渚バンカーやマウンドに代表されるアメリカン・スタイルの造形の美学もメンバー、ビジターを問わずに広く日本中のゴルファーに受け入れられたようだ。世界水準の設計コースがようやく日本に根を下ろしたというわけだろう。

しかし、〝コースは生きた芸術品〟といわれる。それも自然を素材とするだけに、年々歳々人間の手による保護管理・維持のための作業がその背景にあることを忘れるわけにはいかない。毎日のコース・メンテナンスはもちろんのこと、プレーヤーを受け入れながらの部分的手直し、改善が常に必要なのである。完成時の姿のまま歴史を重ねた名コースは世界広しといえひとつとして存在しないのだ。

たとえば、世界4大メジャーの第1戦、マスターズ・トーナメントを毎年春に開催する「オーガスタナショナル」は70年余の年輪を刻んだが、コースの改造は大掛かりなものから部分的なものまで入れると２００箇所近くに及んでいる。１９５０年代、11、15～16番のグリーン周りにウォーター・ハザードを大胆に導入したR・T・ジョーンズSr.の改造設計に始まり、ここ数年の〝セカンド・カット〟と呼ばれるラフの出現や距離の延長(トム・ファジオ設計による)など、すべては「時代に対応するための必然的手段」と歴代マスターズ委員長はコメントした。もちろん、パーマー、プレーヤー、ニクラス、そしてタイガー・ウッズなど時代を代表するプレーヤーのスキル(技術)向上がコースの戦略性を超える領域に行ってしまうことを阻止する意味合いもあったが。

その意味から言えば「カレドニアン」の場合も、数多くの女子プロやシニアプロ・トーナメントを開催し、２０００年にはメジャーのひとつ、日本プロ選手権を成功させたが、部分的改造は１００箇所近くに及んでいる。トップ・クラスのスキルに対応する改造はもちろんのこと、一般プレーヤーのスムーズなプレー進行を促進する改造まで、常時にコースの隅々まで監視の目を光らせた結果だった。ポーレット設計のオリジナルな味わいと戦略性を保ったままの改造であることはもちろんだが、先頃、その大まかな部分改造がすべて終了したという。

「各ホールの持つ戦略性をそのままに、ポーレット設計の哲学をグレード・アップするのが目的です」と早川治良会長が言うように、アベレージ・ゴルファーには〝プレイアブルに〟（プレーし易い）、そして・トップ・レベルのアマチュアやプロには〝よりストラテジックに〟（戦略的に）修正・改造するのが目的だった。

それは、開場して2年目の、93年に始まり、2000年のフェアウェイ芝をベント芝から高麗芝に張り替えるという大工事を敢行したものまで、随所に及んだ。そのすべてをここに記述するわけにいかないが、早川会長の飽くなき改造の目的と意義についてポイントを絞って紹介してみよう。それも「カレドニアン」のパー5ホールだけに絞って考察してみよう。

コース改造に関しては考え方に3つの方法がある。

1. リ・コンストラクション（re-construction）再建・復興
2. リ・ビルド（re-build）改築・改造
3. リストアまたはリノベート（restor or renovate）修復・刷新

という3つ。1と2はオリジナル設計の根本的思想を変える改造で、そのコース設計家が自ら行うか、または物故していない場合に新たな設計家に委嘱するケースになるはずだ。

したがって、「カレドニアン」の改造は小さな部分改造でも「ポーレットに現場の意見を送り、彼からはファックスによって図面を受け取る」（早川会長）方法で実施された。完成度の高いコースでも、開場してプレーヤーを受け入れて行くうちに進行上の問題、戦略性の見直しなどで、修正を余儀なくされる部分が出てくるもの。それが3の修復・刷新であり、〝時代に対応した改造〟なのである。

### ◆2番ホール
**攻略ルートを増やしてオルターネート・デザインを鮮明にする**

2番ホールは左側が池、右がOBラインの迫るフェアウェイの蛇行するパー5だが、第1IP（インターセクション・ポイント＝1打の落下点）の先で下り傾斜になり、その部分でフェアウェイが一旦途切れる。つまり、ラフ・エリアが横切るレイアウトだった（この方式もポーレット設計の特徴のひとつで、〝ターゲット・ゴルフ〟を要求する方式）。しかも、砲台グリーンが縦に長く、3～4段の段差をもつアンジュレーションがあった。

92年～93年2月・・まず、左池のフチに80メートルに及ぶロング・バンカーを施設。右側OBを嫌って大きく逃げるアマチュアが段差によって転がるボールが池に

第2打の狙いどころが右にぐっと広がった1番のフェアウエイ

落ちるのを防ぐ方策だった。

93年10月・・・第2IPフェアウェイ右のマウンドを削って拡幅。

98年・・・2000年日本プロ選手権に向けて、さらにフェアウェイ右を拡幅。マウンドを新設。第1IP先のフェアウェイを横切るラフをフェアウェイに。グリーン右手前にバンカーを新設、グリーンを2段に縮小。グリーン左のくぼ地をアプローチ・エリアに改造。これで、プロが長打すれば2オン可能なホールにした。アマチュアにとっても、スタートした直後の2番ホールでターゲットを絞られたプレッシャーからスコアを崩したくないものだが、オリジナルの設計コンセプトを保持しながら、長打者の有利性と3オンを狙うアマチュアの攻略ルートが増える改造に成功した。攻撃ルートと迂回ルートが完備されてこそ、〝オルタネート(二者択一)・デザイン〟がより鮮明になったという好例だろう。

### ◆15番ホール

**近代設計を駆使して戦略性を増す**

「カレドニアン」を代表するシグネチャー・ホールは「オーガスタナショナル」13番ホールを髣髴させる名ホール。「オーガスタ」は左にドッグレッグするフェアウェイ左にクリークが絡むが、「カレドニアン」はほぼストレートながら、第2IP付近からはクリークと池がグリーン手前と右に寄り添って同じパターンになる。両者とも、松や杉に背後を囲まれ、仄かに暗い森の中のグリーンにショットする快感を演出する。しかし、森に包まれたグリーンの管理は至難で、風通しと日照の不足から、森林伐採を余儀なくされた。この作業は開場以来の通年作業で、苦労の種だったことが想像される。

15番はターゲット・バンカーが置かれて〝危険と報酬〟が際立った

ポーレットのオリジナル・レイアウトではこのホールはバンカーを置かない方式だった。バンカーの役割にはターゲットを浮き彫りにすると同時に、距離感を掴みやすくする効果があるものだが、〝ノー・バンカー〟にはショットの狙いが絞りにくい難しさがあった。開場当時、〝アメリカン・タイプ〟に慣れないプレーヤーは距離感と方向性に戸惑ったはず。ゆるく右に曲がるフェアウェイに落としどころの焦点が絞りにくいためで、左側のくぼ地や右斜面にショットを曲げる人が多かったことだろう。

そこで、92年〜93年・・・第1IP左に2個のフェアウェイ・バンカーと3個のガードバンカーを新設。

04年・・・さらに右手前にバンカーを新設した。

こうした狙い所を絞らせるために置くバンカーを〝ターゲット・バンカー〟と呼ぶが、まさに狙い所を明確にする効果を生んだはず。さらに、プロやトップ・アマには2オンを狙うチャンスも生まれ、〝危険と報酬〟(Risk & Reward)設計が際立ったことは言うまでもない。

A・マッケンジー博士と球聖B・ジョーンズの設計した13番ホールは距離的に2オン可能なホールで、〝パー4・5〟設計の原形といわれる。危険を冒して挑戦すればスコア上の報酬を得られるところから、〝英雄型デザイン〟とも呼ばれ、近代設計術のひとつのパターンとなった。ポーレット設計がここで狙った戦略性もその具現化で、ウォーター・ハザードの危険と審美性が同居するホールになったのだ。

### ◆18番ホール
### フェアウェイもグリーンもダイヤゴナル・デザインの名ホール

〝渚バンカー〟で有名な同番ホールはポーレット・デザインの極致を表現している名ホール。92年のPGAフィランスロピー・トーナメントや00年日本プロ選手権のフィナーレでドラマを演出したことはまだ記憶に新しい。

ここの手直しも早くから始まった。

95年・・第1IP付近の渚バンカー左奥のエッジはマウンド状に盛り上げて造成されていたが、池を避けて安全ルートで左にティショットした際、次打方向が見通せなかったので、マウンドを削って低くした。

05年～06年・・・第2IP左側のくぼ地を盛り上げ、一段低いラフ・エリアを造成。フェアウェイを外しただけではOBにボールが行かない工夫をした。

このホールに限らないが、俗にポーレットのホール・レイアウトを評して〝ドッグ・レッグホールが多い設計〟と言う人が多いが、実は違う。この18番でも池を大胆に越すルートが正規ルートで、左に用意したフェアウェイは迂回ルート。池を越せないプレーヤーに回り道を用意したに過ぎない。したがって、ティから見て、フェアウェイが斜めに設定されたホール、ドッグ・レッグではないのだ。この斜めにターゲットを設定するデザインを〝レダン・タイプ〟デザインと呼び、ターゲットに対して対角線上にルート選択するので、〝ダイヤゴナル・デザイン〟ともいう。斜めに置かれたグリーンをマウンド越しにブラインド・ショットする「ノースベリックGC」（スコットランド）15番ホールのニック・ネームが名称の由来だ。

池を越すか迂回するか。18番は第1打も第2打も対角線のルート選択

だから、このホールはセカンドで2オンを狙う場合も〝レダン・タイプ〟設定で、グリーンが斜めよりもキツイ直角に置かれる。奥行きのないターゲットに長いクラブでスピンを効かせたショットを打たない限り2オンは不可能なのである。3オンを狙う迂回ルートは第2打をなるべく左に運び、横長のグリーンを縦に使える場所を確保する必要がある。そこで、フェアウェイ左を拡幅した意味合いが明確に見えて来るはずだ。

以上の3ホールだけでも、15年の長きに渡って改造を繰り返した。それ以外にも部分改造は随所に及び、今日に至っているが、デザイン上の改造以外にもフェアウェイ芝の張替え作業が行われたことは記憶に新しい。ベント芝のフェアウェイは冬場にラインが際立つ景観上の見事さがあったが、温暖化で最高の品質を通年に保つことが難しいので、2000年に一気に高麗芝に張り替えた。約10万㎡の面積を400人の作業員でわずか1ヵ月で仕上げる突貫工事だった。

「これで一応の改造は終わりましたが、コースは生きているものですから、さらに手を加える必要があれば、いつでも着手します。ポーレット設計のグレードを上げる改造ならば労力を厭いません」と早川会長が胸を張った。

（寄稿　西澤　忠氏）

# 20年の歳月で成熟したコースを見直す

難しくあるべきハザードだが　プレーが不可能であってはならない

当り前なことだが、ゴルフ・コースは自然素材を使って造られるために年月の経過で変貌する。野球場やテニスコートとは違うのだから当然のことだろう。自然を相手にしたプレーの舞台である故に、歳月とともに成熟したり、老朽化することは避けようもない。その姿も形も変わる。その一例にバンカーを挙げれば、数多くのプレーヤーが打ち上げた砂がグリーン上に乗り、そこへ目土も加わって年間に1〜2センチもかさ上げされるという。反対にバンカーの砂面は下がるから、見た目にもその変化が如実になる。つまり、バンカーは歳月を経るとともに深くなって変貌を遂げるのだ。日本の名門コース、廣野GCのバンカーも、開場当時の写真では〝アリソン・バンカー〟と恐れられるほどの深さはなかった。しかし、永い歳月でバンカー・エッジ（アゴ）はオーバーハングするし、砂面はより深くなり、恐怖のハザードに姿を変えたのだ。

カレドニアン・ゴルフクラブは20周年を迎えるにあたり、部分的改修工事を行った。

改造には大きく別けて二通りの方法がある。ひとつはリデザイン（redesign）、もうひとつはリコンストラクション（reconstruction）。リデザインとはオリジナルな設計意図に関係なく、ホールのレイアウトを変更すること。つまり再設計。リコンストラクションとはオリジナルの設計意図とコンディションに戻すことである。日本語でいえば、「改造」というより「改修」で、J・M・ポーレットと早川治良社長が協議しながら目指したのはリコンストラクションであったことをまず知って欲しい。

代表的な改修は、3番ホール（190yards par3）の右手前のバンカー。左右に2段グリーンとなるので、右に立つピンは難しくなる。バンカー越しに奥行きのないグリーンにボールを止める高級な技を要求するから。しかし、そのバンカー・エッジが盛り上がり、ピンの根元が見えにくくなったので、改修した。それは、17番オール（195yards par3）のグリーン左側のバンカーも同様で、砂面を見せるために立ち上げたグリーン方向のエッジが老朽化してサイズが拡大したものを元の大きさに復旧したのである。ここではさらに、グリーン左奥のマウンドを削り、アプローチ・エリアを造った。赤いピンが奥に立つ場合、果敢に攻めたプレーヤーにご褒美として寄せやすい場所にするためである。

次にバンカーを埋めて、新しい戦略性を生み出した例に12番ホール（220yards par3）がある。グリーン正面に大きなバンカーがあり、その縁にあるマウンドがグリーン上の起伏となって、中央に山脈を形づくっていた。そのため、グリーン左半分エリアには傾斜が急すぎてピンを立てられなかった。今シーズン前に練習に訪れた池田勇太プロによれば、上級者にバンカーは関係ないが、アベレージ・ゴルファーには過酷だという意見だった。ポーレットも「アリソン風に深くなり過ぎた」という意見で、早川社長との協議により、バンカーを埋める代わりにグリーン左のラフ・エリアにサンド・バンカーを新設したのだ。これでピンが左半分にあってバンカーへ入れても、上り傾斜のグリーンに寄せやすくなったもの。もう一つの改造は6番ホール（560yards par5）のフェアウェイ・バンカー。グリーン手前90ヤード付近のクロス・バンカー（第2打で越すか、手前に刻むかを問う）として、二つのポット・バンカーがあったが、右側を埋め、左の小さなポット風を大きめに改修した。これは、道具の進化による飛距離アップの時代、2オン狙いの誘惑を増し、アベレージには攻略ルートの幅を広げる目的だ。その代わり、グリーン右のバンカーサイズを2倍に拡大、グリーンを外れたボールに科罰する仕組みである。

これらの改修デザインによって、会員諸氏には新しい攻略意欲が増したものと推察する。20年の歳月で変化したコースを再度、見直すことによって挑戦意欲をもう一度掻き立てるからである。

「ハザードとは難しくあるべきだが、そこからのプレーが不可能であってはならない」（ハリー・コルト）というアリソンの師匠の言葉が思い出される。

（寄稿　西澤　忠氏）

TADASHI NISHIZAWA

# 20周年を迎える富里・カレドニアン

## ～摂津茂和氏との邂逅がリンクス思想の原点～

西澤 忠

年が変わり、富里GCとカレドニアンGCにとっては創設20周年を迎えることになった。

そこで、東京グリーン・早川治良社長がどのようにして2コースを立ち上げるきっかけになったかを紹介したい。

それには日本のゴルフ史家としての第一人者、摂津茂和氏（明治32年～昭和63年）の存在を抜きには語れない。早川社長が「歴史に残る名コースを創設するにはどんなコンセプトで臨むべきか？」を探索するうちに、摂津氏の意見を伺うことにしたからだ。

北海道産の馬鈴薯を手土産に、世田谷区経堂の摂津宅を訪問した早川社長は、瀟洒な洋風邸宅の二階にある書斎に案内され、欧米のゴルフ関連書籍1、800冊に及ぶ蔵書に驚嘆することになる。これが、慶應義塾大学を出て、作家からゴルフ史家になった摂津氏の〝知識の泉か〟と目を見張ったものである。当時の摂津氏は「相模GC」の会員で、庭にショットの練習が出来るネットもあり、執筆の合間に芝草の上でアプローチ・ショットの練習もしたらしい。

「今度、千葉にニュー・コースを造るにあたり、どんなコースにすべきか？」

との問いに、先生は「ゴルフ・コースの原点はスコットランドのリンクス。ぜひ一度、リンクス・コースの巡礼に行くべきだ。海辺のリンクスこそ自然との格闘を強いられるからだ」とのご託宣。わが意を得た早川社長がスコットランドの名門リンクスを旅するのは1984年（昭和59年）で、全英オープンの舞台になる伝統的な名コースをつぶさに回ったもの。

R&A（ロイヤル・エンシェント）のあるセントアンドリュースGCオールド・コースをはじめ、ロイヤル・リザム、ガレーンからセント・ジョージスのあるイングランドまでその数は10コース以上に及んだが、なんといっても最大の収穫はロイヤル・トルーンGCで出会ったクラブ・モットーの日本での使用許可を名誉支配人から快諾されたことだった。現在の会員諸氏ならご存知の〝Tam Arte Quam Marte〟（力と同様に技も）の標語である。

早川社長に当時の思い出を訊いた。

……コースを造る以前から、クラブ・モットーを決める例は珍しい？

「戦前に造られた名門クラブを別にすれば、コース造成ブームの時期にはしっかりしたコンセプトで造られるコースは少なかった。だから、英国のゴルフ精神に則ったリンクス魂のこもったコースとクラブ運営を目指したのです。リンクスをプレーした結果、ゴルフとは自然と人間との闘いであることが身に泌みて分かりました。その精神がトルーンGCのモットーに集約されると思ったのです。力だけではなく、人間の知力も駆使してこそゴルフだ、と」

……そこで、リンクス魂を持つコースをJ・M・ポーレットに設計依頼した？

「摂津さんの弟子筋にあたる金田武明氏の紹介で、ポーレット氏に会い、彼の設計哲学がリンクスを基点にしたものであると判断したからです。彼は米国人ですが、米国の設計家たちは英国を研究して設計する伝統があるのです」

……カレドニアンの設計手法に。〝対角線デザイン〟という考え方があるのも発想は英国式？

「目標を斜めに設定するという〝対角線デザイン〟はノースベリックGCの15番ホー

ロイヤル・トルーンのセクレタリーから
"TAM ARTE QUAM MARTE"使用の許可を得た

ル〝レダン〟に由来するもので、ポーレットはその思想を拡大した。この戦略型設計の基本を研究したのはオーガスタナショナルGCを造ったA・マッケンジー博士やB・ジョーンズなのです。ポーレットはその流れを汲んで、カレドニアンを設計しました」

……摂津氏に会わなければ、今のカレドニアンはない？

「まさに摂津先生はカレドニアン、富里の恩人です。先生は私たちのために〝リンクスの再発見〟というエッセイをお書き下さり、誰にでも分かるように設計の歴史を教えてくれたのです」

摂津茂和氏（本名・近藤高男）は昭和63年8月26日にこの世を去ったので、残念ながらカレドニアンGCをプレーしていない。「日本のゴルフ60年史」「偉大なるゴルフ」など多くの著作を残し、廣野GCに建設された日本ゴルフ博物館の創設に尽力、89年の生涯を閉じた。

〝なにごとも人と人の邂逅から始まる〟という歴史の教えに従えば、カレドニアンと富里が今日あるのは、早川社長と摂津氏の邂逅からの道程があったからである。この次の機会にティに立ったならば、摂津先生の、あの柔和な笑顔を思い浮かべながらプレーしてみようと思う。「君は、もっとゴルフの歴史を勉強しなさい！」とお叱りを受けた思い出と共に……。

摂津茂和氏の薦めでスコットランドのリンクスを回り、その魂のこもったコース造りを日本に実現させた。

# 花と私とゴルフ

早川初枝（監査役）

私が花を好きになったのは、花の好きな母の影響が大きいと思います。冬の厳しい北海道・狩勝峠に近い十勝平野で育った私は、四季の移り変わりには殊のほか敏感でした。春まだ浅い雪解けの頃、ほんのわずかな隙間から顔を出す福寿草の花、力強く芽吹く水仙、小川のせせらぎの音にふと振り返ると、雪解けの水の滴る川縁に眩しいまでに輝くリュウキンカ（艶のある山吹色の花）。毎日、何か一つ二つ春を見つけ、心がわくわくしたものでした。

## ♪春が来た、春が来た、何処に来た

昔も今も変わらずに好きな歌です。

そしてもう一つ好きなことはゴルフです。子供達が巣立ち、二人きりになった時、共通の楽しみを持とうと思い、主人の趣味でもあるゴルフを始めることにしました。

最初の頃は、まっすぐに打ったはずのボールは勝手気ままに木の下か山の中。グリーンを狙えばグリーンの向こうに元気よく出て行き、グリーン上のパットも自慢じゃないけれど元気でした。それでも懲りず、苦になりませんでした。ゴルフは何しろ下手で、苦になったのはむしろ主人の方だったことでしょう。ボールを追いかけ、木の下や山裾で思いがけなく出合える山野草。あまりの可愛さに感激して眺めていると「早くしろ」と背後から主人の雷が落ちる。しまいには夫婦ゲンカになり、もう二度とついていくものかと心に決めたはずが、また、いそいそとついていく私でした。太陽の下、そよ風の中で、心地よい野鳥の声を耳にしながら、思いがけないところで思いがけない草花に出合える。それがうれしくて続いたゴルフでした。

## 試行錯誤からの出発

ゴルフがきっかけで手がけたのが、ゴルフ場にワイルドフラワーを植えることでした。都会の人々がコンクリートジャングルを抜け出して、日ごろの疲れを癒し、明日への活力のお手伝いがわずかなりともできればという思いからでした。花を植えたり種を蒔いたりするには土を耕し、花壇のように仕切りをつけるのが常ですが、表面に少しでも土が出ているとすぐ雑草がはびこります。植物の世界も弱肉強食の世界。そこで雑草のはびこりを防ぐために「芝の上」に花の種を蒔き、芝と花を共生させることを研究しました。それには芝の強さと花の強さが同じくらいのものを選ぶことが大切でした。このような植え方をする専門家はまだいなくて、すべてが試行錯誤でした。それだけにやりがいもありました。

太陽の光を受けて美しい花。太陽の光を透かして美しい引花。夕日の赤みを帯びて美しさが増す花。風にそよぐ可憐な花。ひまわりのように太陽に顔を向ける花（植える場所を間違えれば花はお客様に背を向けます）。植物生態の面白さにどんどん引き込まれ、考えているのが面白くて楽しくて、夜が明けるのも忘れて文献を読みあさりました。無我夢中でアッという間に20年が過ぎてしまいました。

その間、富里・カレドニアンを設計してくださったマイケル・ポーレットより手紙が来て、アメリカの農大の先生にいろいろ教えてやってほしいと依頼がありました。慣れないレポートを長々と書いたりもしました。また、ある日本の有名な園芸会社の専門誌に、私の植栽した写真が何ページも載り、早川初枝氏撮影とだけ書いてあり、植栽はあたかも自分たち。しかも載せた本人から本を送っていただき、これまた、びっくり。

## 樹木への愛情と自然を残す努力を

　その後も興味はどんどん広がり必然的に樹木にも目がいきました。その地に合った落葉樹は土を肥やし、地下水を浄化して良い水をつくり、小鳥も集まることがよくわかりました。時間があれば実生（みしょう）で生える木、コースに合う木を選び植えています。

　それに比べ、千葉県の山武杉は戦時中にほとんど伐採され、戦後の杉は枝を挿木して育てたものなので、実生で育てたのと違い、強い風、台風が来ると風の通り道は簡単に折れて見苦しくなります。また間伐されない杉林には鳥も寄ってきません。土地もやせ、杉花粉に悩まされます。葉の色が濃すぎるのもゴルフ場にとってはイメージが暗すぎます。

　あるラジオ放送で、北陸の牡蠣を美味しくするために、住民が海へ注ぐ川の上流に落葉樹を植え、栄養分を多量に含んだ水を流し込むことによって、味の良い牡蠣を育てるのに成功したという話を聞きました。自然を大切にし、人間が壊した自然は元に戻す努力をしなければ、私たちの子孫が生きていけるか心配です。

　私は10年後、１００年後のゴルフ場の樹木を考えるようになりました。そして来場されるゴルファーの気分のよくなる木を産地をめぐって求めました。メタセコイヤ、カエデ、モミジ、クロモジ（つま楊枝の木）、木蓮、桜、花桃、エノキ、ムクノキ、ケヤキ、クヌギ、ネムノキ、カツラ、サルスベリ、アジサイ、コナラ、イチョウ等々の苗木を植えコツコツと育てています。

## 喜びをゴルファーの皆様と一緒に

　人や鳥や自然にやさしく、新緑、紅葉、黄葉がきれいで緑の葉も明るい色を選ぶようにしました。そして藪がないと住みつかない鶯やうずら、きじ、たぬきのためにも藪も大切にしています。四季折々に花が咲き、何万人も来てくださるお客様に喜んでいただけたらこんな幸せはありません。主人が大切に育てているゴルフ場を、コースのメンテナンス、サービスはもちろんのこと、お花やゆったりと大きく育った樹々、美しい里山の景色で他のコースとの差別化を図り価値を上げる。性格は水と油ですが、主人とは共通の価値観で夢を持ち続け、ともに仲良く歩んでおります。

　樹々の手入れにとりかかると食事も忘れて、植物への愛情がドカンと顔を出します。自分の限られた時間の中で、いかに多くの手入れをキメ細かくこなすか必死です。朝、コースへ行く車中で、おにぎりをしっかり食べ、昼食もとらず、夕方、足元が見えなくなるまで休まずに働くことが苦になりません。この不思議なエネルギーはどこから湧いてくるのか、自分でもわかりません。時々、自分はまるで火の玉のようだと思うことがあります。すべてボランティアでやっていることですが、楽しくて、楽しくてこのような仕事ができるのも主人のおかげと感謝、感謝の毎日です。メンバーの皆様やお客様の喜んでくださる声を聞くことが多くなり、それが私の喜びであり、生きがいであり、活力につながっているのだと最近気付きました。

　今回、たまたま原稿を書くことになりました。最後になりましたがいつも富里ゴルフ倶楽部、カレドニアン・ゴルフクラブをご利用いただきまして心より感謝申し上げます。

（平成22年6月）

# 苦難を乗り越えて

ゴルフ場に関する情報誌「ゴルフ特信」に記事が掲載されました。ご参考までに転載いたします。

# 東京グリーン、RCCとの交渉終え、経営健全化に目途

**RCCが同社再建を資金支援会社へ4月16日に売却**
**同社は支援会社に約3年で弁済し、金融債務解消へ**
**私的再建計画、税軽減で産業再生法の認定も見込む**

富里GC（18ホール、千葉県）とカレドニアンGC（同、同）を経営する東京グリーン㈱（早川治良社長、東京都千代田区）は4月末、法的整理によることなく、㈱整理回収機構（RCC）との債務処理交渉が終了したとして「経営健全化と財務改善のご報告」（明るいビッグニュース）と題した文書で両GC会員に報告した。昨年3月に旧・第一勧業銀行の債権がRCCに売却されていたことから、RCCと折衝を行っていたもの。同社が問題解決のために立案した再建計画をもとに折衝を重ね、収益性の高さや会員の経営参加など経営姿勢が評価されて、RCCと合意に至ったという。合意内容は、RCCが同社及び会員代表の中間法人が希望した資金支援会社である㈱アイシン（東京都中央区）に、保有する同社債権（約250億円）を30数億円で譲渡し、RCCと同社との債権債務を解消するもの。同譲渡契約は4月16日に成立、同日付けで同社はアイシンとの間で債務弁済契約を結んだ。同社ではアイシンに対し、年内にもアメリカで共同保有している不動産を売却して一挙に8割方弁済、残り額（約6億円と想定）を向こう約3年間で分割弁済する計画。弁済原資には運営収益の他、退会者分の会員権を再販することで捻出、これら弁済が完了すれば会員組織の中間法人がゴルフ場施設の第1抵当権を保有することになり、会員権に資産的な裏付けもできるとしている。同社によると現在、両GCとも中間法人に参加する会員は6割弱だが、法人会員を除くと実質9割程度が参加済みという。今回、RCCの大きなハードルをクリアしたことで残る会員の参加も増えるものと期待している。一方同社は、ゴルフ場業界の経営環境の変化に伴い、リストラや合理化で収益改善を図り、平成5年の50～60％の売上高でも一定の利益を出せる収益構造に転換した。また本紙4138号既報通り、中間法人が同社の大株主となる間接株主会員制を採用、会員が預託金を信託（永久債化）することにより、預託金返還問題での経営不安定さを解消して、会員との共同経営による民主的なクラブ運営を目指している。一部預託金返還訴訟を行っている会員が、強制執行により資産差押さえを行うケースには中間法人が「参加差押さえ」することで、資産流出を防いでいるという。

（一季出版㈱『ゴルフ特信』第4252号
平成16年5月12日発行）

『月刊 ゴルフマネジメント』編集長インタビュー

# 需給バランスの改善は、預託金問題の次にゴルフ場が一度は通らなければいけない道

**富里ゴルフ倶楽部とカレドニアン・ゴルフクラブを経営する東京グリーンは、預託金問題と不良債権問題という二つの難題を乗り切った。中間法人の活用で2コースは高級倶楽部を志向する中で、収支バランスを健全化している。早川治良氏は、長くゴルフ場経営に携わられてきた。現在のゴルフ場業界の抱える課題についても伺った。**

**喜田**　東京グリーンの富里GCとカレドニアンGCの中間法人の活用は法的整理によらない自主再建の成功例として注目を集めました。そして、遂に無借金経営となられたわけですが、これまでの経緯と、これからのゴルフ場経営について、どのように考えられているのか、お話しいただきたいと思います。

**早川**　銀行が不良債権処理の中で、当社の銀行借入金約250億円が、平成15年に、㈱整理回収機構（RCC）に譲渡され、RCCとの丁々発止のやりとりがあったわけです。当時、アメリカに所有していたビルがありましたので、それを売却してRCCとの債権債務問題は解決したのですが、それと並行して進めていた中間法人制による預託金問題の解決と2ゴルフ場経営健全化がもう一つの課題でした。中間法人法につきましては、現在85％強の会員が参加してくれています。残る大企業の法人会員につきましては、名義書換時に中間法人に参加していただけることになっています。

**喜田**　この間、ずいぶんとご苦労をされたと思いますが、中でも大変だった事を挙げていただきますと何でしょうか。

**早川**　RCCとの交渉も大変でしたが、やはり会員の皆様に中間法人制（間接株主会員制）を認めていただくことでした。中間法人の活用は、預託金問題を法的整理ではなくて自主再建するための解決策として進めてきましたが、特別委員会を作っていただき、3年ほど時間を掛けました。2年目くらいの時に、会員の方々に納得していただける案を作らないとこれは解決しないと悩んでいた頃に、ちょうど服部弘志弁護士から中間法人についてのアドバイスを受けました。会員との話し合いの中で、会社更生法とか民事再生法といったいくつかの方式を説明して、大勢は中間法人制に固まってきたのですが、なかなか決まらないのです。原因は経営者が株を持ったまま経営を引き継ぐということに対する不満が当然あったわけです。そこで、会員に株を半分持ってもらいましょうと、思い切って提案しました。そうすると皆さんビックリしたわけです。私は45％で、皆さんも45％持って下さい。後10％は伊藤忠商事で持って下さい。それで、この案を呑んでいただけたのですが、預託金の問題が決まるまでの3年間は一番苦労しました。難しい問題を一つ一つ解決しなくてはいけないことでしたから、全精力を注ぎ込みました。

**喜田**　現在の運営はどのように進められているのですか。

**早川**　取締役11人の内4人が会員の代表です。会社と会員との間に意思の疎通も取れて、良い関係が作れていると思っています。それと、預託金の問題は道義的には私が責任を負っているわけですから、何かしらの形でお返ししなくてはなりません。それは、会員のためにプレー環境を良くすることですし、会員権の価値が上がるようにすることです。これは私に課せられた責務です。時間はかかると思いますが、評価が上がるようにしなくてはいけない。そして、ゴルフ場は永遠に続いていくものですから、私自身がいい形でコースを残したいですし、コースを良くしたい。この点で、メンバーと理念が一致しているのです。私どもでは、かなり詳しいディスクローズを行っており、経営内容をメンバーにお知らせしています。ここ10年にわたってコース改造なども目いっぱいやってきましたし、これからもさらに良くしたいわけですが、資金の問題を避けては通れません。実は、経営内容をディスクローズしてきたことで、グリーン委員会や運営委員会、中間法人役員会で、コースの質を良くするためなら年会費を上げましょうと、逆にメンバー側から年会費の値上げが提案されました。もちろん改造やリニューアルなど限定使用です。この話は委員会でまとまりつつあります。

**喜田**　経費削減はどのようにされたのですか。

**早川**　これは経営会議の会員側役員に著名なエコノミストの方がいらして、昨年のリーマンショック後の見通しで、適切なアドバイスをいただき、早めに手を打ったことが功を奏しました。徹底的に無駄を省き、残業ゼロ、外注費の削減を行いました。サービスの低下を懸念したのですが、やればできるのですね。支配人が中心となって、配置換え、1人が3人分をやる。フロントが、リネンもやる、玄関の清掃もする。マスター室は、キャディ教育とスタート管理の他にコースのメンテナンスの方を手伝う。コース課はその分助かるわけですよ。コースが一番難しい。質を落とせませんからね。コース課は、作業時間の無駄をなくすように早出と遅出に分けました。その結果、アルバイトを入れて２００人程いた従業員が１５０人になり、この人数でやれるようになりました。人件費だけですが、前期が5億４０００万円、今期4億６０００万円。８０００万円人件費を削減できました。全員の努力でこうなるのです。もちろん役員報酬も削りました。

**喜田**　長くゴルフ場経営を見られて、現状をどう見られていますか。

**早川**　ゴルフそのものが国民スポーツとして大衆化してきましたが、ずいぶんと変わったなという印象を持ちます。カジュアルになることはいいことだと思いますが、それだけではいけないという思いも強く持ちます。それと、私どもの収支にも客単価の低下がはっきりと出ていますように、価格設定と経営収支のバランスが大変難しくなりました。接待ゴルフからプライベートなゴルフへの転換とともに、需給のバランスの問題があると思います。5、6年前までは預託金の問題が中心で経営がおかしくなり、８００コースくらいが法的整理をされていますが、これからは本格的な経営倒産が起こるのかと危惧されます。どの産業でも需給バランスが崩れれば、淘汰されるわけですが、ゴルフ場だけは大きく数を減らすこともなく、その中でコースの質の劣化が進んでいるように思います。やはり淘汰は避けて通れないのではないでしょうか。

**喜田**　ゴルフ場数の減少はできるだけ避けたい。そのためにも、健全な市場の形成と、東京グリーンで取り組まれたような経営の健全化を是非とも進めていただきたいと思っています。

『月刊ゴルフマネジメント』平成16年12月号より

平成15年12月17日（水）「従業員会社説明会」より

**会員による中間法人設立とともに、会員代表が取締役として経営に参画され、銀行債務問題も解決に向かっており、東京グリーンは健全経営の一歩を踏み出しました。これを機会に従業員全員にモラールアップのための説明会を行いましたので、ご参考までに、会員の皆様にお読みいただければ幸いです。**

# 新しい出発　一緒に山に登りましょう

代表取締役　**早川治良**

**会社・クラブの発展に向かって**

今日は富里、カレドニアン両クラブに働く皆さんに集まってもらいました。二つが一緒に集まるのは初めてですね。仕事が終わった後、帰ってからまた集まってもらい本当にご苦労様。なぜ集まってもらったかという説明をこれからしたいと思います。バブル崩壊後、ゴルフ場はお客も減りたいへん苦しい状況に置かれ、私自身もいろいろな苦労をさせられていますが、皆さんも給料が減るなどたいへんな思いをしてきています。いつもなら3年程で終わる不況の波が十数年も続いているのです。想像以上に長引いて、その影響はいろいろなところに出ています。

誰もが財産だと思っていた土地や株、そしてゴルフ会員権の価値は全部失われてしまうほどになりました。それまでお金を貸し付けていた銀行は、そのお金を回収できなくなり、銀行自身がつぶれてしまったし、残った銀行もまだまだ大変な状態が続いています。銀行がつぶれるというようなことはこれまで考えられないことでした。

ゴルフ場について述べますと、ここ5年間くらいで４００以上のコースが倒産しています。外資のハゲタカに買収されたりしていますが、このような状況はまだ1年くらいは続くと思われます。ゴルフ場はあと３００コースがつぶれるといわれています。日本にはバブル期に合計２４６０コースができました。そのうち７００コースがつぶれしまうという厳しい状況です。その原因は接待ゴルフがなくなり、その上入場者がすごく減ってしまったということと、それについて料金が低下したことです。

カレドニアンの場合を例にあげますと、オープン間もない時は一人当たりの平均売上が３万６０００円という時もありました。メンバーは一人一万ちょっとの支払いですが、メンバーも含めてですからお客様一人が4万円、5万円と払っていたのですね。富里だって平均が3万円くらいでした。それがいまや、今年の平均単価は両コース合わせて1万７０００円を切ろうとしています。実に客単価が半分になってしまいました。半値です。その上、入場者も減っていますからこうなると苦しいですね。それでも富里やカレドニアンはまだいいほうなのです。

最近はこの近在のゴルフ場は1万円でプレーできるコースがいっぱいありますね。食事してキャディさんをつけて1万円というのです。それはつぶれたか、つぶれかかったコースでけっこういっぱいあります。それを見ると富里も、カレドニアンも平均単価1万7000円ということで千葉県ではかなり健闘しています。

次に預託金問題があります。高いお金を出した預託金の返還問題です。今はその価値がどこも二十分の一くらいに低下してしまいました。それから土地設備への投資です。インフレの最中でコースにもクラブハウスにもお金がかかりました。銀行からも借りて最上級のコース造りをしました。そのお金を返さなければならないが返せないという問題を多くのゴルフ場は抱えています。このような原因で400コースがつぶれ、これからも300コースがつぶれるといわれているのです。

ただこのようなことを話して皆さんに不安をあおっているのではなく、今日みなさんに集まっていただいたのは、東京グリーンはこれから立派に立ち直れるということをお話したかったからなのです。それには、皆さんの協力がぜひ必要です。

## 収益をまず修理に当て、従業員に回すために山登りのとき

私は31年前の36歳の時に皆川城CC（栃木県）を造りました。当時12億円くらいでゴルフ場が造れた時代でした。私は関東で一番のコースにしようと夢がありましたから18億円の予算を組みました。田中角栄の列島改造の時代です。それから10年後、次にオーク・ヒルズCCを造りました。皆川城で18億円でしたから予算を30億円としましたが、結果としてはそれ以上かかりました。

ところが富里は、何と220億円くらいかかっています。カレドニアンはもっとかかりました。260億です。皆川城の10倍以上です。富里にもカレドニアンにも、ずいぶんお金をかけたのです。すごいインフレでしたが、それでも当時は銀行がお金を貸してくれたからこのような世界的なコースが造れたのです。今になると不況とデフレでそのお金を返すのが大変なわけです。ゴルフ場に限りませんが日本中でお金を返せない会社がいっぱいあります。

しかし東京グリーンは交渉して銀行問題をほぼ解決しました。負債の残りを4年で返していく目安ができたのです。無借金健全企業となります。

私は根が尽きるくらい一生懸命に交渉しました。そして銀行の理解と支援を得ることができました。

皆さんも貸しはがしという言葉を聞いたことがあると思いますが、これまでの銀行は少しでも余裕があれば貸しはがしをやってきたわけです。ですから皆さんの給料を上げたくも上げられなかったのです。

ここ数年リストラと合理化、効率化の徹底で収益が上がるようになり、銀行も認めてくれてその貸しはがしがこれからなくなります。ですから、まず、少しでも収益が上がったら傷んでいるところを修理して、10年たって古くなったコース課の機械も買い替えなければなりません。ハウス、道路、ボロボロになるまで着てもらったキャディ

服など、今まではやりたくてもできなかったんです。いっぺんにはできませんが、これからできるようになります。徐々にやっていきます。

もっともっと快適なコース造りをして、会員に喜んでいただくとお客さんが増え、単価も上がるでしょう。そういう方向へもっていけると思います。今まではお客さんは減るし、単価はどんどん落ちるなど、山の上から転げ落ちるような数年間でした。

今度は新しい登りに入ります。登りはエスカレーターで行くようには行きませんから、いろいろ努力をしなければなりません。もっともっと汗も流さなければなりません。しかし登る価値が出てきました。登れば頂上へ行けるわけですから喜びがあります。頂上へ立ったときの喜びは大きく、それに向かって皆さんと一緒になってもう一度挑戦していきたいと思っています。

## 前進を前提に、中間法人派遣の役員と共同経営

会員からの預託金返還請求問題ということがあります。これもゴルフ場が倒産する原因の一つです。

当社の場合、メンバーと長時間にわたって討議を続けてきました。預託金問題検討委員会をつくり、根気よく、どうやったらそれを解決できるかと協議を続けてきたのです。その中で10年間延長という形をとってもらいましたが、その当時は、まだ物価が復活するかな？という思いがあったわけです。延期しておけば10年後には返せるかな？あるいは返す額よりも、会員権が高くなるかな？と思っていたのですが、あれからさらにデフレが進み、元の値段には戻らないことがわかりました。

これからは景気も回復して、デフレも止まり若干は戻ると思います。株価は7500円から1万500円くらいに戻ってきました。多分もっと上に向かうでしょう。

ゴルフ場の会員権価値もいいコース造りをしていれば上がると思うのですが、バブルの時までは戻りません。カレドニアンの場合3250万円でしたが、もうそこまでは戻りません。1000万か1500万円まででしょう。努力によってはその辺まで行くかなと思いますが元には戻りません。

カレドニアン No.4

というわけで10年延長の後、今度はメンバー主体で特別委員会をつくってもらい、委員会と会社で協議を続けてきました。中間法人という法律が昨年四月にでき、親睦団体のゴルフクラブも抵当権をつけたり株を持つことができるようになりましたから、会員は中間法人を設立し、中間法人が東京グリーンの大株主になるということをお互いに合意したわけです。

一人一人の会員が株主というわけではなく、中間法人が株主ですから会員は間接株主会員ということになります。中間法人は抵当権とかいろいろな権利を設定するとともに、大株主ですから会員の代表が中間法人をとおして東京グリーンの役員に就任して、東京グリーンの役員と一緒になって経営をやっていくことになりました。

今度は会員の代表が役員になってくるわけですから、これまでと違い、その声にも十分耳を傾けなければいけないし、理由も聞かなければいけなくなります。その中で両コースをどうやってもっともっと良くしていこうか、と同時に、従業員の皆さんの生活がよくなるにはどうしたらよいかということも会員と一緒になって協議して共同経営にあたります。

今日一番言いたかったことはこのことな

のです。

## プレイヤーに満足を与え、私たちも満足を求める

もちろん私のリーダーシップは変わりません。ゴルフ場経営は専門家ですし、一番私がノウハウを知っていますからリーダーシップは変わらないのですが、これからは会員の声をよく聞かなければなりません。

ここだけこれまでと違います。これまでも会員の声は聞いてきました。フロントで、マスター室で、あるいは委員会から会員はどのようなことをいっているのか、不満はないのか、もっとやってもらいたいことはないのか、一生懸命私なりに情報収集して歩いてきています。ずっと聞いてきています。

しかし、今度は役員が会員の意見を集約して持ってくるわけです。もうちょっと別な角度で、もっとホットな会員の声が共同経営の中で私たちに伝わってきます。それをどうやってその声を聞き届けていくかということをきちんとやっていかなくてはなりません。

私も会員側に要求します。従業員が喜び勇んで働けるようになるにはどうしたらいいんですか?と。それにも協力をしてください、と。例えば、お客さんが減ってしまってキャディさんの収入が減ってしまっている。今まで私一人が考えてきました。だが、これからは会員も交えてその解決にあたります。聞くことは聞き、言うことも言うという精神です。give and take でいきます。

お客さんが減ったらみんなで協力してコンペをもってきてもらうとか、1000円でも2000円でも落としてもらうために会員の方々に協力してもらうとかですね。

そのためには、いかに会員あるいは来てくれたお客様に満足感を与えるか、喜んでもらえるかを考え、実行して共同経営にあたっていくわけです。サービス業の大事なところです。それで評判が高まれば、お客様は少しくらい高くても来てくれることになりますから、皆さんの生活レベルアップにつなげていけることになります。こういうことを前向きにやっていこうと思っています。

私は中間法人ができて、役員が来てくれることを喜んでいます。一緒にいろいろなことを考えてくれるし、責任も分担してくれることになるわけですから。よりよい東京グリーンをつくり、よりよい富里とカレドニアンにしていく形で活用していけます。

私はこれから皆さんの生活がよくなるよう一生懸命やっていきます。それには皆さんの協力が必要です。会員からキャディさんも、フロントも、コース課もこれまでよりよくなったねぇといわれるようにならなければいけません。要求だけしても、ダメじゃないか、サービスが落ちたじゃないか、最近のキャディはなんだといわれては、私は何もいえなくなります。その意味で皆さんと一緒に山登りをしていきます。皆さんにも一生懸命頑張っていただきたいと思います。

## ピカピカにして、おしゃれにして、すがすがしさを発揮しよう

私は夢を持って富里、カレドニアンのコースを造りました。その夢は世界のどこに出ても恥ずかしくないコース、世界一流のコース造りです。そこでゴルファーの人たちに心豊かに、心ゆくまで楽しんでもらおうと思って造りました。その夢は TAM ARTE QUAM MARTE〈力と同様に技〈頭脳〉も〉に込められています。ただ飛ばす

だけでなく、技術や頭を使ってプレーをしましょう、と。そうすればコースの面白さやゴルフの楽しさがいっそう深まることを知ってもらえるからです。

練習場の延長のようなコース、二〜三回行ったら飽きがくるようなコースが多い中で、多分、富里もカレドニアンも、飽きたという人はほとんどいませんね。TAM ARTE QUAM MARTEの意味を知らない人が下手なゴルフをして、頭を使わず大叩きして、何だなんていう人がいるかもしれないが、そういう人たちにも悔しいといって、また挑戦してくるというコースにしていきたいのです。

ぜひ、磨きをかけていきたいと思っています。一人一人にコースもハウスもピカピカにしてもらいたいのです。個人もそうです。おしゃれをしてほしいのです。私は1月で六十八歳になりますが、おしゃれを心がけています。おしゃれをする気持ちを持つことは若さを保つ秘訣であるし、やる気を引き出すからです。自分がおしゃれするという気持ちを心がけてください。おしゃれの仕方にもいろいろあると思いますが、自分の個性にあったおしゃれで十分だと思います。ぜひおしゃれをしてください。

自分がおしゃれでなかったらコースもハウスもピカピカになりません。あのコースに行くと気持ちいいなあー、すがすがしいなー、プレーも面白いなー、キャディさんもハウスの人も素敵だなー。このように思われるコースにしていきたいと思っているのです。これだけのコースですからこれから海外からもお客様がたくさん来ると思います。よいお客さんがどんどんくるようになります。

ですからピカピカのコース造りをしてください。

**レベルを維持し、収益をあげ、よい運営をするために協力してください**

最後に、まだ企画中のことですがお話しておきたいと思います。それはどうやってお客さんを増やすかということです。

現在は朝早くから皆さんに出社していただいて、7時からお客様にスタートしてもらっていますが、コースは午後の早い、明るいうちから誰もプレーしていません。本当は夕方、快適なゴルフができるのにガラガラです。しかしゴルフ場はきめられた器の中でしか量をこなすことができません。ですから、きめられた器を目いっぱい、いかに使いこなすかがポイントになります。そこで私はお客様に明るいうちは目いっぱい使ってもらおうと計画を練っています。

ひとつの方法としては、18ホール・スループレーです。最近はお客様も18ホール続けて回りたいという要望が増えてきています。世界中のゴルフは18ホール・スルーが当たり前なのです。途中でお昼を食べるというのは日本だけなのです。1時間休みをとって、また午後回るというのは異常なのです。これは正式にはルール違反です。皆さんもトーナメントでは途中でハウスに入らないことはご存じでしょう。正式には失格になるのです。とくに関東地区はお昼の時間をとるということが定着してしまっていますが、これを世界の流れに戻そうと計画しています。

午前中にワンラウンド回ってもらい、午後はまたお客様に来ていただいてワンラウンド回ってもらうのです。数年前にスループレーをやりかけましたが、そのときはそのニーズがまだありませんでした。失敗だったと思いますが、それは新しいやり方でしたからお客様自身が、午後も回れるということを知らなかったからなんですね。それと午後のプレーは、3000円ほど割安にしたのですが、それでは効果がなかったのです。

今度は、午前に回る人が2万円だったら、午後回る人は1万3000円というふうに、7000円くらいの大幅な差にしたいと思っています。そうなると富里やカレドニアンが1万2000～3000円で回れるのかという評判が取れると思います。

ゴルフは一日仕事になっていますね。朝早くでて、暗くなって家に帰るという東京地区のゴルフです。半日でゴルフができるとなれば、午前中仕事をして午後ゴルフができる。あるいはその逆ができるようになります。しかも午後は安くプレーができるとなればゴルファーが増えると思います。それを計画的にきちんとPRして営業していこうと思っています。

両コースとも年間入場者は四万人くらいです。合計で八万人程ですが、これをそれぞれ五万人くらいにして、合計十万人という入場者にする予定です。そうすると収益が上がりますから皆さんに還元できます。こういうプレースタイルをこれからつくっていこうとしています。当然長時間勤務になりますから、交代制を敷くなどをしなければなりませんが、若干従業員も増えると思います。それ以上に皆さんの働く機会が増え､収入が増えることになると思います。この企画を正式にスタートさせるときにはもう一度詳しく説明しますが、ぜひ、このような前向きな計画に協力していただきたいと思います。

これはひとつの例ですが、今後、会員の満足度を高めながらどうやって収益を高め、よい運営をしていくかを考えているからなのです。これまでは無理に夕方まで営業しなくていいという考え方でしたが、競争は激しくなっています。700のコースがつぶれるとお話しましたが、そのゴルフ場がなくなるわけではありません。倒産してもゴルフ場は残ります。ただ、質が低下します。料金も低下させて残るわけです。安くプレーができるいい時代が来ると思いますが、東京グリーンの両コースは高級コースですから、安いほうに足を引っ張られたのでは困るわけです。あるレベルを維持しながらきちんと収益をあげていかなければなりません。この両方を追求していこうというのが計画の骨子です。

ぜひ皆さん一緒に山登りをしてください。山の頂上に立つのは気持ちがいいものです。途中でバテないように頑張っていこうではありませんか。おしゃれして一緒になってやっていきましょう。

カレドニアン No.15

## "本気ゴルファー"たちに聞きました! ベストコースランキング2017

### パーゴルフ
### 2017年日本のベストコースランキング
# 総合1位を獲得しました

## 部門別ランキング

### コースメンテナンス部門 BEST3

| | | |
|---|---|---|
| 1位タイ | 北海道 | 小樽カントリー倶楽部 新コース |
| 1位タイ | 千葉県 | カレドニアン・ゴルフクラブ |
| 3位タイ | 東京都 | 小金井カントリー倶楽部 |
| 3位タイ | 静岡県 | 太平洋クラブ御殿場コース |
| 3位タイ | 千葉県 | 成田ゴルフ倶楽部 |
| 3位タイ | 千葉県 | 平川カントリークラブ |
| 3位タイ | 北海道 | 北海道クラシックゴルフクラブ |

#### 人の手による丁寧な作業がコンディションをよりよくする!

ゴルファーにとって、コースメンテナンスのよしあしは重要な評価ポイント。プレー料金が高いので期待して行ったら、グリーンがイマイチで興ざめなんてことも。逆に、こなれた料金なのに手入れが行き届いていると、得した気分に。

上位に挙がったのはいずれもトーナメント開催コースだけに、メンテナンスはピカイチ。

1位タイのカレドニアンGCでは、コース管理スタッフだけでなくハウススタッフも常にコースをチェックし、加えてメンバーも目土やボールマークを積極的に行っているという。みんなでコースを守ろうという意識が、何ともすがすがしい。

同じく1位タイの小樽CC新Cは、常に最高のグリーンコンディションを維持するため、カタビラ(雑草の一種)は専用スタッフが手摘みで除去。丁寧な手作業で、極上のコンディションをキープしているのだ。

総合ランキングでは13位だが、当部門3位タイに入ったのが平川CC。2005年に日神不動産のグループ会社となり、顧客満足度を高めるべく試行錯誤を続けてきた。

「全社員、コースが一番の商品であることを念頭に置いています。接客などはもちろん大切ですが、コースメンテナンスを最優先事項として、運営しています」(取締役支配人/神保 操氏)

その努力の成果は、「グリーンコンディションが素晴らしい。目土もしっかりしている」(荒井義明氏/ゴルフエフォート)、「年間を通してグリーンクオリティーがいい。山林等細部の整備も行き届いている」(ゴルフ練習場スタッフ)という回答者の声が物語っている。

PICK UP!

平川CCについては「一見雄大で広々、だが落としどころは限られていて、正確なショットでないとすぐにボギー、ダボに」(山崎将志氏/アジルパートナーズ代表)との回答あり

### レイアウト部門 BEST3

| | | |
|---|---|---|
| 1位 | 茨城県 | 大洗ゴルフ倶楽部 |
| 2位タイ | 千葉県 | カレドニアン・ゴルフクラブ |
| 2位タイ | 静岡県 | 太平洋クラブ御殿場コース |

#### 独特の景観と造りが魅了! 大洗GCがダントツの1位

コースレイアウトが面白いと高ポイントを得たのは、大洗GC。コースはフラットだが、手づくりのアンジュレーションが効いており、密集した松林が戦略を左右する。

「OB、ハザードが少なく、逆にいえば松林しかないのですが、不思議と飽きがきません。何度でも挑戦したい気持ちにさせられると思います」(業務部/大塚喜一郎氏)

そして、2位タイにはカレドニアンGCと太平洋C御殿場C。

なお4位タイに入った、烏山城CCと札幌GC輪厚Cもまた大洗GC同様、井上誠一の設計である。烏山城CCに関しては造形美と高度な戦略性が見事に融合した27ホール。2016年には日本女子オープンの会場となり、知名度をさらに上げた。

大洗GCはレイアウトの面白さで、さすがの1位に輝いた

PICK UP!

4位タイの烏山城CC。戦略性が高くチャレンジしがいが満点

## 総合ランキング

| 順位 | 都道府県名 | ゴルフ場名 | ポイント合計 |
|---|---|---|---|
| 1 | 千葉県 | カレドニアン・ゴルフクラブ | 105 |
| 2 | 静岡県 | 太平洋クラブ 御殿場コース | 97 |
| 3 | 茨城県 | 大洗ゴルフ倶楽部 | 90 |
| 4 | 北海道 | 小樽カントリークラブ 新コース | 78 |
| 5 | 北海道 | 札幌ゴルフ倶楽部 輪厚コース | 66 |
| 6 | 北海道 | 北海道クラシックゴルフクラブ | 58 |
| 7 | 東京都 | 小金井カントリー倶楽部 | 57 |
| 8 | 宮崎県 | フェニックスカントリークラブ | 50 |
| 9T | 静岡県 | 川奈ホテルゴルフコース 富士コース | 48 |
| 9T | 千葉県 | 成田ゴルフ倶楽部 | 48 |

## ベストコースランキング2017

"本気ゴルファー"たちに聞きました!

| | | | |
|---|---|---|---|
| 11 | 栃木県 | 烏山城カントリークラブ | 45 |
| 12 | 茨城県 | イーグルポイントゴルフクラブ | 44 |
| 13 | 千葉県 | 平川カントリークラブ | 42 |
| 14 | 茨城県 | ザ・ロイヤルゴルフクラブ | 40 |
| 15 | 千葉県 | 東京クラシッククラブ | 39 |
| 16 | 山梨県 | 富士桜サントリー倶楽部 | 37 |
| 17 | 長野県 | 軽井沢72ゴルフ 北コース | 32 |
| 18T | 千葉県 | 我孫子ゴルフ倶楽部 | 30 |
| 18T | 栃木県 | 日光カンツリー倶楽部 | 30 |
| 18T | 千葉県 | マグレガーカントリークラブ | 30 |
| 21T | 茨城県 | 大利根カントリークラブ | 25 |
| 21T | 神奈川県 | 平塚富士見カントリークラブ | 25 |
| 21T | 千葉県 | 紫カントリークラブ すみれコース | 25 |
| 24T | 茨城県 | 茨城ゴルフ倶楽部 | 24 |
| 24T | 兵庫県 | 小野東洋ゴルフ倶楽部 | 24 |
| 24T | 茨城県 | セゴビアゴルフクラブ イン チヨダ | 24 |
| 24T | 東京都 | 東京よみうりカントリークラブ | 24 |
| 24T | 神奈川県 | 戸塚カントリー倶楽部 | 24 |
| 24T | 栃木県 | 那須ちふり湖カントリークラブ | 24 |
| 24T | 千葉県 | 成田ヒルズカントリークラブ | 24 |
| 24T | 埼玉県 | 日高カントリークラブ | 24 |
| 24T | 兵庫県 | 廣野ゴルフ倶楽部 | 24 |
| 24T | 北海道 | 北海道ブルックスカントリークラブ | 24 |
| 24T | 神奈川県 | 横浜カントリークラブ | 24 |
| 35 | 静岡県 | 葛城ゴルフ倶楽部 | 23 |
| 36 | 千葉県 | カメリアヒルズカントリークラブ | 22 |
| 37T | 茨城県 | 太平洋クラブ 美野里コース | 21 |
| 37T | 千葉県 | 鷹之台カンツリー倶楽部 | 21 |
| 37T | 千葉県 | 千葉バーディクラブ | 21 |
| 37T | 茨城県 | 龍ケ崎カントリー倶楽部 | 21 |

『週刊パーゴルフ』2017年12月25日・2018年1月2日合併号より

祝 開場25周年記念 **カレドニアンゴルフクラブ** 18H 7,081Y P72 設計 J.マイケル・ポートレット 開場 1990年10月7日 JUN 2015 Photo by T.SHIMAZU

# 超高速グリーンは別世界
## 変化と戦略性を際立てる

パッティングを再びゲームの中心に

判断意見

# どうすれば日本のプロゴルファーは世界で勝てるか

宮崎紘一＝インタビュー・構成　細田榮久＝撮影

## 高速グリーンが強いゴルファーを育てる

ゴルフ世界一を決めるメジャー・全米オープンでは日本選手五人のうち、四人のプロが予選落ち。ただ一人米ツアーで活躍する松山英樹がかろうじて一八位にとどまった。五年後の東京五輪でゴルフは正式種目。どうすれば日本人は世界で勝てるか。

そこで千葉県の富里ゴルフ倶楽部とカレドニアン・ゴルフクラブで、マスターズ並みの難グリーンを造って注目を浴びた早川治良会長にお話を伺った。

**早川治良**

*Haruyoshi Hayakawa*

東京グリーン
富里カレドニアン会長

1936年1月生まれ。慶應義塾大卒。81年東京グリーンを設立し、ゴルフ史家の摂津茂和氏、ゴルフ評論家・コース設計家の金田武明氏（ともに故人）の意見を参考に「技と知力を必要とする世界レベルのコース」の理念の下に富里GC、カレドニアンGCを建設。

――日本のプロが世界で通用しない原因はどこにあるのでしょうか。

正直日本は相当遅れています。今やプロゴルフの世界レベルはオーガスタの一四フィート超高速グリーンが中心（※）。日本のレベルアップには、ゴルフ場がグリーンの高速化に挑むことが必要です。そこで当社が先陣を切り、昨年春から「オーガスタ並みの高速グリーンにチャレンジ」と高いハードルを掲げました。

――プロゴルフのレベルアップを図るためということですか。

いえ、日本のゴルフ全体を考えてのことです。ゴルフの基準打数パー七二のうち半分の三六ストロークはパッティングが占めています。この重要なグリーンを速く、難しくしなければ、ゲームとしての面白さが出てきません。マスターズや全米オープンのような、グリーンなら、ゲームもエキサイティングになり、面白みが出てきます。しかし残念ながら日本のトーナメントではそんなグリーンはほとんど皆無です。

――しかし営業コストや、利益を考えると割に合わないのでは?

確かにおっしゃる通りです。一四フィート級にチャレンジするだけで、芝の選定、育成、管理、耐久テスト、保護、キーパーの育成など膨大な費用と手間暇がかかります。でも世界レベルにするにはそれを恐れてはできません。

コースは人を育てるといいます。価格を下げてゴルファーの裾野を広げることも大切ですが、やはり一割から二割は世界に通用するコースでないと、レベルを上げる道筋がつくれません。ましてや東京五輪が控えています。こうした環境整備は私たちゴルフ界に従事する人間の責務と考えています。

――超高速グリーンや、高難度のコースでプレーすると何が変わりますか?

カレドニアン、富里両コースの標語は「TAM ARTE QUAM MARTE」といいまして、これは古代ローマ軍が掲げたラテン語で「力と同様に技も」という意味です。スコットランドのロイヤル・トルーンGCでその言葉を見つけ、名誉支配人の許可を得て標語にしました。ゴルフは自然との闘いであり、そこを攻略するには力だけでなく、頭脳、知性、精神力など総合力を必要とするもの。世界の名コースはこれらのコンセプトを備えています。速いグリーンや難易度の高いコースでは、ゴルフが奥の深い知的なゲームになります。私はマスターズや全米、全英オープンなどを見るにつけ、ゴルフを格闘技と感じていますが、つまりは人間力のすべてを露わにする。それがゴルフの面白いところであり、怖いところでもあります。

――日本のプロが世界に通用しないのは、安易なコースに慣れきった知略の欠如だったわけですね。ぜひ本当に強いゴルファーを育ててください。

ガラスのグリーンで注目のカレドニアンGC。世界的に知られるJ・M・ポーレットの設計で、リンクスとアメリカンタイプをミックスしたコース。点と点をつなぐ面白さと、うねりのある速いグリーンとで難易度は相当高い。

『PRESIDENT』2015年8月3日号より

※グリーンスピードはスティンプメーターという専用器具で計測し、フィートで表す。

TADASHI NISHIZAWA

# 高速グリーンの時代がやって来た!

西澤 忠

まるで鏡のような速いグリーン⁉ そんな高速グリーンの時代がやってきた。米国のプロ・ツアーではいつまでも転がり続けるボールの行方に観衆が興奮し、ゲームが盛り上げるからだろう。急速に進化した用具とプロの技術が時代を経た名コースを易しい舞台にしてしまったからに違いない。

歴史をひも解けば、「マスターズ」を開催するオーガスタナショナルGCがグリーンにベント芝を採用したのは1980年。起伏の大きいグリーン芝を芝刈り機とメンテナンスの発達で3ミリ台に刈れる時代になった。スリルと興奮を呼ぶゲームを愛するマスターズが一層華やかなゲームを演出している。

想い出せば観戦記を書く雑誌記者の時代、1977年の試合(トム・ワトソン初優勝)を観た。試合後、コースをプレーする機会に恵まれた。バミューダ芝のグリーンは遠くから見ると緑一色のように見えたが、グリーンに乗って足元の芝グリーン面を見て驚いた。芝草は細長くまだらに生えているだけで、ほとんどが砂地のグリーンだった。「これはサンド・グリーンか?」と思った。強い転圧でボールの転がりは速く、起伏によってはどこまでも転がるのだった。

設計家のピート・ダイに言わせると、1980年代のツアー・コースは3ミリ以下に刈って、スティンプ・メーターで11フィートの速さが可能になったという。しかし、それも昔の話。今や13～14フィートの速さを出せるというから驚く。

彼の設計で話題を集めたTPCソウグラス〝スタジアム〟コースは当初、速いグリーンを硬く仕上げたので、ニクラスやワトソンから非難を浴びたもの。ニクラス曰く「ロング・アイアンで車のボンネットの上にボールを止めろと言うのか!」とまでクレームをつけ、改造された経緯がある。

芝刈り機は歯の厚みがあるので、速くするのは転圧機の仕事で、3ミリ台に刈り込んだ芝草を押し潰して寝かせ、速さを出す。日本のトーナメントでもこれが常識になって久しい。18ホールのグリーンを等しく速く硬いグリーンにして、極限の技術を競わせるという時代が到来した。

## 14フィートの速さに挑戦!

カレドニアンGCと富里GCでは今年の春から〝14フィートに挑戦!〟というキャンペーンを行っている。世界のプロ・トーナメント並みの高速グリーンを堪能して欲しいという企画。この狙いを早川会長はこういう。

「これまでスコットランド・リンクス思想を基本にした戦略性の高いワン・グリーンのコースとして愛されて来ましたが、関東近県の名門コースがベント芝ワン・グリーン化改造をしたりして、うちと似たグリーンを造り始めた。時代の先端を走って来た者として300ヤード時代に挑戦する必要を感じたのです」

J・M・ポーレットの設計は英国のリンクス思想に米国式造形を施し、時代の先端を行く難グリーンで知られて来たのは事実。平均600平方メートルの変幻自在なグリーンがゴルフのもう一つの醍醐味であるパッティングを興味深いものにした。コンタ―(起伏)が複雑で「グリーンに乗れば2パットでOK」とは行かない面白さがあった。だから、一つのグリーンでも旗の位置によっては攻略ルートが変化するのもここでは常識だった。

それを更に難度を上げて、高速グリーンにしようというのである。しかも、その高速グリーンを転圧機で硬くするのではなく、芝草の正しい生育方法で演出しようという方式である。芝草に健康な育ち方をさせると、夏の暑さにも負けず、健康な芝根が強さを持つというのだ。

ベント芝のワン・グリーンはカレドニアンと富里2コースのトレード・マークとして多くのビジターやメンバーに愛されて来た。しかし、開場以来20年余りの年月で、コースの見直しも余儀なくされるもの。これまでバンカーの配置、バンカー・エッジの老朽化の修復とメンバーの目につく改修は数多い。しかし、速いグリーンの実現にはもっと根本的なグリーン床の改修が必要となった。ご存知の通り、グリーンの床構造とはUSGA方式（全米ゴルフ協会のグリーン・セクションが研究・提案している粒子の異なる砂利と砂質の構造）が一般的で、コースのある地域の気候条件で変わるが、基本は同じである。砂利や砂で排水と保水をコントロールする訳である。

しかし、時代を経るとこの床構造に不純物の堆積で不透水槽が出来やすい。

当コースはグリーン上から25センチ前後までバーチカル・ドレインで穴を開け、その不透水層を撹拌して地下構造を改善、有機肥料で根を健全に育つように促すことにした。これはグリーンの画期的な更新作業で、芝草の根が正しく発育し、硬いグリーンを実現するために採用した。

「そうした根本的地下構造の改善で、芝草に密度、根の健全な張り方が実現、初めて2・8ミリの刈り高で14フィートのグリーン・スピードが実現するのです」と早川会長は胸を張った。速いグリーンの形状は昔のままだが、目に見えない床構造と芝草の根の張り方はまったく新しいグリーンになったのである。

さて、14フィートの速さを持つグリーンとはどんなものだろうか？　現在の一般プレーヤーは冬は乾燥時季に速さを感じてもせいぜい10フィート前後だろう。ちなみに昨今の日本のトーナメントは水を切り、転圧して12フィートくらいが普通である。それでもトップ・プロでさえ惑わされるスピードであることはTV観戦した人には分かるだろう。ただし、石井グリーン・キーパーは「速さを出した時にはボール・ロケーションに神経を遣う」と言っている。スティンプ・メーターの数字は比較的平坦なグリーンで往復のテストで平均値を出すもの。同じ14フィートでも下り傾斜ではより速くなるので、カップ位置に配慮が必要になるのだ。

「これでポーレット設計の戦略性はさらに上がるでしょう」と早川会長は言う。

時代の先端を行くカレドニアンGCと富里GCのグリーンがまた新たに〝高速グリーン〟で話題を呼ぶことは間違いないだろう。

ゴルフレビューコース探訪 ㉛

# マスターズと同じ14フィートの高速グリーンで“知的”でプレイアビリティに富んだゴルフを提供する

「マスターズのように14フィートのハイクオリティグリーンでゴルフの真髄を楽しむ」そんなコンセプトのもとに、通常の一般プレーでメジャートーナメント級の高速グリーンを提供しようというゴルフ場が現れた。

かつて日本プロゴルフ選手権をはじめ男女のトーナメントを数多く開催して知られる「カレドニアン・ゴルフクラブ」と「富里ゴルフ倶楽部」（共に千葉県山武郡）である。

両コースとも世界的に知られる米国のコースデザイナー、ジョン・マイケル・ポーレット設計のハイグレードなコースである。

自然との調和と、人間の英知を結集したモダンクラシックの作風は、あまたある日本のコースの中でも一際異彩を放っている。

## 鏡のグリーンを求めて

高速グリーンになるとプレーヤーは感覚、技術、精神力をフル稼働させないと対応できない。

ではなぜカレドニアンや富里があえて超難度の14フィートに近づけようとするのか。

そこにはホンモノにこだわる創業者の早川治良氏の哲学が背景にある。

早川会長は「グリーンを速くするとゴルフが知的なゲームになります。大勢の方にそんな知的な楽しみを味わっていただき、ゴルフの深さをより知っていただければという思いが、今回の決断となりました」

「マスターズ並みの14フィートの高速グリーン」というのは1つの目標で、決して同じにするという意味ではない。

ただ一般営業でプロトーナメント並みの高速グリーンを維持するというのは、プロツアーでのそれより実はるかに難しい。

というのもプロ競技なら練習日を含めて1週間高速を保てばいいだけの話。期間中芝を低刈りにし、ローラーをかけて硬くツルツルにすればいい。だが試合が終わると芝はストレスに耐えかね、回復が極度に難しくなる。

## 高速グリーンの常態化は難事業

高速グリーンを維持する。その裏には血の惨むような努力と、芝に対する高度な知識、愛情、取り組みがあることをゴルファーも知っておく必要がある。

ベントグラスを高品質に保つためにはいろいろ条件がある。管理者側からすれば、①いつでも低刈りが可能なこと。②適度な保水性と保肥力があること。③灌水が十分にできること。④病害虫を含め管理ミスが最少ですむ事—などである。

また気象条件では日射、日照、温度、湿度、通風、降雨などに対する準備が必要になる。環境条件では、グリーン全域に太陽光線を１００％受け止める環境を必要とする。（樹木などで光が遮られるレイアウトは絶対避ける）

これに時期に応じたエアレーションや散水。また排水や有害物質などの芝に与えるストレスを解消する構造。これらの条件を備えながら、施肥、目砂、散水、更新、転圧など徹底した管理とメンテナンスが要求される。

こうした準備をした中で、①ボールの転がりがスムーズで速い。②グリーンにボールを支えるだけの弾力性がある。③均一な表面であること。④降雨やその後でもスムーズなプレーが出来る。⑤ボールマークが出来にくい。などの理想的なグリーンが初めて誕生する。

グリーンキーパーを中心にこれらの徹底した管理態勢を構築している

のである。

## 健康第一の芝を求めて

ベント芝の根を長く伸ばすために、最適な水分と肥料を科学的に管理する。そして朝、夕必ず全グリーンを3ミリ以下のダブルカットを実施し、速くて、転がりの良いグリーンを常に保つ。

ただ速いグリーンにするならローラーで固めれば簡単だが、それでは芝の寿命に限界が生じ、高品質なグリーンは生まれない。

あくまで弾力性に富み、ボールマークもつかない理想的なグリーンが究極の目的だ。そのための日夜を惜しまない努力があって初めてホンモノの高速グリーンとなる。

富里GC誕生の年から約30年のキャリアを誇る常務取締役グリーンキーパーの石井浩貴氏がこう語る。

「早川会長が常日頃唱える〝愛情〟〝工夫〟〝真心〟こそが芝の育成そのものと信じています。芝の気持ちになって、何をすれば一番喜んでくれるか。管理者全員がその姿勢で取り組んでいます。芝にはこれでいいという限界はありませんから」

平成30年の4月、富里GCでKGA（関東ゴルフ連盟）の月例会が行われた。男女の実力者100人以上が出場している。このときのスティンプメーターは13・5フィート。まさにマスターズ並みの高速グリーンだった。

そして参加者の大半から「こんなグリーンでプレーできたら確実に日本のゴルフのレベルは上がる。やっとそんなコースが出現した」と高い評価を受けた。

では、高速グリーンにすると何が違うのか。

まず絶対に必要なのは「コースマネジメント」である。

特にオーガスタやこのカレドニアンのように複雑なアンジュレーションがあって超高速となると、グリーンの落とし場所を考えなければならない。

それだけではない、そのピンポイントを狙うには、グリーンから逆算して、ティーショットからルートを考える必要がある。マスターズを見れば分かるが、たとえグリーンに乗ったとしても、落とし場所を間違えるとボールはとんでもない方向に転がり、場合によってはグリーンの外へ転がり落ちてしまう。

仮にピンまで100ヤードの距離が残った場合、2段グリーンの上にカップが切ってあれば、同じ面に乗せないとまず2パットで収めるのが至難の業になる。その逆に下の段に切ってあれば、オーバーは禁物。ショートアプローチでも確実な距離勘、きっちりとしたショットが要求される。

またパッティングも、ソフトなタッチで芯を捉えないと、簡単に3パットが出てしまう。その代わりタッチと方向性が見合うと、ボールはスムーズな転がりを見せ、気持ちよくカップインする。

そう高速グリーンは技術、頭脳、集中力、精神力と人間のポテンシャルをフル稼働する必要があるのだ。

## 「グリーンを速くすると知的ゲームになる」

という早川会長の言葉はまさに的を射た言葉でもあるのだ。

カレドニアンや富里のグレードが高いのはこの高速グリーンだけでなく、米国とスコットランドをミックスした「モダンクラシック」のレイアウトと、完璧な練習施設だ。

320ヤードのドライビンググレンジに、コースと同じレベルの広大なアプローチ練習場。

「充分な練習をして、コースを楽しんでください」という気配りが溢れている。そしてスタートは余裕を持たせた8分間隔。すべてに行き届いている。

今回この高速グリーンを体験したゴルフ評論家の塩田正さん（81歳、HC9）と富里GCの会員でもある塩原義雄さん（68歳、HC5）が口を揃えてこんな感想を述べた。

「ゴルフはただ球を打つのではなく、知性や高度なマネジメントが要求されるゲームということが実感でわかりました。これは上級者だけでなく、アベレージゴルファーでもホンモノの楽しさが味わえるという点では同じだと思います」。両氏とも海外のプレーも豊富で、含蓄も深い。プレーを終えた後、まさに「わが意を得たり」の表情が印象的だった。

またこの高速グリーンを両コースの会員の多くは誇りに思いプレーを楽しんでいる。

ゴルフが奥の深い知的ゲームであることはマスターズや全米オープンが証明している。その根源にあるのは磨きぬかれた〝高速〟グリーンなのである。

『月刊ゴルフレビュー』平成26年5月20日号より

# 戦略型で知られる名コースは超高速グリーンの常態化に邁進

## カレドニアン・ゴルフクラブ

2017年9月23、24日にテレビ放映された『アジアパシフィックダイヤモンドカップゴルフ2017』の決勝ラウンドで映し出された画面に目を奪われたゴルファーは多かったに違いない。国内ではしばらくぶりに見せる変化に富んで美しいゴルフコースの姿と、そのコースのあちこちでプロゴルファーたちが翻弄され、緊迫した最終4ホールでの大逆転劇が映し出されていたからだ。

会場はカレドニアン・ゴルフクラブ。スコットランドの古名がクラブ名称。1990年10月開場で「日本プロゴルフ選手権」（2000年）、「日本プロゴルフシニア選手権」（2002年）、男女の「日本学生ゴルフ選手権」（1995年）、「関東アマチュアゴルフ選手権」（1998年）など代表的な公式戦をはじめ、「PGAフィランソロピートーナメント」、「雲仙普賢岳被災者救済チャリティ・プロアマ」、「タカラワールド・インビテーショナル」、「インペリアル・トーナメント」、「三越シニア・クラシック」、「TPCスターツ・シニア」、「樋口久子・紀文クラシック」など開催された歴代トーナメントは数多い。

設計はJ・マイケル・ポーレット（米国）。日本のゴルフ・ジャーナリズムをリードした故・金田武明氏から紹介された俊英の起用だった。18ホールの1ホール1ホールが際立った個性を備えており、一つとして類型のホールはなく、戦略性に富んだ18ホールそれぞれは生き生きとハーモニーしあって続いている。

ティグラウンドに立ったプレーヤーはどのホールでもその変化の大きさと景観の素晴らしさに圧倒され、ダイナミックにうねりながら伸びるフェアウエー、巧みに配置されたバンカーとグリーン、さらに池にと挑戦意欲をかきたてられる。その美しさは芸術的である。

現在、ゴルフコースデザイナーの世界にあってトップの地位を保っている一人、トム・ドーク氏が出版した『THE Confidential GUIDE to Golf Courses』の評価基準にあるように、カレドニアンGCは日本の名門とランキングされるゴルフ場の中で「6」という高評価を得ていることでもうかがうことができる。彼は「非常に良いコース。特に13番パー4、15番パー5はその豊かな戦略性とドラマチックな佇まいで世界のトップクラス」という評価をしているのだ。

## 理念と設計の哲学が見事に合致して誕生

「ゴルフコースの原点はスコットランドのリンクスにある。ぜひ、リンクス・コースを巡礼すべきだ。海辺のリンクス・コースこそ自然との闘いを強いられるからだ」

東京グリーン富里カレドニアン（株）の早川治良会長が「世界に通用するコースを造るには何が必要か?」を、日本のゴルフ史家の第一人者、摂津茂和氏（明治32年〜昭和63年）に教えをいただいたときの言葉だ。

1984年、わが意を得た早川会長はセント・アンドリュース オールドコースをはじめスコットランドからロイヤルセント・ジョージズGCのあるイングランドまで全英オープンの舞台になる伝統的な名コースを巡礼し丹念にラウンドしてきた。

「リンクス・コースをプレーした結果、ゴルフとは自然と人間との闘いであることを身に染みて知った。その途で目にしたのがロイヤル・トゥルーンGCのモットーである『TAM ARTE QUAM MARTE〈力と同様に知略も〉』（ラテン語）である。ゴルフは力でプレーするだけではなく、人間の知力をも駆使してこその闘いだ」と。

ロイヤル・トゥルーンGCのセクレタリーからこのモットーの使用許可を得て、ポーレットとともにリンクス魂をこめたコース造りに着手した。ポーレットは米国人だが、リンクス・コースについてよく学び、それを設計哲学にしていたことから二人は意気投合。

果たして出来上がった見事なルーティングとデザインの設計図はこれまでの日本のゴルフコースの概念を覆す斬新な考え方が描かれていた。そこには〝対角線デザイン〟の発想が貫かれており、具体的にいえば目標を斜めに設定するという考え方である。もともとはスコットランドの名コース、ノースベリックGC西コースの15番「レダン」ホールに由来するもので、ポーレットの設計図はその思想を拡大し戦略型の典型を示していた。

カレドニアンGCがスコットランド・リンクス精神を盛り込んだ戦略型コースといわれる所以がここにある。

名物の美しい渚バンカーから

## ショットに重要な「角度」と「距離」の組み合わせ

ゴルフというゲームは「角度のゲーム」であり、一方「距離のゲーム」であるということを知っておきたい。角度と距離の矛盾をゴルファーは自分で見つけ判断する。

逆にこの距離と角度をうまく利用し、設計者はゴルファーに対してバラエティに富んだコースをデザインするのである。

たとえば角度と距離のバラエティを出すためには当然、ティグラウンドの様相から変えていかねばならない。前後の距離の差をかなり大きくしたホールや横の位置関係、形状などマルチプルにティグラウンドを配置することになる。

さて、ゴルフは自然の中で自分に甘えることなく〝あるがまま〟でプレーすることだけだ。

カレドニアンGCは次の時代に進み始めている。それはオーガスタ並みの超高速グリーンを造り、それを常態化すること。早川会長の執念が実ることを祈りたい。

『ZAITEN GOLF 2018』1月臨時増刊号より

# 米国ツアー並みの超高速グリーンと挑戦意欲を駆り立てる屈指の難コース

## カレドニアン・ゴルフクラブ

メジャー最高峰に位置する「全米オープンゴルフ選手権」は世界中のトップゴルファーが集結するため、〝ゴルフのオリンピック〟とも言われている。今年の大会は米国でも最古のゴルフ場、ニューヨーク州ロングアイランド郊外にある「シネコックヒルズGC」で行われた。このコースはスコットランドのリンクスと米国の近代スタイルを融合したモダンクラシックコース。すでに過去5回の全米オープンを開催している。

特に「ガラスのグリーン」と形容される高速グリーンが、スリルとエキサイティングに富み、数々のドラマを生み出してきた。

今年は、昨年の覇者、ブルックス・ケプカ（米国）が、正確なショットと巧みなパッティング技術を駆使して、この超高速グリーンを攻略し、見事連覇を遂げた。

マスターズの開催コース、オーガスタ・ナショナルGCを始め、米国のコースは高速グリーンが当たり前で、これが選手のレベルを上げ、常にエキサイティングなゲームを演出し、ファンを堪能させている。

しかし、残念ながら日本にはこうしたコースはほとんど無く、それが日本のプロがいつまでたっても世界で通用しない大きな原因となっている。そんな中で唯一世界基準のコースとして注目されているのがカレドニアン・ゴルフ倶楽部（千葉県）である。

同コースは2014年から「マスターズ並みの14フィートに挑戦」というスローガンを掲げ、実際に日本のコースではありえない超高速グリーンを現実化している。ちなみに昨年12月から今年6月までのデータでは、12フィートから13フィートを連日記録。これは日本の男子レギュラーツアーでは平均11～12フィート、女子ツアーは10～11フィート、米男子ツアーが12～14フィートなので、同コースの会員や訪れたゲストは日本のプロツアーより速く、米ツアー並みのスピードのグリーンでプレーしていることになる。

ただ速いだけではない。蓮の葉を何枚もつなぎ合わせたような起伏や、うねりのあるグリーンは、ホールによって縦長や横に広がる様々な形状でショットの難度を高める。どこととして平らなところのないフェアウェイ。ポットバンカーも含めた深くて様々な形状のバンカー群。ショットに威圧を与える池やクリークが随所に待ち構える。

世界レベルのゴルフコース設計の原点となる「レダン」（グリーンを右手前から左奥にかけて45度の角度に位置させ、ピンの位置でクラブ選択やショットに選択肢を持たせる）、「グランドレベルグリーン」（地形を活かした自然のマウンドの上にグリーンを置き、微妙な傾斜のため、落とし所を間違うとバンカーやラフに流れこんでしまう）、「アルプス」（グリーンの手前にマウンドを造り、セミブラインドの山越えにして、距離感、弾道に決断を促す）、「フォールアウェイグリーン」（後方部が下がったグリーンでボールの落とし所次第で大きなミスにつながる）など、欧米の名コース（難コース）では当たり前だが、日本ではほとんど見られない設計がここでは随所に施されている。

## 代表自らがゴルフの聖地巡り

特筆すべきはこのカレドニアンGCが誕生したのはバブル経済真っ盛りの1990年ということだ。当時は景気の波に乗ってゴルフ場の建設ラッシュがピークに達していた。それも投資と接待ゴルフ目的で、質は二の次。接待族に妥協し、豪華ではあるが、誰もが易しく回れるコースが重宝がられた。そんな中で、欧米レベルのモダンクラシックコースのカレドニアンGCは「世界名コース選考委員会」のセレクターから高く評価されてきた。

だが、これには理由があった。創設者の早川治良社長は建設にあたっての確たる理念があった。それは、「日本のゴルフが欧米に比べて大きく劣るのは、世界基準のゴルフ場が無いため。日本の質を高めるためにも、世界を見据える若いゴルファーのためにも世界レベルのコースを絶対に造らなければ日本のゴルフ界に未来はない」との信念で、バブル経済の流れに真っ向から立ち向かったといういきさつがある。

この建設にあたっては当時欧米のゴルフ界と密接な交流を持つゴルフ評論家でコース設計家でもある金田武明氏と、ゴルフ史家の摂津茂和氏（共に故人）の強い影響もあった。

日本では2グリーンが主流だった当時、金田氏は「ゴルフコースはターゲットゲームの本質からして、絶対に1グリーンでなければならない。それも単調ではなく、ゴルフの本質を引き出す複雑で速いグリーンこそが将来の主流となる」と助言し、摂津氏は「ゴルフの原点はスコットランドのリンクス。そのホンモノを知らずして、コースを造る資格はない」と厳しいアドバイスを早川社長に送っている。

この言葉を受けて早川社長はスコットランドを中心に、欧米の名コースをつぶさに視察。全英オープン開場で知られるスコットランドのロイヤル・トルーンGCを訪れた時、そこに飾られていた「TAM ARTE QUAM MARTE」の標語に魅入られた。

この言葉はローマ軍が掲げたラテン語の勝利への方程式で、ゴルフに例えれば「ゴルフは自然との闘い。攻略するには、力だけでなく、頭脳、知性、精神力、人間力のすべてを必要とする高尚なゲームである」という格言である。

早川氏は「これこそゴルフの本質を言い当てた言葉」と天啓に打たれ、同コースのセクレタリーに頼み込み、許可を得て、カレドニアンGCのモットーとして採用、今日に至っている。

そして最終的に選んだのが、スコットランドの影響を受け、これに現代感覚を融合させてモダンクラシックコースの設計では右に出る者がいないといわれる世界的なコース設計家J・M・ポーレット（米国）である。ポーレットは期待にたがわず彼の代表作の一つと言われるコースを日本に誕生させた。

## 高速グリーンの裏に弛まぬ努力

早川社長は超高速グリーンの実現にまずスタッフの「人づくり革命」からはいった。従来からの固定概念から脱却し、未知の世界に挑戦するために経験的メインテナンスから科学的メインテナンスへの移行と、どこかで常識を破って限界を突破する勇気を、忍耐強く時間をかけて持たせたのである。

人間の英知をスタッフにいかにして植えつけるか。それには上からの指示に従うだけではダメで、自分自身で観察力を養い、問題点と解決方法を考察して実行する（自立）、自分を磨き、やるべき仕事について深掘する（研究）、より良い方法や手段がないか、自分の頭で考えてそれを得る（工夫）。

一人ひとりのこうした自覚と蓄積が大きなパワーとなって不可能を可能にする。それを基にして、コース管理スタッフの血の出るような研究と努力が14フィート超高速グリーンを生んだのである。

冒頭の全米オープン開場のシネコックヒルズの改造にも手を染め、アメリカの「ゴルフコース設計の父」と呼ばれたチャールズ・マクドナルドはこんな言葉を残している。

「ゴルフコースの性格は一にパッティンググリーンの構造にかかっている。コースにおけるグリーンは、いうなれば肖像画における顔である。顔のみが真実を伝え、性格を表現し、絵の価値を決定する。ゴルフコースにおいてもまた然り」

ゴルファーの脳を痺れさせるような高速グリーンを中心に、リスク&リウォード（危険と隣り合わせの報酬）がコース全体に展開されるカレドニアンGCは、人間の本質を見事に捉えたコースといえる。

凡庸なコースでは味わえないスリルとエキサイティングに富んだカレドニアンGCに訪れるゴルファーが後を絶たないのは、人間の本能に訴えかける〝魔力〟がその深奥にあるからだ。

『ZAITEN GOLF 2018 秋』11月臨時増刊号より

## 中小企業はくやしいかな人材不足

歩を金に進化させる中小企業経営の鍵は
臨場感のある現場での実践的教育（忍耐と継続）

### 人間革命でイノベーション

中小企業の生きる道

# 老いるな 中小企業

## 難局を克服するために魂の革命を

**未来学者のA・トフラーは**
**『未来の衝撃』の中で**
**〝現代においては、十歳の子供でも**
**老化現象が起きている〟と**
**指摘している。**
**この時代、激しい変化の渦中にあって**
**中小企業は老いやすい。**
**わが社は伝統を守り、しかも時代の**
**変化に応じ、「永遠のカレドニアン」を**
**築き上げていこうではないか。**
**前を向いて挑戦を続けよう!!**

TAM ARTE QUAM MARTE
CALEDONIAN GOLF CLUB

## 一人ひとりに灯を

上杉鷹山は、封建制のがんじがらめの中で、しかも武力で国を拡大できない制約の中で、疲弊した人々の心に灯を燃やさせて改革を成し遂げた。「為せば成る」の飽くなき執念と信念を貫き、忍耐と自らの率先で現場のやる気を生み出した。高品質化で付加価値を付けた新産業を植え付けて、長期的な目標のもと、つぶれかけた貧乏藩を再建した。閉ざされた藩内で、不可能を可能にするべく魂の革命を行って、人々の生き甲斐を生み、豊かに暮らせる社会を具現した。

上杉鷹山像「米沢市」より

為せば成る
為さねば成らぬ何事も
成らぬは人の
為さぬなりけり

# 独立自尊と奴雁（先導者）の精神

**独立自尊の実践に励め**

自ずからを他人に誇ることの出来る人間たれ！

二〇〇一年一月十日

元塾長　石川忠雄

一群を率いて先頭に立って風を受け大海を渡る。
食事場を探して皆に食わせる。
自分は安全を見張る。
奴雁とは奉仕と先導のリーダーである。

福沢諭吉は「門閥制度は親のかたき」とみなし、
既成概念を打破して、新しい世が発展するよう啓蒙し、
学問をすすめ、人づくりに力を注いだ。
また帝国主義時代における競争の激しい世界に向かって
挑戦するよう独立自尊を説いた。

鷹山も諭吉も、人の尊厳と自助を重んじた。
日本の美しき伝統を守りながら、
前向きに改革に取り組むよう教育に力を入れた。
われわれ中小企業も、この時代の激変を乗り越えるために、
偉人先達の事績と精神を少しでも学びたいものである。

門閥制度は親の仇なり

（写真・慶應義塾広報室）

**オンリーワンを目指して！**

# 社員一人ひとりの心に灯を

**日頃、社員からの報告や日報などに対して、社員育成を重視している会長より教育・指導がライン・メールで出されています。一部ですが会員の皆様にご披露します。**

**少数精鋭とオンリーワン、**
**これが中小企業の生きる道です**

- 心に灯をともす→やる気を出させる。楽しく働く動機を作る。
- 先手必勝（焦って慌てるのとは違う）。事前に調べて推理と構想を練って事に当たる。戦わずして勝つということ。
- 笑顔千両おしゃれ身だしなみ大切。気品・品格を身につけることから始めよう。
- 報、連、相の習慣化。気付いたら必ずメモを取る。メモを整理して効果を上げること。
- うまくいかなかったとき「何故か」を5回繰り返す。考える癖がつく→自立に繋がる→問題の深掘りと根本を追求。
- 教育と啓蒙は根気よく繰り返す。諦めないで人材を育成する。
- 挑戦→トライ、テスト、分析の上で思い切ってやる。常識を打破しよう。
- 自立、研究、工夫、即実践→歩を金に。
- 少数精鋭主義を貫くことが、みんなの賃金アップにもつながります。

**「自立・研究・工夫・先手 即 実践」**

- 自分で考えて手法や段取りを研究し工夫する。そして考えたことはすぐに実践することが大切。
- 中小企業はスピードが命。
- 「神は細部に宿る」。細かいことをひとつひとつ積み重ねることが全体のクオリティに繋がる。
- 細かいことをひとつでも疎かにすると全てが台無しになる→細かい部分に拘って丁寧に仕事をしていくと全体が良くなる。

最高のコースに負けない接客をしていく！→高品質なハードとソフトを皆で作り上げよう！

- 働く人は洋の東西を問わず、意気で仕事をする。モラルが高まらないと良い仕事はできない。
- あらゆる想定をし、対処の方法を解決しながら、ソフトを揃えていかねばならない。その汁でできたシミをどう抜くかまで考え、準備しておかねばならないからである。→神は細部に宿る。

習慣化とマンネリは全く反対だということを認識する。

習慣化は努力が必要で常にチェックしなければならない。

**オーガスタを超える意気込みで**

オーガスタはきれいですね。人工でできることはすべて取り入れています。要するに常に世界一なのです。その間どれだけ改善・改良のために考え抜き、実験し、工夫し、研究してやってきたか。改造や芝のことのみならず、戦略性の追求だけでなく、いかに美しくあるべきかの追求もです。見事な美しさですね。佐藤副支配人は感性が高いからわかりますね。最高を目指しましょう。執念を持ってやってください。最後までやり遂げることが執念です。

**中小企業の経営は難しい**

仕事は時折イノベーションさせブラッシュアップが必要でしょう。今回は良い機会なので、どうしたらいちばん効率的で良い仕事になるか検討してください。こういう時はロードマップが必要です。仕組み、手段、段取り、手法、手順、優先順位を改めて考えてください。推理力を発揮させてください。人の働き方を、動かし方を、深く考えてください。深掘りすることです。それがリーダーの役割のひとつです。

現在の日本の大きな課題は人不足です。これは当社にもあてはまります。有効に楽しく効率的に働いてもらうことはこれから最も重要です。しかし同時に会社の採算も考えてください。経営は難しいものです。

重要なのは、会社が将来にわたってうまく運営されることです。

**教育は現場実践で**

教育と啓蒙は効果的にやらねばならない。それには問題が起こったときそれを課題にして実践的に一つひとつ解決する方法を皆に学んでもらわなければなりません。会議とかそういうことではなかなか身に付きません。その時を捉えてやることが効果的に必要なのです。学校教育みたいな教え方では成長する人と、きちんと受け止めていく人と、そうでない人ができます。

中小企業の経営者は一人ひとりを効果的に教育し戦力にしなければならないの

です。事が起こったときにそれをチャンスと捉えて、即その場で実践教育することが効果を生みます。面倒でもそれをくどくても繰り返さなければなりません。根気と忍耐が必要です。少数精鋭で効率的に仕事をしなければ競争社会を生き抜いていけないのです。茹で蛙になってはいけないのです。会社の存続とはほんとに難しいですよ。経営者は皆の生活を背負っています。皆の幸福を願っているわけです。よくよく考えて理解してください。

## グリーンをピカピカに

洋芝メインテナンスのテストは継続してください。状態の比較によってどの管理作業が最も良いか、時期によってどうか、芝種によってどうか、水分量によってどうか、肥料によってどうか、いろいろ比較してください。このことは次の管理作業に活用するために必要です。そのためのアルバムを作り、分析のコメントを入れてください。科学的メインテナンスで他社のコース管理の上を行きましょう。

オンリーワンに行く道です。皆に浸透させてください。自立・研究・工夫即実践の教育に力を入れてください。

## 推理力を働かせる

いつも推理する癖をつけることは細胞が活発になります。ロードマップも推理することで厚みが出ます。何かを成し遂げようと思うときはロードマップを描くことが重要です。ロードマップとは仕組みを考えること、手段を考えること、段取り手順を考えること、手法やり方を考えること、優先順位、結果のあり方を考えること、効率・採算・ソロバンを考えること、そういうことを元にして描くことです。構想を練ることの基盤となります。推理と構想を備えることでリーダーとしての未来が開けます。これらを常に意識して仕事を進めてください。

## 品格を上げよう

品格・気品を醸し出す雰囲気がなければ14フィートのオンリーワンが泣いてしまいます。私はいつも一流ホテルや超一流ゴルフ場を参考にするようにアドバイスを行ってきました。幹部は何を見ているのでしょうか。先行きが心配です。ハウスは内外とも超一流の造りです。備品類も統一した品格あるものになっており、超一流ホテルに劣らないはずです。劣化しないようよく見直してください。

一流ホテルや超一流のゴルフ場に入るときは緊張すら覚えます。注意書き等なしでもメンバーにもそういう気持ちを持たせたいものです。

品格重視という観点からいうと、マスター室前やショップの横で物品販売をやっていますが、今後はそれをやめてください。品格・格調を上げるための感性がみんなにまだ備わってないようですね。貼り紙等はなくなりましたが、品格を上げることにもっともっと注意をはらってください。

## バンカー均しについて

バンカーはカレドニアンの顔、美しく化粧してくださいと要望してきました。平面が平らで斜面がきれいな線で輪郭がスッキリしている。これが常時維持されていることが必要であると斜面がきれいに整備されている写真集を見せて説明してください。芝の管理と同じように、バンカーの管理も重要だと体に染み込ませてください。

バンカー均しはくだらない仕事だと思わないこと。カレドニアンにとっては最重要の仕事のひとつであるということ。カレドニアンのコースは芸術作品であると認識させてください。グリーンとともにバンカーが重要な役目を果たしています。少しでも砂が乱れていることは恥ずかしいという感覚を養わせてください。

14フィートのオーガスタ並みのスピードグリーン、オンリーワン＝ブランド、これを生かすも殺すもバンカーの美しさを保つことです。トーナメント時のバンカーの均し方を徹底的に身につけさせてください。それがブランド力を高めます。

幹部は見回りを強化してスタッフの作業状況を観察して一人ひとりの効率をもっと上げられないか探求してください。

## 本物の重み

ゴルフ場を造るのに10年。いやその前に30年経験を積みました。造る時も大変でしたがそれを30年維持するのも大変でした。経済的に大きな波がいくつもありました。嵐のような困難を乗り越えるのにほんとに大変でした。乗り越えられた大きな理由は本物を目指していたからです。時の流れと共にゴルフにおいてもトレンドが大きく変化しました。その中で劣化を防ぎ時代の波に乗れるよう色々とイノベーションを試みてきました。私一人の力だけでは隅から隅まで良くすることはできません。社員教育が肝要でした。いろんなキャッチフレーズを掲げてモチベーションを高めてきました。競争に勝つには同じことを繰り返していてはダメで、なんとしてでもオンリーワンを目指さなければなりません。ゴルフ場のような小さな世界でも技術革新は欠かせません。オンリーワンと唱えるだけでは本物は生まれません。日々の研究と工夫とテストの連続です。そのことができるスタッフを一人でも多く育成することが成功への道です。

# 独立自尊と奴雁（どがん）の精神

## 危機の時代こそ自助

　4月新年度に入りました。コロナの非常事態がいつ出てもおかしくないので、皆でよく打ち合わせをしながら先手を打って采配してください。従業員は最後まで守ります。不安が出ないよう勇気づけてください。ピンチを乗り越えれば一段と強くなります。まず健康に気をつけてください。

　コース、ハウス、レストランとも注意が広く行き届くようになりましたね。一期一会の大切さが皆に染み込んできましたね。さらに深掘りをしてください。伝統を忘れずそしていかにして改善・改良を積み上げていくか、皆に教え込んでください。自分自身の考察力、行動力はこれでいいのかも常に考えなければいけません。そうしなければマンネリと老朽化に負けてしまいます。神は細部に宿る、先手必勝、自助の精神をくどいようですが身に付けさせてください。光り輝く会社を作りましょう。

## 独立自尊と先導者

　先手を取るためには、過去の経歴、記録を丹念に調べ上げ、分析することから始めなければなりません。過去は未来につながっています。推理力を養い発揮することが日本一の超一流グリーンキーパーを目指すなら肝心なのです。新時代を切り開くために独立自尊の精神を身に付けて先導者になってください。独立自尊とは〝自分にて自分の身を支配し、他に依りすがる心なきを言う〟と福沢諭吉は「学問のすすめ」で説いています。

　石井キーパー殿。うるさいと思うでしょうが、我慢して私の真意を推理してください。挑戦とテストの方法です。アプローチ練習場のグリーンは2.7ミリで硬くしまっています。でもスピードは11フィート前後です。なぜ13フィート台にできないのですか。もっといろいろと工夫して、いじめてスピードを出すようにしないのか不思議不可解です。せっかくのテストの場があるのにもったいない。果敢に諦めずにテストし挑戦しないのは私にとって不思議です。ほどほどで良い、欲不足が見え隠れします。意欲がないとは思いません。方法と工夫のチャンスを逃しているのでしょう。テスト挑戦のできる環境にあるはずです。四季を通しての14フィートの常態化は難事ですが、これの追求は石井くんの最大の課題であり、スーパー・グリーンキーパーへの道です。ここまでやってきたのです。炎暑でも12フィートは何が何でも維持することが石井くんの責務です。達成できないのは恥と思ってください。厳しいゴルフ場環境の中で生き残れるかは石井くんの肩にかかっています。人間は重い荷物を肩に背負っていくことで光り輝きます。先導者は明日に向かわねばなりません。忍耐と研鑽と執念。私の期待は高すぎるのでしょうか。お互いに死ぬまでやり遂げましょう。

## 奴雁たれ！

　昨日きつい注文を出しましたが、超一流のグリーンキーパーになるためには絶対に必要です。後手になっていないか、先手を打っただろうかということを中心にコースを観察・考察しながら歩いてください。一点に絞り深掘りする。漠然とした観察ではなく、先手の段取りをしただろうかということを中心に考察しながら細部に至るまで探求して回ってください。これでもかこれでもかと探求し続けることがあなたの成長につながります。雪国の人は諦めたら、不完全だったら死に至るのです。千葉県は二毛作もできる豊かな土地柄です。やるだけやったのだからしょうがないという県民性がある。その態度は絶対に改めてください。常に先手を打つことであなたは成長し続け、超一流のグリーンキーパーになれるのです。そして奴雁となりなさい。一群を率いて先頭に立って風を受け大海を渡る。食事場を探して皆に食わせる。自分は安全を見張る。奴雁とは奉仕と先導のリーダーである。

## 四季に勝つ

日本の四季は変化と多様性で芝の管理には大変厳しい。

前年度のアルバム、主要な記録、主要な指示・指導・注意を整理して四季ごとに先手を打てるようにすることも責任です。そういうことを着実に行うことが責任を果たすということです。必ず前例を調べ、そこから洞察・推察して前に進むことが大事です。考え続ければヒントが生まれます。それを深掘りする。準備・調査・研究・工夫が必要です。そしてロードマップを描くことで構想力がつき、リーダーの資質となります。その場をしのぐだけで、追われるのでは良い仕事になりません。先手必勝が経営の要です。自覚してください。

観察を細かく行うことは基本ですが、それだけでスタッフに指示するのでは他人事となります。まず自分自身でことに当たり、納得いくまで調査・研究・工夫・深掘りして行く必要があります。その上で山本五十六方式（やってみせ、言って聞かせて、させてみせ、ほめてやらねば、人は動かじ。）で教育をすればスタッフは実践的に動くでしょう。いくつかの社訓を繰り返し重く受け止めてください。何事も情熱を持ち、執念を持って一つひとつ完璧な状態を実現すること、誇りを持って仕事をするということでコース、会社が発展しあなたも実ります。真のリーダーになることを期待しています。私の夢を押し付けてごめんなさい。

## サブ・キーパーがさらに部下を育てる

今日いろいろな角度から石井くんに訓示をしました。時間もかけました。わかりやすく話もしました。だけどどうも石井くん止まりです。同じことをみんなにもくどくどと教えなくてはなりませんが、時間が足りないのでしょうか、仕方がないで済ますのではなく、やってみることです。基本的なことだけでもきちんと教えなければ、あなたは忙しさの中に埋もれてしまいます。部下を育てることを真剣に考えてください。確かに皆は自分の仕事に集中しています。しかし知識を与えることがなければ成長は止まってしまいます。自分の知識をできるだけ皆に伝えるためにはどうしたらいいか、石井くんのこれからの大事な仕事です。それを今日は痛感しました。

課題を与え、意味を説明して、実際にやらせながら指導することが、部下の教育においては有効です。最初は手間がかかると思いますが、部下が自主的に自分で研究・工夫するようになればあなたの右腕が育つと言うことです。細部に目を向けさせ一つひとつ身に付けさせていけばあなたの戦力となります。サブ・キーパーにも部下を育てるという環境を作ってください。

## 気品の泉源

目線を上げるためにはどうしたら良いのか、感性を磨くためにはどうしたら良いのか、納得のいく仕事をさせるにはどうしたら良いのか、まず自分が納得のいくまでの研究・工夫・深掘りを求めなくてはなりません。

目標・目的をどこに置くか。オーガスタ・ナショナルの美しい写真を目に焼き付けることもひとつの方法です。京都の庭園、超一流ホテルの佇まいの写真を見て研究することもひとつの方法です。目線を磨いて自分自身の品格を上げなければ求めるカレドニアンの格式をあげることはできないでしょう。一つひとつ達成感を味わって人生を豊かにしてもらうことが私の幸せです。

来年は階段をひとつ上がってください。目標・目線を高く上げる。美的感性を磨く。そして皆でおしゃれして品位品格を身に付けて会員に影響を及ぼそうではありませんか。カレドニアンの気品の備わった格式をどうやったら作り上げることができるか。オンリーワンとおしゃれと格式をカレドニアンのブランドとしたいものです。先頭に立って旗を振ってください。

『TAM ARTE QUAM MARTE』の理念を深く考えて仕事をしてください。ARTEは技であり智略でありソフトです。頭脳を磨き活動させることで工夫が生まれます。目標を達成するための創意工夫が頭脳を成長させ、執念を持って納得するまで努力することで、人としての器が大きくなるのです。その積み重ねを続けてください。〝継続は力なり〟とはそういうことです。観察力を養い、問題点を発見し、どう解決すべきかの課題に取り組み、深掘りをしていくことが価値ある仕事、貢献度につながります。仕事と人生を楽しく歩んでください。

## おしゃれと気品

真っ白なバンカーはカレドニアンの顔、美人になるようお化粧が欠かせませんね。特に渚バンカーは目立ちます。優先してきれいにしている努力は尊いです。おしゃれなコースは高速グリーンとともにカレドニアンの財産となります。それは皆の財産です。

お客の服装の乱れが気になります。丁寧に笑顔で声かけして直させてください。遠慮はいりません。品格の問題です。カレドニアンはうるさいと印象づけてください。

メンバーの要望は他のメンバーに迷惑をかけない範囲で聞き入れましょう。しかしメンバーや委員に独りよがりのわがままを言わせない、凛としたコース、クラブの雰囲気にしていきたいものです。時間をかけて丁寧にやっていきましょう。

## 品格は内から

クラブハウス内のおしゃれがだいぶ進んできましたね。ハウスの造りは100年もつように立派に造られています。本物の材料を使いインテリアも統一されています。磨いていけば品格が保てます。そしてそこにいる社員も言葉遣い、服装のおしゃれ、振る舞いを品あるものにしていかないと釣り合いが取れません。しょっちゅう細部に目配りし、カーペットのほつれや小さなゴミも一期一会の精神できれいにしなくてはなりません。これからは社員同士の言葉遣いも品の良いものにするように目配り・気配りしてください。まず己が実践することです。本当の品格を作るということはほんとに大変です。理想を追ってがんばりましょう。

昨日キャディーハウスに行きました。二階に上る階段が汚れていました。研修生の寮、部屋の周りも薄汚れていました。この環境ではいけないと思いました！　清潔感が出るよう対策してください。総支配人とともに見回りを強化すべきです。

女性トイレの改造について早くも賛辞の声をもらいました。少しずつでも細部からきれいにしていき、品格を上げることは大切ですね。キャディーハウスを含め細部に目を光らせてください。特に研修生の寮は清潔で快適に整えてやってください。どこもかしこもおしゃれでいきましょう。

# 為せば成る

## 輝くブランドは生存のために重要

私は40年以上前から立ち止まることなく社員教育とブランディングの仕事に力を入れてきました。

東京グリーンのブランディングの仕方は次の通りです。最初の構想に力を入れました。日本にないものをこの手で実現しよう。そのための具体策は金田武明先生の経験と知識と人脈を活用することから始めました。ワングリーンにすること、スコットランド指向の戦略型コース造りをすること、そしてポーレットにデザインをしてもらうことにしました。その時に『TAM ARTE QUAM MARTE』を理念にしたのです。オンリーワンの追求です。

ゴルフではグリーンが心臓です。そのことを気づかせてくれました。その後14フィートのスピードが出るグリーンの実現をビジョンに掲げオンリーワンの中核としたのです。世界一のグリーンを造りたい一念です。それには社員が一丸とならなければなりません。まず社員の高揚感が必要ですね。そのための意識革命、実践力を身につけるよう啓蒙と教育を忍耐強く続けています。

理念とビジョンと働く楽しさを社員に植え付けること、そして会員やお客様に喜んでもらうこと、メディアに訴えてPRすること。ゴルフコースを、クラブハウスをより高級にして品格を生み出すこと。これを一貫して継続していくことがブランディングに必要であると確信しています。オンリーワンは一番の競争力です。これからもオンリーワンを磨いて当社のブランドを浸透させていく努力を続けます。

## サービス業は一期一会

客目線、管理者目線の両方が生かされれば、一期一会の肝となります。

ステークホルダーに何を提供するか、何をいちばん望んでいるかを見極めることが会社の永続性につながると思います。カレドニアンのステークホルダーは会員と従業員とゴルフ界です。超高速グリーンの実現と常態化はゴルファーの夢です。夢の実現は新しい名門への道です。会員と従業員に報いることが当社の目指す方針です。そこにオンリーワンを追求する意義があります。

## 14フィートのグリーンは夢か

支配人は14フィート実現への執念をスタッフ全員に強く植え付けること。まだ他人事のようにみんなはとらえていますね。14フィートに近づけることがカレドニアンのブランド作りには絶対に必要であり、あらゆる手を尽くして挑戦してください。

一人ひとりに灯をつけること。為せば成る、執念をもって意識革命をリーダー自らなさねばオーガスタを超えることは到底できません。ビジョンを夢で終わらせないで実現して人生を豊かにしようではありませんか。

## 限界を突破する！

無理だと思ったら、怖いと思ったら、安全にやりたいと思ったら、まずテストすること。裏付けをテストで取ることが必要です。躊躇しないで必ずテストしてください。常識を破るためにテストをしてください。条件の悪い時にこそテストが有効です。極限状態でのテストは目に見えます。平凡なキーパーでも気候の良い時はうまくやれます。悪条件下で壁を打ち破ってこそ抜きん出たキーパーになれます。物事はあと一押しするかしないかで成否が決まります。そこからしかオンリーワンは生まれません。

石井キーパー。昨日の役員会では私の深い想いを伝えるために感情的になりすぎたことに反省しています。あなたがロボットになりたくない、自主的にやれることを精一杯やっている、キーパーとして一生懸命勉強している、実績も上がりつつある、など敬意を持って認識しています。

四季を抱えた気候風土の中で14フィートはものすごく高い挑戦であり、この常態化は並大抵のやり方では実現不可能です。〝どこかで常識を破って限界を突破しなければなりません〟これが石井くんたちの研究と努力と実践で実現できれば、他社がついてこれない強力なオンリーワンとなり、厳しいゴルフ界の中で独自の地位を築き、カレドニアンの永続性につながります。あなたはそのことの要石です。目標の意図を掘り下げて強く意識してください。日本を動かすキーパーになることを強く期待をしているのですよ。テストを繰り返し、記録をアルバム化し、挑戦し続けてください。あなたの両腕となるスタッフをいかに育成するかも鍵です。理解力のある人、伸びの著しい人を選別してその人たちをまず大きく戦力化していくことが効率的で有効だと思います。そして下に広げるためにその人たちにも教育の大切さを認識させなければなりません。やる気があるか、先頭に立って指導力を発揮できる人材か、研究・深掘りがどの程度できるか、示唆を与えながら人的評価をしてください。

効率追求のためには従業員に仕事を楽しんでもらうこと、お客様がゴルフを楽しみに来る場所で、スタッフが暗い顔をしていたら全て台無しです。従業員満足度の向上が効率UP、さらには顧客満足度の向上につながっていくというのが基本です。渋谷総支配人ともっともっと突っ込んで勉強しあってください。

## ゴルフ場は広い

毎日足で歩いて観察することの重要性を認識されましたか。支配人は私に代わってあら探し、憎まれ爺さんになってください。

特にゴルフ場は広いのでスタッフが散らばって仕事に当たっている。教育が非常にやりにくいと思います。よくよく観察していく必要があります。スタッフの技術向上とともに、いかに効率化させるか、研究・工夫を身に付けさせるか、彼らの教育によって働き方改革をいかに進めるかがカレドニアンのブランド作りに大きく影響します。社員の成長が命運を決めます。根気よく毎日取り組んでください。

熱意をもってきめ細かく、指導コーチング、訓練を粘り強く行うことでカレドニアンの価値が高まる。それがブランド力となります。高い目標がエネルギーに変わります。14フィートの超高速グリーンを皆で一緒に実現しようではありませんか。

## マンネリは敵

昨日、キャディマスターにアプローチ・バンカーの均し方について現場指導しました。

このバンカーにバンカー班と練習生とキャディーをそれぞれ集めて、均し方の教育をするようにと。求められている美しいバンカーの均し方を叩き込むようにと。砂の補給は充分だし時々表面は均されているようだが、おざなりです。周辺に砂が厚く溜まって船底になっている。マンネリの典型です。神は細部に宿る！　マンネリの目線では神は死んでしまいます。ここが難しいところです。一度教え込んでも、それで終わりとしてはならないのです。こういうことをひとつのチャンスとして皆の目を開かせることです。教育は現場でのひとつの事柄を取り上げて諄々と教え込むことで効果を発揮します。常日頃、これで良いのか、もっと品質を上げる方法がないのか、あくなき追求を管理者は求めなくてはなりません。マンネリは敵です。ゴルフ場はどこにでもマンネリが潜んでいます。目を皿のように動かしてマンネリを防いでください。世界一の高品質、オンリーワンを追求するために必要です。欲を持つことです。超一流を実現しようという欲を持つことがマンネリを防ぎ、高みへと進めます。

## 走り続ける

コロナと米中対立のダブルパンチで今後の景気は長期にわたって低迷する可能性があります。ゴルフ界も例外ではないと思います。当社はどう凌ぐか今深く考察し、方策を練り、方針を打ち出す必要があります。これは支配人と経営者の仕事です。

不足する客を呼びこむためにどうすべきか。収益をどのように上げたらよいか。従業員と会員に満足感を与え続けられるか深く根本的に対策を練らなければなりません。経営者は今こそ推理力と構想力が要求されていると自覚してください。

立派な造りのコースなので安売りで競争する事は簡単です。しかし価格競争に巻き込まれれば、それは衰退の道です。ゴルフ場は器の大きさは定まっている。規模拡大は望めない。自社独自のブランドの質向上で勝負しましょう。伝統に安住せず走り続け、一致団結してビジョンを達成しようではありませんか。

## ローマは一日にして成らず

常に状況を見つめ分析し、反省点を挙げて次につなげている姿勢は上出来です。今後もぜひ続けてください。欲を言えば事前に推理して手を打つことが百戦危うからず、経営者の道です。

令和２（２０２０）年夏のグリーンとカラーの弱体化、衰弱化については過去の状態を整理・分析することで明らかになるはずです。

風通しか、日照不足か、芝の種類か、過散水か、気相の知識がないのか、刈り高かなど複雑に絡み合って芝の健康を損ねたということは理解しましたね。ダメージ・アルバムを作って分析をすれば科学的に、物理的に証明されるはずです。部下にもこのことを根本的に理解させてください。そうすれば石井チームはオーガスタや軽井沢の品質を追い抜くでしょう。私の夢を現実化してください。

カレドニアンは何を武器とするか。14フィートを中心にしたブランド力の向上が絶対に必要だということは明白です。石井キーパーをバックアップできる人材の育成が、歩を金にする努力がいかに肝要か肝に銘じてください。教育の手法、段取りなど推理に基づき構想を練りながら進めてください。テスト、テスト、テスト、分析・記録の上、工夫して挑戦する。これを常態化しなければオンリーワンの道は遠い。見てわかりやすいように分析コメントを入れる。この記録アルバムを数年前から求めてきたが未だにできていない。貴職が石井キーパーに協力してやるように指示した。責任を果たしてください。真の名門への道はローマ帝国への道です。ローマは一日にして成らず。真のカレドニアンは一日にして成らず。

社員の若返りを兼ねて新卒を十二名採用、社員教育しておりますが、さらにレベルアップのために会員の皆様も教育指導にご協力ください。

# プロフェッショナルを目指せ

## (仕事に精魂を込め、技の習得に徹する)

東京グリーン株式会社　平成16年度新入社員入社式　訓辞

取締役社長　早川治良

**両コースでトーナメント30数回開催、世界的なコースで誇りを持って仕事にあたる**

みなさんは入社試験のときに、東京グリーンが経営する二つのゴルフ場について少し勉強されたと思います。両コースについては、手元に配られた『TAM ARTE QUAM MARTE』の本を改めてよく読んでください。

富里ゴルフ倶楽部もカレドニアン・ゴルフクラブも、これまでトーナメントを30数回開催してきたので、日本では非常に有名なコースです。富里は今年の6月で15周年を迎えます。カレドニアンは14年目に入ります。この短い期間にそれぞれ毎年トーナメントを開催してきました。テレビ放映もたくさんありましたから知名度が抜群に高くなりました。

千葉県には、北海道、兵庫県に次いでゴルフ場が154コースあります。関東地域には良いコースもたくさんありますが、その中で富里とカレドニアンは特に世界的な名コースとして高い評価をうけています。みなさんはそのような誇りの持てるゴルフ場に入社されたのですから、ぜひ高い志を持って仕事をしていただきたいと思います。

では何が世界的なのか。それはいろいろな要素から成り立ちます。景観がいいとか、フラットな中に自然のアンジュレーションが生かされているとか、ホールごとの個性と多様性に優れているとか、戦略的な要素が随所にあってプレイの深みがあるとか、最高のメンテナンスがなされているとかです。ゴルフ場はプレイを楽しむところですが、同時に感動をもたらすものでなければなりません。そして「技」を競う場でなければなりません。

富里やカレドニアンは技を磨きコースをどう攻めるか、戦略性が各ホールに詰まっていて、ゴルフの深さを会得していくことができるコースなのです。感動をもたらすものこそ本物だと思うわけですが、両コースはプレイすればするほど人生を感じる造りとなっています。世界的といわれるゆえんです。

## 感動をもたらすために仕事でも〝技（頭脳）〟を磨いてください

カレドニアンのモットー『TAM ARTE QUAM MARTE』はラテン語です。これはローマ帝国時代の戦争のことわざで「武力と共に計略も」という意味です。戦争で勝つためには武力と同じくらいにどうやって計略をめぐらすかが重要だということです。

ゴルフでは「力と同様に技（頭脳）も」と金田武明先生は訳しました。最近はタイガー・ウッズが話題ですが、富里では昨年、高校を卒業して入社した野際聡介君が最年少でプロテストに合格しました。彼も300ヤードを飛ばす力を持っているのですごいですが、ゴルフは飛ばすだけではなく、磨かれた小技も必要です。コースでは設計者との戦いとなります。風も吹く、アンジュレーションもある。バンカーや池にどう挑戦するか、自然と自己のコンディションを考える。14本のクラブを使ってどう攻めるかという頭も使わなければなりません。

より遠くに、より正確に、そして頭を使って戦略を立てるというのがゴルフの真髄です。そのような造りをしているゴルフ場は日本では非常に少ないのです。練習場の延長線上のようなコースが多いのです。

大抵のスポーツは平らなフィールドでプレイしますが、ゴルフは自然のアンジュレーションの中でプレイします。ゴルフの原点はそこにあります。ゴルフはスコットランドの海辺のリンクスで生まれたスポーツです。富里を造るにあたって、私を教導してくれた摂津茂和先生の遺稿〝リンクスの再発見〟はぜひお読みください。コース設計を史的考察されたゴルフ史に残る名文です。これを読めば富里とカレドニアンが『TAM ARTE QUAM MARTE』〝力と同様に技（頭脳）も〟をモットーにして造られたという意味がよくわかると思います。

コースが完成した時は日本でも衝撃が走りました。スコットランド指向の戦略型コースが日本ではじめて再現されたのです。最近のコースで一番雑誌に取り上げられています。このようなゴルフ場で働くみなさんも戦略を練って、技（頭脳）を磨いて働いてください。

## コースの美しさに磨きをかける。社員一人一人の〝プロ意識〟で本物を追求しましょう！

両コースともいいメンバーがそろっていますし、一流の人たちがプレイにきます。ですから本当に行き届いたサービスをしなくてはなりません。コースもみんなもおしゃれして、ピカピカにしてお客様を迎えるという精神で仕事にあたっていただきたいと思います。

コースを造るときも大変でしたが、それを維持・発展させることも大変です。高品質のコースにさらに磨きをかける。これが難しいところです。心がマンネリになればすぐに品質が落ちてしまいます。世界最高のものを自分たちの力で実現しようという意識で、みなさん燃えてください。いま自分たちがやっている仕事は歴史に残るんだという、高い理想に向かって情熱とエネルギーを注ぎこんでやってください。

そのためにはみなさん一人ひとりが夢を持ってプロフェッショナルになってほしいと思います。研修生が練習に集中し、技術を習得してプロを目指す。同じようにコース課に入る人も、キャディさんになる人も、フロントにつく人もみんな自分がプロになるんだということを自覚して欲しいのです。仕事は与えられるだけでなく、自分で創りだすものです。一人ひとりが愛情を込めて創りだすものです。高校時代と違うのは、プロの心構えがあるかないかです。

かつての大量生産時代は、働く人も大量生産の部品の一部として与えられた仕事をしていればよかったわけです。しかし21世紀の時代になってからはただ作業をしていればいいというのではなくて、人の好みにあったものを汲み取って一品一品に心を込めて作っていかないと売れない時代になりました。時代が大きく変わってきたのです。

## 精魂を込めて仕事に打ち込み、高い目標に向かって職人魂を培う

一品一品を丁寧に作る、生きた職人魂が見直されてきたのです。職人魂とはプロフェッショナルの意識です。戦後、職人を軽蔑する風潮もありましたが、世界の大競争の時代になって、本物を作る日本人の職人芸の大切さが再認識されてきました。

みなさんも歴史を学んで知っているでしょうが、日本の職人芸は室町時代から延々と引き継がれて生きています。一人ひとりが腕を磨いてプロになり、職人芸を身につけて精魂込めて仕事をすれば、富里もカレドニアンも本物として生きていきます。どうすればお客様に喜ばれ、どうやったら会社に貢献できるかを考えて一日一日を積み重ねてください。そうすれば必ず個人の成長につながります。ただ社員の一員として与えられた仕事を、与えられた時間だけ働いて給料をもらえばいいという、サラリーマン根性ではダメです。

その道のプロになれば、あるいは職人として一芸に秀でれば、世界に通用します。どのような仕事でも精通すれば世界が見えてきます。不思議なものですよ。どの仕事を課せられても、精魂込めてマスターする努力をしてください。与えられた仕事をまずこなして、その中で最良の仕事をするのがプロです。

## 計画と準備と創意工夫で実行

ジャンボ尾崎を見てもそうですが、プロとして賞金を稼いできている中でものすごく練習をしますが、いろいろ工夫もしています。ボールの打ち方にしても、たえずどう打ったらよいか徹底的に追求しています。研究心と高い目標を持つから日本のトップを走ってきたのです。

私自身も自分に言い聞かせています。ゴルフ場の経営者として最高になるためにはどうしたらよいか。そのために計画し、準備をします。研究や調査を怠りません。お客様にいかに満足感を与えられるか、社員に充実感を与えられるか、その実現に向かって闘いの連続です。

プロの卵のみなさんもこれを機会にぜひ、自分自身を練磨して、コースの維持・発展に力を尽くしてください。どうぞ頑張ってください。

**日時　平成16年3月16日（火）**
**会場　カレドニアン・ゴルフクラブ**

カレドニアン No.4

# オーガスタ並みの超高速グリーンと、J・M・ポーレットの戦略的な設計で日本のゴルフに革命を起こす

**先手必勝を掲げ「自立・研究・工夫」の3本柱を軸に、オーガスタ並みの超高速グリーンを実現して日本のゴルフのレベルアップに大きく貢献するカレドニアンGCと富里GC**

### 人づくり革命で、不可能を可能にした数々の実績

早川会長が高速グリーン実現に関してまず取り組んだのが「人づくり革命」。従来の固定観念から脱却し、未知の世界に挑戦する気概と、未来志向を管理スタッフに浸透させた。

その根幹となるのが「経験的（漠然的）メンテナンスから科学的（合理的）メンテナンス」への移行であり、自身も含めてスタッフに対し「研究・工夫・実験（テスト）・分析・記録・最適化探求」の貫徹と、今後に残すためのアルバム化である。

「何事も現状に満足しては新しいものは生まれません。今まで誰もやっていないことに挑戦する。それこそ人間の英知が求められます。ただし事を成就するには上からの指示に従うだけでは駄目です。自分自身で観察力を養い、問題点と解決方法を考察し実行する〝自立〟。自分を磨きやるべき仕事について深掘りする〝研究〟。より良い方法や手段がないか、自分の頭で考えてそれを得る〝工夫〟。一人一人のこうした自覚と蓄積が大きなパワーとなって不可能を可能にすると私は信じています」（早川会長）

こうして2014年から「14フィート」という未知（日本では）の世界への挑戦の幕が切って落とされたのだ。

このプロジェクトの実働部隊長となったのが、石井浩貴キーパーだが、当時の模様をこう語る。「早川会長からこの指令を受けたとき、正直不可能ではと思いました。14フィートなどは前例（日本では）がありませんし、その技術もありません。単に速くするだけなら、ローラーをかけて芝を押しつぶし、表面を硬くすれば出来ます。しかしそれでは芝を傷め、様々な弊害が出ます。〝芝の育成〟だけで経験のないスピードを出すのは、現状では至難の業と思えたからです」

### 科学的なデータを基にテストの連続でマスターズ並みの高速グリーンを実現

だがここで諦めなかったのが石井キーパーの凄いところだった。日本では不可能でもアメリカなどではそれが現実化されている。アメリカで出来て日本で出来ないはずはない。それからが苦闘の始まりである。

石井キーパーはまずコース課のナーセリー（芝生の育成・研究の場所）に14種類のベント芝を選んでそれぞれの芝生について比較研究を数年続けた。折から地球温暖化対策が必要になり、夏の極限テストを繰り返しながら酷暑に耐えうる芝の研究も始めた。その中で日本ではあまり注目されていないタイイ（Tyee）種の芝が酷暑に耐え、病気にも強く、ヘタらない芝でこの地に適していることを突き止めた。

研究・実験はそれにとどまらず、別にナーセリーを設けて選び出した8種類の第4世代の洋芝で種々の研究・実験に入り、現在に至っている。

またタイイは、芝根が強く、葉が細かくて、垂直に立ち、最小限の刈り高に耐えて理想的な転がりを可能にすることも新しい発見だった。

だが芝は選定できてもまだ難題が残っていた。カレドニアンも富里もグリーンの床構造はUSGA方式（全米ゴルフ協会のグリーン・セクションが研究・開発した粒子の異な

カレドニアン 4番

カレドニアンの超高速グリーンでプロ競技が盛り上がる

る砂利と砂質による床構造）を採用しているが、これも年月を経ると床構造に不純物などが堆積し不透水層が出来やすくなる。その結果芝根が絡み合ったりして、芝の育成に支障が出る。

## 対処療法でなく 健康な芝の育成で

そこで早川会長と相談し、エアレーションを毎月一回以上行う手間の掛かる管理手法を取り入れた。

また毎週全ホールのグリーンの表面から20㎝ほどの砂床をサンプリングし、芝草の細根が健康に育っているか、枯れ死した根が絡まって密集した層の透水性などを調査して、不整箇所があれば改善を行った。部分的にそうした欠陥があれば、18ホールのグリーンで均等な転がりが出ないからだ。〝転圧〟や〝対処療法〟ではなく〝健康な芝の育成〟で恒久的にスムーズな転がりが出なければホンモノの高速グリーンとは言えないと日夜苦闘した。

## 研究・努力の末に朝夕の 2・8ミリの刈り高を実現

またスピードは健康な芝で刈り高が短ければ、短いほど転がりが良くなる。カレドニアンも富星も日常的に刈り高2・8ミリまでの水準に達しているが（日本では3ミリが限度と言われている）、それを実現するために最新式の3連モアの刃を極限にまで薄くし、グリーン面のわだちをなくすためには乗用モアのタイヤをウレタンに変更するなどの工夫を施し、更に〝2・7ミリ〟の刈り高を実験している。

早川会長は四季のある日本の芝草管理に対して「先手必勝」を口が酸っぱくなるほどスタッフに言い聞かせている。そのための機材や工夫・実験などにかかる費用は惜しまない方針を貫いている。適性な芝や肥料の選定、キメ細かい散水設備の改良、薄目砂多数回散布、グルーミング（葉先を立てる）グリーン床構造の見直しとやれることは全てやる。最新機械を備え、どんな事態にも対応できる研究、工夫によるデータの蓄積。

こうした実績でカレドニアン・富里両コースのメンテナンスは近代化された新しい領域に入っている。高速グリーン実現の陰には科学に裏付けされた最新の研究を軸に膨大な費用と時間、労力がかかっているのだ。それは全国の名門コースや、芝に関心を持つほとんどのゴルフ場のキーパーや支配人が視察に来ていることでも証明されている。

## 意見の対立が不可能を可能に

その石井キーパーは「何度も会長と意見の対立がありました。でも会長からテストを繰り返せと尻を叩かれてやってみると不可能が可能になることが多いのです。それもこれもゴルフに対する、深い愛情から来ているのでしょう。あの情熱には頭が下がり、教えられることが本当に多いです。〝為せば成る〟を今回ほど痛感したことはありません」と感無量の面持ちだ。

マスターズ並みの高速グリーンは早川会長やコース管理スタッフの血と汗と涙の結晶。カレドニアン、富里の〝命〟であり〝魂〟。こんなグリーンでプレー出来る会員やゴルファーはプレーヤー冥利に尽きるというものだろう。

『月刊ゴルフレビュー』平成30年6月20日号より

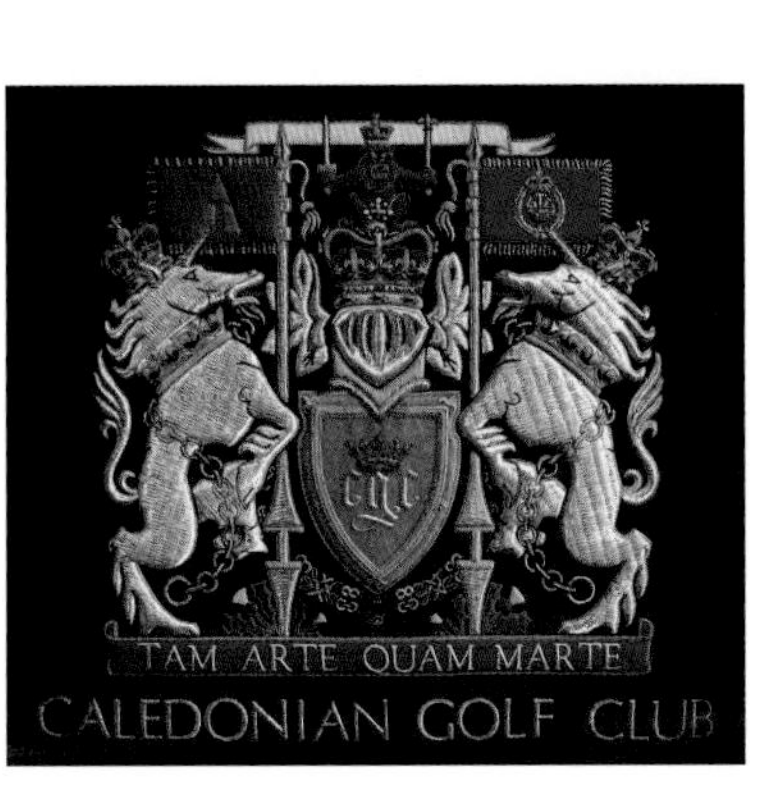

TADASHI NISHIZAWA

# 裏方さんの汗と涙が詰まっているワングリーン

西澤　忠

カレドニアンGCのコース設計コンセプトは「スコットランドのリンクスにある」と早川治良社長はいう。その昔、コース造りを模索する過程で、ゴルフ歴史家の摂津茂和氏に教えられたからで、開場以来30年を迎えるコースが当初から、〝ワングリーン〟を貫いてきたことからもその思想は今日まで貫かれている。ご存知のように、四季のある日本では芝種の違う二つのグリーンを持つ〝ツーグリーン〟制が常識とされた時期があり、未だに旧式弊害とされながら踏襲しているコースは数多い。東洋系の高麗芝に比べ、西洋芝の管理・維持には費用が嵩み、高度なメンテナンス技術が必要だったからである。

しかし、ベント芝に代表される寒地型西洋芝の進化は目覚ましく、日本のように高温・多湿の気候風土にも十分に耐えられる新種の芝種開発が進み、四季を通して西洋芝グリーンを駆使、ワングリーン運営が可能になった。このため、戦前・戦後に造られた名門コースも急ぎワングリーン化を目指す傾向が現われているのが今日の実情である。その点、カレドニアンGCは当初からスコットランド・リンクスのように、ワングリーンで一貫させて来たことはメンバー諸氏にとって幸いであったろう。

とはいえ、ワングリーンを常に一定の速さと転がりの良さを保つためには幾多の困難を乗り越える苦労があったし、その作業は今でも日夜続けられている。男女プロ・トーナメントの隆盛を見るまでもなく、一般ゴルファーまでもがスティンプメーターで〝10フィート以上の速い高速グリーン〟を望み、パッティング・クオリティの完璧さを求める声には終りがないからである。

開場当初からグリーン管理に携わって来た石井浩貴キーパーによれば、「J・M・ポーレットの設計した不定形でアンジュレーション豊かなグリーンを管理・育成するには常に時代の要請に向き合う努力が必要です。一般的な〝ペンクロス〟芝で始め、10年前には〝グランプリ〟という第三世代の新種を加えてグレードを上げたが、2年前には今度〝オーソリティ〟に変更しました。グリーン管理は日進月歩で、常により良いクオリティをプレーヤーに提供するためです」と、世界のゴルフ界を見据えた作業が求められると説明する。

思い起こせば、カレドニアンGCでは2000年にプロのメジャー競技、日本プロ選手権を開催した。その時のグリーンは11フィートを超す速さと、ブルーグラス洋芝のラフを20センチに伸ばしたこともあって、佐藤信人プロの優勝スコアが4アンダーという熱戦を生み出したも

## 18番ホールの後で

のである。この実績と経験が石井キーパーの自信となり、さらに上のレベルを目指す動機づけになっているに違いない。

ところで、ここカレドニアンGCのグリーンはどの程度の大きさがあるかメンバー諸氏はご存知だろうか？　答えは、平均で606㎡あり、中でも最大で742㎡（11番、12番）、最小は唯一ツーグリーンの16番で、360㎡（左）と325㎡となっている。これは全国の平均以下のスモールサイズだが、各ホールのグリーンは最少で4ヵ所以上のホール・ロケーションを確保できる一級品である。名手トム・ワトソンが「私の生まれ育ったカンサスのホーム・コースが小さなグリーンが特長だったので、アイアン・ショットの精度に磨きをかける必要があった」と述懐したものである。つまり、小さいターゲット（目標）に向かって練習していれば、アイアンが上達し、他のコースへ行っても恐れる必要がないというわけだ。

もう一つ、不定形なグリーンに立てるピンの位置は毎日変わるが、これにも一定の法則がある。グリーンを5ヤード刻みに碁盤の目状にラインを想定し、それを4等分にすると右奥の次は左手前、そして右手前の翌日は左奥という具合に5日間で一周するという。ピンが奥へ行った日は、ティ・マークも前に移動するというようにそのホールのヤーデージも一定に保つように配慮する。

さらに、グリーンモアで毎日刈る際にも芝癖をつけない工夫として芝刈りの方向を変えるなどクオリティを保つ工夫には多面的な配慮が必要らしい。

世界の名コースの常識だが、高度のクオリティを保つワングリーンにはなんと無尽蔵な汗と涙が埋蔵されていることか。メンバー諸氏にはプレーしたグリーン上のピッチ・マーク修理はもちろん、足を引きずらないなど細心の心がけをぜひともお願いしたいところである。

特集

# 名コースは会員や従業員にも誇りを持たせるカレドニアンGCの矜持

**ゴルフコースのグリーンは**
**肖像画における〝顔〟の言葉を残したチャールズ・マクドナルド。**
**もうひとつ付け加えるなら従業員の対応もコースの評価を決める重要な顔のひとつ**

## 晩年の中部銀次郎氏はモダンクラシックに心を奪われた

カレドニアンの近代的なモダンクラシックコースの素晴らしさを証明した人物に、日本アマ6回の最多優勝を誇り、不世出の天才ゴルファーと言われた中部銀次郎氏（故人）がいる。晩年競技ゴルフを引退した中部氏はこのカレドニアンと富里両コースをこよなく愛した。

廣野GC、東京GC、下関GCの日本の名門クラブをホームコースとした中部氏は、初めてカレドニアン、富里両コースを訪れたとき、日本の古いコースにないスコットランド指向の両コースに触れ、驚嘆と同時に、そのストラテージ（戦略性）を堪能した。以下は中部氏が残した言葉である。

「ゴルフは感覚と脳と心でプレーするもの。別な言い方をすれば、視覚と思考力と精神力です。この3つが同時にうまく作用するといいプレーが出来る」。これまでは生まれ育った日本のコースで、数々の偉業を達成してきた。

ところがカレドニアンをプレーしたとき、すぐにオーガスタを連想したという。

「日本では経験したこともない強いアンジュレーションのグリーン、ドラマチックな池とバンカー、波頭が打ち寄せるフェアウェーなどを見ると、3つのバランスが崩れる。日本では3つのバランスを調和させれば大きな大会で勝てた。だが国際レベルのカレドニアンでは五感をフルに稼働させ、どれかが欠ければ思うようなプレーは出来ない。ベストルートを模索し、旗の位置次第で攻め方、打ち方を変える……。日本的庭園コースならそれほど緻密に考えなくても通用した。だがどのホールも戦略性が高いカレドニアンではグリーンから逆算してプレーする難しさ、面白さがある」。以来中部氏は「どちらがホームコースか分からない」と言われるほどカレドニアンに傾注した。

コースは人を育てるというが、功成り名遂げた中部氏も、カレドニアンGCとの出会いで、晩年になって新たな自分を発見し新鮮な思いに浸ったことだろう。

しかし「コースは人を育てる」はプレーヤーだけとは、限らない。実は従業員にも当てはまることがカレドニアンGCにも見て取れる。

## 名コースの評判は働くスタッフにも矜持を与えるもの

同コースの渋谷康治総支配人が語る。「カレドニアンはコースで持っていることは重々承知しています。でもそれに甘えていてはいけないと思っています。『あそこはコースは素晴らしいが従業員の質や運営がもうひとつ』などと思わせたらいけない。いや『さすがにコースの質がいいと、従業員の質もいい』と言っていただかなければいけないと気を引き締めています。そのためにも様々な課題を設け、その実践を心掛けています」

渋谷総支配人

早川会長が推進する「人づくり革命」の一環がハウススタッフやキャディの教育でも行われている。ハウススタッフとキャディを2つに分けて月2回のミーティングを欠かさず続けている。

以前はペーパーによる伝達だったが、幹部と従業員が直接意見を言い合うことで意思の疎通を図る。不満や、要望を受け入れ、改善する。5年前からはLINEによる意見の交換も始めた。

大切なのは「いかにして自立心を育むか」、従業員一人ひとりが個性を伸ばし、その道の「プロフェッショナル」を目指せるか。具体的には、キャディには石井グリーンキーパーのレポートを見せて、メンテナンスの研究、工夫の苦労を説明する。カレドニアンの名前の由来（スコットランドを指す古語）やゴルフ場の標語である〝タム・アルテ・クァム・マルテ〟（ラテン語で力と同様に技も）の深い意味を教える。すべてはプレーヤーに開かれたときのための知識と理解のためである。もちろんマスターズ並みの14フィートの意義と目的も分かりやすく説明する。

「知識は人生を豊かにする」という早川会長の理念の共有を忍耐強く説得する。従業員のモチベーションが上がれば、それは自分自身に跳ね返ってくる。

「神は細部に宿る」気付きも生まれる。そして従業員の仕事に「愛情・工夫・真心」が生まれる。

その上「報連相」（報告・連絡・相談）の徹底を図る。「会員サービスの徹底化を目標にしているので、メンバーの言う事は他のメンバーの迷惑にならない限り出来るだけ聞く方針です。コースにいる間は快適に過ごしていただく。それがメンバーの満足度につながり、コースを誇りにすることにつながります。その雰囲気がキャディや従業員に伝わり、楽しく仕事に従事する原動力にもなります。CS（顧客満足度）とES（従業員満足度）の両輪がないと本当の運営とは言えないと思います。それを徹底させるのが私の役目と考えていますから」（渋谷総支配人）

**コースの質と共に、明るく開放的で品格がある名コースの条件**

名コースと名門コースはニュアンスは近くても似て非なるところがある。名門は歴史はあっても決して名コースとは限らない。

その点カレドニアンはコースの質が高く、運営も開放的だ。古いしきたりには囚われない。夏は短パンに、ショートソックスもOK。会員もゲストもお洒落を心から楽しんでいる。アスリート志向の若いゴルファー（男女）が多く、ひたむきに難コースに挑戦しているのも清々しい。ただし基本的なマナーはプレーヤーに要求する。メンバーはゴルフ場の丹精込めたメンテナンスを知っているから、グリーンのピッチマークは丁寧に修復し、バンカーの足跡はきちんと均す。その姿はゲストにも伝播する。みんながコースを誇りにし、大切にする。それこそが名コースの名コースたる所以だ。

カレドニアンGCはJ・M・ポーレットが精魂込めて設計した戦略性豊かなコース。フェアウェーのうねり、深いバンカー、プレッシャーを与える池など挑戦意欲をかき立てる。とりわけ蓮の葉を何枚も重ねたような変化に富んだ、国際基準の高速グリーンはプレーをスリルとエキサイティングなものにする。箱庭的な日本のコースと違い、旗の位置によってグリーンから逆算するプレーが要求される。ショットに思案し、アプローチやパットに技術と神経を使う。ゴルフの幅が限りなく広がる楽しさがある。

標語にあるように力だけでなく、知略も、ゴルフを愛する精神も必要とするコース、プレーの面白さ、従業員のホスピタリティ。それが一体となってゴルファーを魅了する。「コースは人を育てる」という深い意味を味わわせてくれる。それこそがカレドニアンGCが名コースたる所以なのである。

『月刊ゴルフレビュー』
平成30年年6月20日号より

手間ひま惜しまずていねいに

# じょうろで水やりは朝、昼、午後の1日3回！

## 朝は手押し、午後は乗用芝刈り機

スプリンクラーの自動散布ではムラが出てしまうので、水分計で測りながら、じょうろで手撒き

「葉の長さの揃い具合や、根の硬さなどが手のひらに感じられ、いい芝かどうかわかります」（石井）

### ナーセリーで常に研究テストを繰り返す

コース内の実験用ナーセリーで常時14種類のベント芝を育成し特性を研究、テストを繰り返しているカレドニアンGC。その結果を本グリーンにフィードバックして最高のグリーンを作り上げる石井キーパー。朝夕2回刈り込み、刈高3ミリ以下の状態をキープして常時12フィート以上を目指している。

「刈り込みには2種類のモア（芝刈り機）を使っています。朝は、より短く刈れる手押しモア、午後は効率重視の乗用モアを使います。刈る方向も8パターン用意していて、毎回違う方向から刈ることで、芝目のない葉が立った状態を維持します。短く刈ると芝生は細くなり、芽数が増えてくる。この短さで芝を育てるのは困難だと言われてきましたが、実験と管理の結果、答えが見えてきたんです」（石井）

腕利きキーパー #5
**石井浩貴**さん
四半世紀以上の経歴を持つ。芝の研究だけではなく、扱う機械にもこだわりがあり、カレドニアン専用の特注モアをメーカーと協力して開発中

『週刊ゴルフダイジェスト』
2018年4月24日号より←

名譽会員　贈

細川護熙

# クラブにゆかりのある方々

ゲーリー・プレイヤー氏、リー・トレビノ氏とともに

在りし日の水野清先生

細川護熙氏（元首相）

長嶋茂雄氏

摂津茂和氏（ゴルフ史家・ゴルフ作家）

金田武明氏（ゴルフ・ジャーナリスト・ゴルフコース設計家）

中部銀次郎氏（日本アマ６勝の名プレイヤー）

# メンバーがプライドを持って人に語り、心底から愛せるクラブがベスト

—室伏 稔キャプテン—

## 新しい伝統文化を会員がつくる

理事長　相馬仁胤

### —8分間隔スタートと60分昼食—

6分間隔では1日の入場組数が50組のところ、8分間隔ですと44組となり、ビジター収入は下がりますが、年会費値上げの会員のご協力で実現しています。これも「エクスクルーシブ」なクラブ運営のための前身となります。会員のご予約は当然優先ですが、予約枠が少なくなりますので、早めのご予約をお願い致します。プレー後の夕食の機会が少なくなった最近のゴルフトレンドの変化に合わせて、60分ゆっくり昼食をとって談話を楽しむスタイルも定着させたいと思います。

両コースはともに日本一多い競技会を設けています。競技に参加して、一打一打を真剣にプレーし、高戦略コースをじっくり攻略すれば、ゴルフの真髄にふれることができるでしょう。

表彰式には全員が参加して、親睦を深め、格調高いクラブを実現しようではありませんか。尚、表彰式では競技委員が積極的にルール・マナーの話と啓蒙を働きかけています。クラブ支配人やキャディマスターがゴルフの歴史や文化を学び参加者にスピーチすることで一緒になって表彰式を盛り上げる努力をしております。

競技に参加の方はパーティに奮ってご参加ください。

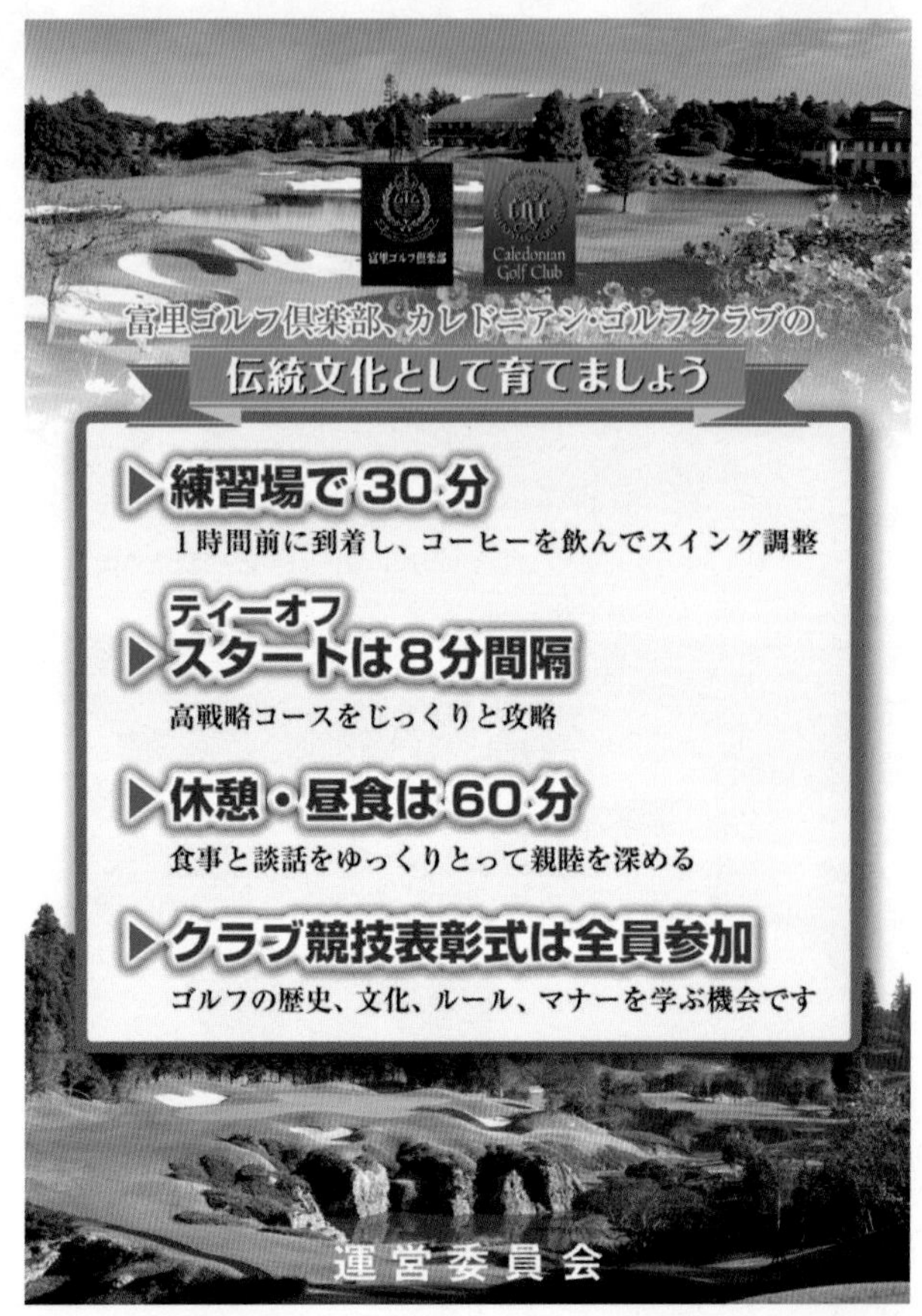


## エチケット・マナー クラブチャンピオン北條杯

プレー技術向上に加えてエチケット・マナーをメンバー同士で切磋琢磨しながら、最高の倶楽部文化を作り上げたいとの主旨で、昨年度から施行されています。

栄えある2回目の授賞式は重田恒夫さんでした。富里の開場記念杯の表彰式で北條理事より大きなカップが贈呈されました。

富里ゴルフ倶楽部
カレドニアン・ゴルフクラブ

# 理事会

■令和2年1月24日（金）
■於：帝国ホテル

議題1．会則第7条の改定
議題2．令和元年度決算報告
議題3．会員への情報公開について
議題4．四季を通してのオンリーワン
オーガスタ並みグリーンの常
態化研究の深掘りと挑戦
議題5．社員一人ひとりの心に灯を
（社員教育）

【出席者】
理事長：相馬仁胤
副理事長：渡邉　惇
専務理事：早川治良
理　　事：石谷多嘉司、木内昭胤、
葛和建己、佐藤眞彰、鶴岡公二、平野正、堀内良一、渡辺明彦、
渡辺純夫

## 会員の品格

佐藤眞彰さん
カレドニアン・ゴルフクラブ理事　運営委員会会長

皆さまの充実したクラブライフのために運営委員会及び会社は競技会やイベントを多数開催し、コースを徹底的に磨くなど様々な努力を重ねています。
それに応えるべく、会員の責務として「安易なキャンセルはしない」ということを徹底していただきたく存じます。会員一人にとっては1回のキャンセルでも、それが積み重なれば会社経営には大きな打撃となることは想像に難しくないと思います。

コースや施設がどんなに豪華で素晴らしくても、そのゴルフ場の価値を決定づける最大の要因は「会員の質」です。コースも会員も素晴らしいオンリーワンのゴルフ場を、皆様とともに創り上げていきたいと存じますので、ご理解とご協力をお願いいたします。

## 品格あるコース

平野正さん
カレドニアン・ゴルフクラブ理事
運営員会副会長兼コース・プロキャディ委員会委員長

カレドニアンは雑誌などのコースランキングでも常に上位に名前があがるなど、素晴らしいゴルフ場であることは皆さまご存知かと思います。その中でも特に評価されているのは「コースのメインテナンス」です。綺麗に刈り込まれることにより境界が浮かび上がるようなフェアウエイとラフ、真っ白なバンカーと緑の芝の美しいコントラスト、リンクスを彷彿させるアンジュレーションなど、「品格あるコース」を作るべく石井グリーンキーパーをはじめ、管理スタッフは日夜研鑽と努力を重ねて素晴らしいコースを維持してくれています。

こうした努力に応えるために、私たち会員も「ボールマーク直し」「ディボット跡の目砂」など積極的に行うべきでしょう。会社と会員がこぞってカレドニアンを更なる高みに押し上げていくことを願っています。

## 「和やかな雰囲気」と「品位・品格」

渡辺明彦さん
カレドニアン・ゴルフクラブ理事　競技委員会委員長

カレドニアンは年間を通して日本の中でも有数の競技会が多いゴルフクラブです。競技委員会は会員がルールとエチケットを守って多数の方が参加されて、プレーを楽しんでいただけるよう運営に努めています。

ゴルフクラブは親睦と健康を求めて気軽にプレーを楽しむ場でありますが、競技に参加して一打・一打を真剣にプレーする場でもあります。
カレドニアンの会員は、四季折々の景観とメインテナンスの生き届いた高い戦略性のコースを味わって、和やかな雰囲気の中でクラブライフを満喫し、リフレッシュされておられることと思います。

「8分間隔のスタート」「60分の昼食で談話と親睦を楽しむ」「クラブ競技表彰式は全員参加してゴルフの歴史、文化、ルール、マナーを学ぶ」など、伝統も育ってきました。会員の皆様がゴルフの真髄に触れながら、格調高いクラブに育て、幸運な星の下に誕生したカレドニアン・ゴルフクラブが、会員の自覚と協調の下に「品位・品格」が薫ることを願ってやみません。

## 『神は細部に宿る』 ―14フィート超高速グリーンの常態化に向かって―

常務取締役コース管理部長　石井浩貴

35年も前に300ヤード時代を予見したJ.M.ポーレットの優れた設計哲学を守り抜くのは容易な仕事ではありません。また泣き言をいうわけではないですが、早川会長の厳しい姿勢の中でグリーンキーパーの大役を担っていくのも並大抵ではありません。

ゴルフ場は広大です、細部に至るまでバランスよく維持管理していくこと、その上で14フィート超高速グリーンへのチャレンジ、仕事内容の重責を痛感しています。

会社は人材で動くといわれます。会長も渋谷総支配人も、そして私自身もスタッフの能力、仕事ぶりを最大化するために毎日頭を使っています。「自立・研究・工夫・即実践・スピード」を督励してスタッフの成長を促しています。その甲斐あってスタッフは自立し、観察して研究・工夫・即実践ができるようになってきました。とくに"サブキーパーの川尻"は責任感が強く、私の指示がなくても仕事をこなせるようになりました。ポーレットのレイアウトの細部まで見回して管理作業に生かしてくれています。スタッフの成長が楽しみなこの頃です。

## 今年の夏季グリーン管理を振り返って

カレドニアン　グリーンキーパー / 石井浩貴

昨年は6月末に早くも梅雨が明け、異常な炎暑が続きグリーンのベント芝が想定以上にやられ、つらい経験をしました。それを教訓として、もっと強いベント芝を作ろうと、日夜研究とテストを繰り返してきました。酷暑の中でも高速グリーンを健康を維持しながらいかに実現させるか難しい課題に取り組んできました。それにもかかわらず、今年は梅雨開けと同時に物凄い猛暑日が続き、高温乾燥でグリーン芝が一気に赤茶色に焼けてきました。散水に追われたのです。そのために過湿部分が生じ、部分的にダメージを受けて、せっかくのクオイリティが維持できなくなりました。ひとつのグリーンでも部分部分で条件が異なることを思い知らされました。ましてや、18ホールのグリーンは繊細に観察と、形状、日照、木陰、風通し、踏圧、刈高などでそれぞれ影響を受けます。炎暑だからと単純な一律散水では痛い目に遭います。

季節に合った刈高調整、エアレーションの深さ、太さ、回数の工夫、肥料、薬剤の調整と撒き方の研究、水分調節による土壌気相の統一化、機械の選定、何よりもスタッフの自立と意欲への教育などなど、超高速グリーンを目指しての「逃げない管理」「科学的メインテナンスへの挑戦」に明け暮れている次第です。

春夏秋冬の四季を通しての健康で安定したバッティングクオリティの高い超高速グリーンの実現に一歩一歩前進して、オーガスタ以上に持っていく執念に燃えています。

スタッフ一同共にプレイヤーがスリリングでエキサイトするグリーンを何としてでも提供したいと頑張っています。

会員の皆様には、「グリーンのボール跡直し」「目土やバンカー均し」にご協力いただければ誠に幸いに存じます。

## 健康なみどり輝く芝を追い求めて ― 裸地との闘い・神は細部に宿る ―

カレドニアン サブキーパー　川尻信之

カレドニアンのコース管理には二つの目標があります。ひとつは「オーガスタを超える超高速グリーン」。もうひとつは「健康なみどり輝く芝を敷き詰める」でありますが、本当のところ両方とも四季の変化の中で難題です。どこのゴルフ場も追い求めていると思いますが、それを完璧にとなると乗り越えなくてはならない課題が山積です。

2200コースある日本のゴルフ場の中で、カレドニアンが「オンリーワン」を勝ち取るためにコーススタッフは日々研究工夫を重ね、大目標である「オーガスタを超える超高速グリーン」への挑戦と共に「神は細部に宿る」「細かいことをひとつでも疎かにすると全てが台無しになる」との会長の強い信念が浸透し全スタッフは奮い立って仕事をしています。

最近の異常気象下では想定外の現象も起こります。一概に今年成功したことが来年生かされるとは限りません。しかし、生き物である芝を常にハイクオリティに保持するために、異常気象にも対応できるよう極限テストを繰り返して記録して、それをいかに活用するか。経験と勘に頼る管理から科学的管理に移行しています。

カレドニアンコースの品格をさらに高く上げるにはトータルの高品質を常態化しなければならず、日夜苦戦しています。自立、研究、工夫して頑張ります。

## より良い運営を目指して ～推理と構想～

富里ゴルフ倶楽部支配人　座間英二

更にメンバー様たちにご満足いただけるように、「オンリーワンのコースづくりを目指して」、私をはじめスタッフたちは、「自立・研究・工夫」＝先手必勝・即実践を目標として仕事を進めています。より良い倶楽部を作るには、日々の新たな挑戦が必要です。私がスタッフ一人一人の手本となりサポートしていくように仕事を進めていきます。
そのためには、まず自身の勉強と固定観念（マンネリ）の打破が必要であり、何事に対しても「何故だろう、どうしたらもっと良くなるだろう」と深く考察する、推理力と構想力などが重要であると考えます。

富里ゴルフ倶楽部の為に、これからも自身を磨き、挑戦していきます。社員の教育、育成にも懸命に取り組んでいます。そして「より良い運営を行い」倶楽部ライフを楽しんでいただけるように努めて参ります。富里が優良倶楽部だと言われるように、メンバーの皆様方にエチケット・マナーなど更にご協力をお願い致します。

## 真心のこもったサービス ― 快適と品格を求めて ―

カレドニアン副支配人　佐藤晃央

オープン30年が経過して、カレドニアンは「超高速グリーン」「感動を与えるメインテナンス」「芸術的な高戦略コース」という特徴が日本中に高い評価を生みつつあると感じています。

この世界的なコースに恥じぬよう、会員の皆様に快適な環境を提供すべくサービスの充実とクラブハウス内外の「品格」を求めて、全従業員と共に日々工夫と実践を重ねて努力しています。
世界がとてつもなく変革していくなかでも、永く会員皆様に選ばれ喜ばれるコース・クラブとして成長していくことが誇りであり夢であります。

いかに付加価値をつけて共感してもらえるか。TAM ARTE QUAM MARTE　の理念のもと、会長の目指すビジョン・コンセプトをいかにアグレッシブに具体的に実現していくか。渋谷総支配人と石井キーパーの指導を受けながらオンリーワンを目指して仕事を進めて参ります。

高い目標に向かって情熱と使命感に燃えています。私共従業員の真心が、会員の皆様のクラブへの愛着につながり、「おしゃれ」で「品格」のあるカレドニアンに育つと信じています。

## キャディ教育とコース整備 ～習慣化と徹底～

カレドニアンキャディマスター　今関一樹

幅広い年代の個性豊かな多くのスタッフを預かる部署、キャディマスター室。キャディマスターとして個々人の個性に合わせた教育を行い、会員の満足度を高めていくように努めています。

ひとつひとつの仕事を徹底、習慣化させるということはとても難しく、忍耐強く継続して少しずつ徹底させていく事が大事だとこの仕事を通して感じています。一度出来たから大丈夫ではなく、大事なのは継続して出来るようになることを意識させ教育指導をしています。

また、マスター室にはコース整備に関しても大事な仕事が課されております。グリーン上のボールマーク修正、ディボット目砂、バンカー整備です。滑らかなグリーン上にボールマークが残っていれば球の転がりに影響を及ぼし、またディボットが残っていると芝生の成長にも影響が出ますし、プレーヤーとしては不公平な状況が発生してしまいます。バンカーはカレドニアンの顔であり、白く美しく輝くよう綺麗に整備を行うことは会員の満足度を上げ、景観も品格向上に繋がると考えています。

まだまだ至らないところがあると思いますが、会員の皆様と一緒にいつでも美しい、誇れるゴルフ場にしていきたい一念でいますので、ご意見あればご遠慮なくご指摘お願いします。

## ジュニア育成について

総支配人　渋谷康治

ジュニアレベルアップのためには「戦略性に富み」「コースメインテナンスが優れている」コースを経験することが重要で、若いうちからコースマネジメント＝TAM ARTE QUAM MARTEを身に付けることは、ゴルフに造詣が深い方はよくわかっていることと思います。この両方の条件を満たし、且つ練習環境にも優れた富里・カレドニアンは関東ゴルフ連盟よりジュニアのレベルアップにつながるので大会を継続して開催して欲しいとの要望を受けています。
この考えは「高速グリーンが強いゴルファーを育てる」という早川会長の念いとも合致しているため、率先してジュニア大会開催の要望にお応えしています。本年も8月15日に富里で女子、8月16日にカレドニアンで男子KGAジュニアゴルフ大会が開催されました。

ジュニアの育成は、ゴルフ界を盛り上げていくには避けて通れないことから、今後もジュニア育成に注力していきます。会員様には貸切等で迷惑をおかけいたしますが、日本のゴルフ界の未来のためにご理解いただけますようお願いいたします。

短いパー4ホールでは、世界トップレベルと評価された13番と対岸の18番グリーン(パー5)

マスターズ開催のオーガスタ・ナショナル並みの14 フィートグリーンを目指し、

日本のゴルフのレベルアップと、世界への発信を目標に掲げる

# カレドニアン・ゴルフクラブの飽くなき挑戦

**4月は世界中のゴルフファンが待ちに待ったメジャー最高峰のマスターズが開幕する。天国もかくやと思われる美しいオーガスタ・ナショナルで繰り広げる世界のトップゴルファーたちの妙技。その面白さを引き出すのは、ガラスの上の転がりと表現される14 フィートの超高速グリーンや、池、クリークが行く手を阻む難度の高いコースに他ならない。最後まで息をつかせぬスリルに富んだ戦いを演出するのは、この最高の舞台があってこそ。テレビを見るたびに日本のファンは「所詮別世界での出来事」と諦めている。だが日本にもこのオーガスタに勝るとも劣らないコースがあることをゴルファーは知っているだろうか。そのコースこそ日頃名コースとして評判のカレドニアン・ゴルフクラブ(千葉県)である。**

## 2014年日本中を驚かせた超高速14フィートへのチャレンジ

2014年4月、ゴルフ業界やゴルフに携わるマスコミ人の間で衝撃的な話題が持ち切りになった。カレドニアンGCが「オーガスタ・ナショナルに匹敵する14フィートの超高速グリーンに挑戦する」というニュースが駆け巡ったからだ。14フィートといえば、世界最高レベルの米国ツアーでも、マスターズのオーガスタ・ナショナルぐらいしか聞いたことがない。日本では「実現不可能」な夢物語でしかないと思われていた。

ちなみに高速グリーンというとプロ競技の専売特許で、最も速い米男子ツアーで平均12フィートから13フィート。日本の男子ツアーが10~12フィート、女子ツアーが9.5~11フィートと言われている。つまりカレドニアンGCは米男子ツアーに匹敵するスピードで一般営業という奇跡のような体験をさせてくれるコースなのである。

日本のプロツアーの場合、高速グリーンといっても急造のケースが多い。試合期間に合わせて、芝を短く刈り、ローラーで固める。これで通常より速くなることは確かだ。だが急造のグリーンはストレスもかかり、芝を傷める。ベントの芝はそれほどデリケートなのだ。

ところが、そんな中でカレドニアンGCは、競技とは関係なく、通常の営業で14フィートに挑戦するというのだから、その

オーガスタの13番をイメージした名物15番（パー5）。4月末からはツツジが咲き乱れて美しさも際立つ

驚きはまたたくうちに全国に広まっていった。

これまで経験したことのない速さの上に、まるで最高級の絨毯のように手入れされた密度の詰まった芝の上を、ボールが滑るように転がっていく。多くのゴルファーがこの異次元の感覚を味わったのはその後の評判が証明している。これまでの計測では、最高14・6フィートを出しているという。

日本では不可能とされたガラスの上を転がるようなグリーンを実現させる。それこそがカレドニアンGCのゴルフコースに対する理想と情熱の証でもあった。それは誕生までの歴史が物語っている。

## 「日本にも世界レベルのコースを誕生させて質を高めたい」と早川治良会長

カレドニアンGCが誕生したのは、今から約30年前の1990年（平成2年）。まだバブルの余韻が残る時代である。それ以前の日本のゴルフはバブルに憑かれた時代だった。ゴルフコース建設は金儲けの手段。投資目的の会員権販売が優先し、コースの質は二の次。おまけに企業は、ゴルフ場を待合室代わりに利用し、接待ゴルフに血道を上げる。やさしく回れることで接待相手を喜ばせようという安易な発想。まさに粗製乱造の時代である。

そんな時にカレドニアンGCは誕生した。コースが完成したときには奇異の目で見られたものだ。それまでの日本のコースと比べ、見たこともない光景が展開する。大波のように大小のマウンドが連なるフェアウェイ。深いバンカーがいたるところに待ち受け、全英オープンなどでしか見たことがないポットバンカーがポッカリ口を開けるホールもある、池やクリークが行く手を遮り、一つとして、気の休まるホールがない。

S字型に曲がる6番（パー5）グリーンの難度は世界トップレベル

特筆すべきはグリーンである。当時は1人でも多くの客を入れる目的もあって日本の大半のコースがゴルフコース本来の姿から外れた2グリーンが主流の中で、欧米と同じ1グリーンが異彩を放つ。幾つものマウンドを重ねたような複雑なうねりや段差があり、ホールによってはその傾斜でボールがバンカーやハロウ（窪地）、グラスバンカー、池、クリークに転がり込む。まるで小さな小山を幾つか重ね合わせたように複雑で変化に富み、形状も様々。横長、縦長、斜め、砲台と18ホール一つとして同じ形状はない。

それまでの日本のコースにはない「レダン」（スコットランドのノースベリック15番ホールが起源で、右手前から左奥にかけて45度の角度で配置するグリーン）「グランドレベルグリーン」（人工的ではなく、自然のマウンドの上にグリーンを置く。周囲と一体になった造形で、見た目の自然さと共に様々なアプローチの技術を必要とする＝オーガスタ・ナショナルに代表される）「アルプス」（グリーンの手前一部をセミブラインドの丘にし、ショットの想像力を高める）「フォールアウェイグリーン」（後方部が下がったグリーンで、落としどころを間違えればボールは止まらずに奥に転がり出る）など、世界の名コースに見られる伝統的な設計手法を各ホールやグリーンに施してある。受けグリーンが多く、単調な日本のコースとは、まるで異次元の世界が展開する。これに前述した超高速が加わるのだから、そのスリル、面白さは格別である。

## 「天・地・人」が重なり合った運命的なコース誕生の秘話

ゴルフコースの良否を決めるのは一重にオーナーの力量にかかっている。不思議なことに、確固たる理念、知識、強い意志などがあるとそれに付随して、様々な要件が近づいてくる。俗にいう〝天〟〝地〟〝人〟だろうか。

マスターズの会場オーガスタ・ナショナルが誕生した背景には、ボビー・ジョーンズが前人未踏のグランドスラムを達成する前年の1929年、ペブルビーチGLでの全米アマに惜敗、そのまま帰らずに近くのサイプレス・ポイントGC(常に世界のトップ3に位置する米国の名コース)でプレーすることにした。コースをプレーして「ここはパーフェクトだ」と感銘を受けたその時、偶然コースに設計者のアリスター・マッケンジーがいた。

すでに理想のコース建設の構想を描いていたジョーンズは、すぐさまマッケンジーと言葉を交わし、翌30年グランドスラム達成で引退した後、マッケンジーにコース設計を依頼、そして南部ジョージア州のオーガスタに眠っていた古い果樹園を発見、「ここここそ、私を待っていた理想の地」と決めてあのオーガスタ・ナショナルを建設し、マスターズの誕生につなげている。

複雑な傾斜で、奥が下がる最高に難しい9番ホール

まさに神の意志が働いたとしか思えない運命的な出会い。カレドニアン誕生もまたそんなストーリーがあった。バブルに浮かれ、凡庸なコースが乱立する中で、当時の早川治良社長(現取締役会長)は、「このままでは日本のゴルフが世界から取り残されてしまう。未来のためにも、歴史に恥じないコースを造るためにも、今何かをしなければ手遅れになる」と決意。そんな時、日頃から敬愛し、交流のあった摂津茂和氏(明治2年～昭和63年、ゴルフ史家、世界ゴルフ大観を始め多くの著書がある)の顔を思い浮かべた。建設に当たって早川氏はまず摂津氏の自宅を訪ねた。自宅には欧米のゴルフ関連書籍が約2万冊近くあり、改めてその知識、造詣の深さに驚嘆する。

レダンホールで正確なショットが要求される17番(パー3)

「世界基準のコースを何とか造りたいのですが」という早川氏の相談に、摂津氏は答える。

「ゴルフを知りたかったら、その原点であるスコットランドのリンクスを見てきなさい。リンクスを知らずして、ゴルフを語る資格はありません」

この言葉に我が意を得た早川氏はすぐさま行動を起こす。1984年(昭和59年)ゴルフの聖地スコットランドからイングランドに至る巡礼の旅である。R&A(ロイヤル・エンシェント)のあるセントアンドリュース・オールドコースを始め、全英オープンなどで知られる名門コースをつぶさに見て回った。

その結果たどり着いたのが「ゴルフは自然と人間との闘い。そこにゴルフの魂がある」との結論である。この巡礼にはカレドニアンGCの理念を築く重要な出来事があった。

摂津氏に紹介状を書いてもらったスコットランドの名門の一つロイヤル・トルーンGCを訪れた時だった。理事長室に案内された早川氏はその部屋に飾られている1枚の額が目に留まった。そこには「TAM ARTE QUAM MARTE」の文字が飾られていた。

日本語に訳すと「力とともに知略も」の意味。これはラテン語で古代ローマ軍の戦闘用語で「力だけでなく、頭脳を用いる」の意味。これを「ゴルフは単に力でコースをねじふせるのではなく、自然を敬い、知略を用いるもの」との意味として、ロイヤル・トルーンが標語に採用したいきさつがある。

「これこそゴルフに通じる深遠な言葉だ。ぜひ新設するコースのモットーにしたい」と天啓に打たれた早川氏は、すぐさま同クラブのセクレタリーに懇願し、使用許可をもらっている。以来この標語はカレドニアンGCの魂となった。ちなみにカレドニアンの名称はスコットランドを意味する古語。モットーもコース名もすべてはリンクス魂へのこだわりである。

もう一人カレドニアンGCの誕生に欠かせない人物がいる。この摂津氏の弟子筋に当たり、当時高名なゴルフジャーナリストで、その後にコース設計家になった金田武明氏だ。早川氏はこの氏にも相談している。アーノルド・パーマーやジャック・ニクラスなど世界の名プレーヤーと交流を持ち、世界的なコースの事情に精通する金田氏は早川氏からの相談にこう答える。

## 世界基準のコースは1グリーンという金田武明氏の助言

「リンクスを含め、世界基準のコースは1グリーン。出来れば6枚から8枚の蓮の葉を重ね合わせたような起伏と変化に富んだものが理想。それがゴルフを無限に奥深くし、知性の高いものにする」

摂津氏、金田氏の共通の意見は「ゴルフコースの性格は一にパッティンググリーンの構造にかかっている。グリーン以外のティインググラウンド、ハザード、フェアウェイ、ラフなどはみんなアクセサリーにすぎない」

カレドニアンGCがグリーンを中心にレイアウトされ、更に14フィートにチャレンジするコンセプトの根源がここにあった。そして設計に当たって金田氏が強く推したのが、米国のJ・M・ポーレットである。

ポーレットは米国設計家の第一人者ロバート・トレント・ジョーンズシニアに師事し、世界的な設計家として世に出ている。その特徴は、ハリー・コルト、チャールズ・アリソン、アリスター・マッケンジー、師のジョーンズらから流れるリンクスを基調とした作風にある。

前述した様々な伝統的設計技法がカレドニアンGCに数多く見られるのは、リンクスが原点であり、これに近代的な戦略性が加味されているからである。だからカレドニアンGCは「モダンクラシック」として、米国に生まれた作風を日本でも誕生させた類い稀なコースでもあるのだ。

ポーレットの設計の特徴は〝対角線〟(ダイアゴナル設計ともいう)の設計にある。カレドニアンには一つとして同じ形状のグリーンもホールもないが、各ホールでこの対角線設計を取り入れている。

日本の多くの凡庸なコースに見られるフラットで、グリーンがホールと対面して攻略が単調になるのと違い、グリーンやフェアウェイを斜めに置いて対角線にすることで、プレーヤーの技量、球筋によって何本ものルートが生まれ、これがプレーを限りなく奥深くし、戦略性を高めている。

日本アマ6回優勝の不滅の名プレーヤー中部銀次郎氏が現役を退いた後、初めてカレドニアンGCをプレーしてこう評している。

「見たこともない強いアンジュレーションのグリーン。巨大なバンカー、波頭が打ち寄せるようなフェアウェイを見ると、私を含め、日本人の規格外のゴルフを要求される。だから日本選手が外国試合で勝てない理由がわかりました」と感嘆したのも、日本のコースにない対角線デザインの重要さ、面白さに憑かれたから。以後中部氏はカレドニアンに惚れ込み、ホームコースのように頻繁にプレーするようになった。

## 世界の主流〝対角線〟デザインがコースのグレードを上げる

対角線デザインの代表ホールはカレドニアンのアーメンコーナーといわれる13番から始まっている(アーメンコーナーは実は12番からという評価がある)。16番はバックティーからでも３４３ヤード、ホワイトティーなら３３０ヤード、パー4と短い。ところが左サイドはマウンドが連なるラフで、２００ヤードほどから先が落ち込み、ここも複雑なマウンドの小さな谷。第2打は軽い打ち下ろしで、グリーンは小さめの砲台で、左手前から右奥にかけて細長で斜めに位置している。右手前には深いポットバンカーが口を開ける。左サイドや前方のラフに入れれば例えウェッジのショットでも、脱出するのはひと苦労。ベストルートはフェアウェイ右サイドの平らなポジションにレイアップ(飛ばし屋なら)。そこからピンの位置でクラブを選定し、ショットを打ち分ける。右奥と、左手前のピンでは使うクラブも、距離感も大きく違う。まさに対角線のリンクス風難ホールだ。

17番はバックティーから１９５ヤードのパー3ホール。軽い打ち下ろしで、右手前から左奥に斜めにやや逆くの字に細長く、複雑なうねりのある2段グリーン。左サイドは深く切れ込んだ谷でグリーンにへばりつくように深いダブルバンカー、右にはやや深めのグラスバンカーがある。恐怖のあまり、体が止まり、左のバンカーに入れれば、万事休す。さりとて逃げて右のグラスバンカーに入れればよほどのアプローチ巧者でもカップに寄せるのは至難の業。ここもピンが手前と奥では1番手から2番手は違う。いわゆるレダンの典型的な対角線ホールだ。

対角線ホールの象徴は最終18番ホール。バックティーから５４５ヤード、レギュラーなら５１５ヤードのパー5ホール。ティーイングエリアの正面とグリーン手前には大きな池が横たわる。そして池の周辺は白く輝く砂が美しいビーチバンカーがある。フェアウェイの随所にはポットバンカーが待ち構え、点と点をつなぐ難ホールだ。ここはティーショット、グリーンを狙うショットがすべて対角線の設計。

まずティーショットは前方の池とビーチバンカーを越すか、或いは左のフェアウェイに迂回するかの選択を迫られる。池越えでも最深ルートの右サイドを狙うなら２７０ヤード以上のキャリーが必要。中央のルートでも２３０ヤード以上のキャリーを必要とする。斜めに位置する池は対角線。無難な左のフェアウェイなら、第2打はともかく、第3打まで大きいクラブが必要になる。

うまく池を越せれば、それほど飛ばない人でも第3打ショートアイアンで打てるが、ここからが厄介。グリーンは左手前から右にカーブし、複雑なうねりのある大きな横長形状。手前は池と前方が小高い丘のビーチバンカーが待ち構える。ここも池は斜めで、ピンが右サイドに切ってあれば、池越えの高くて止まるアイアンショットが必要。オーバーすれば確実にバンカーに入る。

一方このプレッシャーを避けて左に逃げ

れば、とてつもなく長いパットか、或いは距離のあるアプローチショットが残る。ここはプレーヤーの技量、飛距離、球筋で何通りものルートが要求される美しくて難度の高いフィニッシングホールとして知られる。

順序が逆になったが、アウト2番は40メートルはある細長くて大波のような3段グリーン（パー5）、6番（パー5）はS字状に曲がりくねり、右サイドが大きな池。グリーンはというと低いところでは人間の腰から下が隠れてしまうような高低差の複雑なグリーンで、ピンが下で上に付ければ、傾斜とスピードで外にこぼれ出てしまうほどの難グリーン。

またほぼ90度右にカーブし、18番と共有する大きな池のある名物ホールの13番（パー4）は、池越えのショートカットか、無難に左へ逃げるかで、決断を迫られるホールである。ここは世界100選コースの選考委員が「短めのパー4ホールとしては世界の名ホール」と評価しており、あのペブルビーチGLの第2打海越えの8番との比較もある。

オーガスタ・ナショナルの名物13番ホール（パー5）をイメージした池とクリークが戦略性を高める15番（パー5）と共に、カレドニアンGCを代表するホールでもある。

全編こんな調子でリスク&リウォード（危険と隣り合わせの報酬）による巧みなレイアウト。攻めるには勇気と技術が必要だが、そのスリル、決断がゴルフを限りなく高度で面白いものにする。だが各ホールとも個性があり、メモラビリティ（記憶度）は抜群で、18ホール全体のバランスが素晴らしく、見事にハーモナイズされている。

ただ難しいだけではない。ホールはアベレージゴルファーも楽しめるように、技量に応じてのルートもあり、カレドニアンGCがあらゆるゴルファーに人気があるのは、欧米の設計思想「ゴルフはあらゆるゴルファーが楽しめなくてはいけない」という本当の意味の戦略性をポーレットもまた踏襲しているからでもある。

確固たる理念があれば、同じような理念を持った人間や条件が集まる。早川氏の思いが、摂津氏、金田氏、ポーレットを引き寄せ、そして理想的なゴルフ場の地が現れる。まさにオーガスタ・ナショナル誕生のような不思議な因縁がこのカレドニアンGCでも起きていたのだ。

良いコースとは、哲学や優れた設計だけでは成り立たない。そのコースを万全に仕上げる整備や、芝の育成があってはじめて完全な作品となる。

## 「人間革命」で実現したイノベーション

カレドニアンGCの精緻なメインテナンスを除いて同コースは語れない。ここに管理の努力の結晶が最後の仕上げとして登場する。

その先頭に立つのが、開場当時からグリーン管理に携わっている石井浩貴キーパー（現常務取締役グリーンキーパー）である。石井キーパーは「カレドニアンGCを世界レベルのコースに仕上げる」という早川会長の陣頭指揮のもとに、管理スタッフと共に、あらゆる研究・努力を重ねてきた。

コース内にナーセリーを作り、コースに適した芝を植えてテストや研究をする。当初は管理棟の近くのナーセリーで14種類もの芝の育成・研究を始め、その後15番と16番の歩経路横に現在のナーセリーを建設。ここで最終的に6種類ほどの芝に絞る。開場からこれまでペンクロス→グランプリ→オーソリティ→と変遷、そして14フィートへの挑戦でこれまで日本ではほとんどお目にかかれない「Tyee」（タイイ）を選んでいる。真夏の極限テストでタイイが日本の酷暑に最も耐え、病気にも強い。また芝根も強く、葉が細かく、垂直に立ち、最小限の刈り高に耐えて理想的な転がりを可能にするなど新しい発見をしている。14フィートという日本では未知の世界に突入したのもこうした努力がその背景にある。

## 科学的メインテナンスへ

「不可能を可能にする」それがカレドニアンGC管理部のモットーだが、早川会長は、「日本にない高品質のグリーンを実現するには、まず人間革命」をスローガンに掲げ実現に取り組んだ。

その根幹となったのが「経験的（漠然的）メインテナンスから科学的（合理的）メインテナンス」への移行である。自身も含めて、スタッフに対し、「研究・工夫・実験（テスト）・分析・記録・最適化探求」の貫徹と、今後のためにその経過をアルバム化するなど、それまでの日本のメインテナンスにない近代化対策を講じ、それを浸透させた。

## 不可能を可能にした早川会長の信念

「何事も、現状に満足しては新しいものは出来ません。今まで誰もやっていないことに挑戦する。そこに人間の英知があります。ただしそれを実現するには、上からの指示に従うだけでは駄目です。スタッフ一人一人が自分自身の観察力を養い、問題点と解決法を考察し実行する〝自立〟と、自分を磨き、やるべき仕事について深掘りする〝研究〟。より良い方法や、手段がないかと自分の頭で考えてそれを実行する〝工夫〟。一人一人のこうした自覚と、蓄積が大きなパワーとなって不可能を可能にすると私は信じています」

この指導が管理スタッフに浸透した。前述石井キーパーは14フィートへの挑戦をこう述懐する。

「早川会長からこの指示を受けたとき、正直不可能ではないかと思いました。14フィートなどは日本では前例がありませんし、その技術もありません。芝の育成だけで経験のないスピードを出すのは、現状では不可能と思いました」

だが早川会長の指導はそれを上回る。「人間の智恵に不可能はない」と、石井キーパーとスタッフに檄を飛ばし、未知の世界に挑戦する気概を持たせる。

その結果、研究・実験を繰り返し、適切な芝を発見し、メンテナンス器具を改良し、芝床を見直し、エアレーションを毎月1回以上実施し、毎週全ホールのグリーンの表面から20㎝ほどの砂床をサンプリングし、芝草の細根が健康に育っているか、枯れ死した根が絡まって密集した層の透水性などの調査や不整箇所の改善など、あらゆることに取り組んだ。ローラーで芝を押しつぶして対処療法的にスピードを出すのではなく、あくまで良質な芝の育成でスピードを出す。つまりは芝とゴルフ場への愛情である。

そうした取り組みで、カレドニアンGCは、日本のコースでは不可能とされた刈り高2・8ミリを実現。だがここでも現状に満足しない。実は更に新種の芝を見つけ、刈り高も2・7ミリに挑戦するというプロジェクトに取り組んでいる。

## 四季を通しての高速グリーンの常態化は難事業

これが実現すればカレドニアンGCは、日本はおろか、世界でも例のないスピードの高品質グリーンが誕生することになる。ゴルフコースはオーナーの哲学と、キーパーの力量で、芸術性にまで高まることを立証しているカレドニアンGCの例。これまで同コースは、男子国内メジャーの日本プロ選手権（2000年）を始め、男子シニアツアー、女子レギュラーツアー、2017年には三菱ダイヤモンドカップなど多くのプロトーナメントや、アマチュア競技など数多くを開催してきた。その度にコースのグレードの高さがクローズアップされ、評価を高めてきた。300ヤード時代の現代に合わせ、ティーイングエリアを拡張するなど様々な改良に努力し、常に時代に合わせ進化を遂げている。

名コース（難コース）は、「ゴルフを限りなく豊かにし、知性高いものにする」――早川会長の理想が、カレドニアンGCで見事に花を開きつつある。

『ゴルフスタイル』VOL．104より

二人三脚の早川会長と石井キーパー

現在は2.7ミリカットに挑戦

高速グリーンのための砂散布

Caledonian Golf Club
カレドニアン・ゴルフクラブ

〒289-1756 千葉県山武郡横芝光町長倉1658
Tel 0479-82-6161　Fax 03-3237-8417
www.caledoniangolf.net

# 大地の巨匠

美しい造形と"汀のバンカー"
カレドニアン・ゴルフクラブ
設計 J・マイケル・ポーレット

文・田野辺 薫
撮影・小林 司

5H・Par3・175Y

## イメージは 荒ぶるスコティッシュ

平成2年、カレドニアン・ゴルフクラブのコースが登場すると、ゴルフ記者だった私は「君はあそこに入会したのか」と尋ねられるほど、熱心に通った。そして屡々(しばしば)、食堂で日本アマ6勝の中部銀次郎氏や設計家でゴルフ著述家そして現役時代アマチュア・ナショナルチームの代表だった金田武明氏の顔を見かけた。商売仇のゴルフ雑誌のベテラン記者たちも、よく姿を現していた。彼らは揃ってゴルフ理解が深い。そんな彼らはなぜカレドニアンに魅せられたか。

6H・Par 5・560Y

たとえば小説もゴルフコースも、作品である。ひとつの作品がある。ストーリーに引かれて「ああ、おもしろかった」と満足する人は、単なる読者だ。おもしろさの奥にある哲学、歴史性、修辞、作者の生まれ育ちまで詳しく読む人を、文学では精読者という。ゴルフコースにも、バーディだ、ダボだと一喜一憂するだけの単なるプレーヤーの他に、コースレイアウトの様式、戦略性、そして「ああ、これはミュアフィールドの何番に似ている」などと連想しながらプレーする「精読者」がいる筈である。

13H・Par 4・407Y

開場するや否や、カレドニアンは、そういう精読者プレーヤーを引きつけたのである。彼らにとって、J・マイケル・ポーレットが提案した18ホールズは数多くのたまらない魅力に満ちた作品だった。まず日本のゴルフ史が出会ったことのない、戦略的な難しさが、いろいろな「顔」「形」で提案されていた。

11H・Par 4・429Y

2番（570ヤード・パー5）フェアウエイはラフの中に浮いた細い回廊の島である。狭い。特に第2打以降右はOB、左は突兀（とっこつ）としたマウンドが乱立しておかれた緩斜面、さらに越えれば池である。第1打は、真っ直ぐ飛ばせばいい報酬がある。それが今までの日本の名コースの定法だった。

ここでは、そう単純ではない。真っ直ぐ飛ばしても、フェアウエイを中断してつくられた深いラフの中にドスンである。どうすればいいか。ティグラウンドの第1打は、見えているフェアウエイに打て、である。ティグラウンドでの精微なゲームプラン如何が鍵となる。

2H・Par5・570Y

さらに難所が待っている。このホールのグリーンは前後85ヤード（70メートル）の縦長で、しかも4段のフラット（平面）に変化している。最後方のフラットにピンが立っているとき、1番目、2番目のフラットにオンしても、ナイスオンにはならない。3番フラットではどうだろうか。4番目にピンが立っているときは、4番フラットにオンしなければ、ナイスオンといえないということだ。さらにアプローチの場所によっては、グリーンがマウンドに遮られてブラインドになることもある。

2H・Par5・570Y

本来グリーン上では、もう一つのゴルフプレーが始まるものだ。そう考えればピンを狙うアプローチショットは、2度目のティショットと考え、再度ゲームプランを考え直してピンを狙うべきである。そう考えないと征服できないほど、このコースの各グリーンは個性的である。たとえば、縦長の2番グリーンに続く3番（204ヤード・パー3）のグリーンは逆に、奥行きがなく横に長く大きい。これは、2番ホールの縦に長大なグリーン上のプレーから急展開するプレーヤーの錯覚を利用しようという戦略と考えたい。右前の大きなバンカーがそれをさらに助長している。

3H・Par3・204Y

カレドニアンコースのグリーンは、一つとして同じ顔形はない。ガードして置かれたバンカーやマウンドもそれぞれの大きさで、各ホールごとに違う造形だ。

たとえば、12番（220ヤード・パー3）では、設計のポーレットはグリーンの形は「周辺の自然の変化」を生かしたとしているが、グリーン面のうねりが大きいので、ピン位置によっては、1オンを狙わず手前に外して2オンでパーセーブを狙うのが良い場合もある。グリーン手前の大バンカーも要警戒である。

12H・Par 3・220Y

賢く攻めたいのは、2番ホールに続いて8番（474ヤード・パー4）である。ティグラウンドに立つと、まず前方のケヤキの木とグリーン左側の大きな白砂のバンカーが目立つ。第1打が、ケヤキの木を越すことに成功すれば、このホールで僅かに残された、フラットなフェアウエイに落ちる。そこからのグリーン狙いは楽になる。しかし左にそれると、第3打が左下からバンカー越えに高いグリーンを狙うことになり、トラップにつかまりやすい。真っ直ぐに飛んでも距離が出ないと、第2打が左足下がりとなるので、3オン狙いとなる。ここは正面から作戦的に3オン狙いで行くか。第1打が鍵。失敗するとダブルボギーも。その影響は9番ホールへ残る……。高いグリーンへ打ってゆく構図は、スコットランドでも北部、ロイヤル・アバディーンやクルーデンベイのコースに見られる展開だが、比較すれば荒ぶり方はカレドニアンGCの方がやや柔らかい。

8H・Par 4・474Y

設計理念はラテン語で〝TAM ARTE QUAM MARTE（力そして技術・頭脳も）〟である。具体論としては「ゴルフは、角度と距離のゲーム」という考えである。それをズバリ実現したのが、13番、18番である。13番（407ヤード・パー4）と18番（545ヤード・パー5）は、一つの池をめぐって両岸に相対する斬新な設計の2ホールである。共にバンカーの白砂をそのまま池の底まで沈め、延長してみせた新しい景観のホールとして印象に残る。両ホールに共通するのは、ともに右側に池を抱いての第1打となることだ。230ヤード～250ヤードのキャリーを持つプレーヤーは、池越えに右へ大きく打って成功すれば、グリーンはぐーんと近くなる。しかし失敗すれば1罰打、打ち直しである。

13H・Par 4・407Y

一方、豪打を持ち合わせないプレーヤーはティグラウンドから正面へ運び、飛距離に合ったいろいろな攻め方が考えられる。それがこのホールをバイタリティのあるホールにする。飛ばすよりも、もう一度ゲームプランニングということである。特に18番ホールは、ティからグリーンまで右側に池が伴走する。2打、3打の池越え作戦もありうる。第3打は特に池、バンカーそして難グリーンと続く。3打冒険か4打で正面から安全に攻めるか。思案のしどころだ。ドライバーでの大池越えだけではない。すべてのホールの2打、3打でのバンカー越え、マウンド越えにも、〝距離と角度〟のシンキングゴルフが必要のようだ。冒険が過ぎると、ポーレットの罠に陥る。13番と18番の池に洗われる白砂のバンカーには、30年前日本では〝汀バンカー〟として拍手を受けた。この修景はスコティッシュというよりニューアメリカンスタイルとしての拍手を受けたようだ。

18H・Par 5・545Y

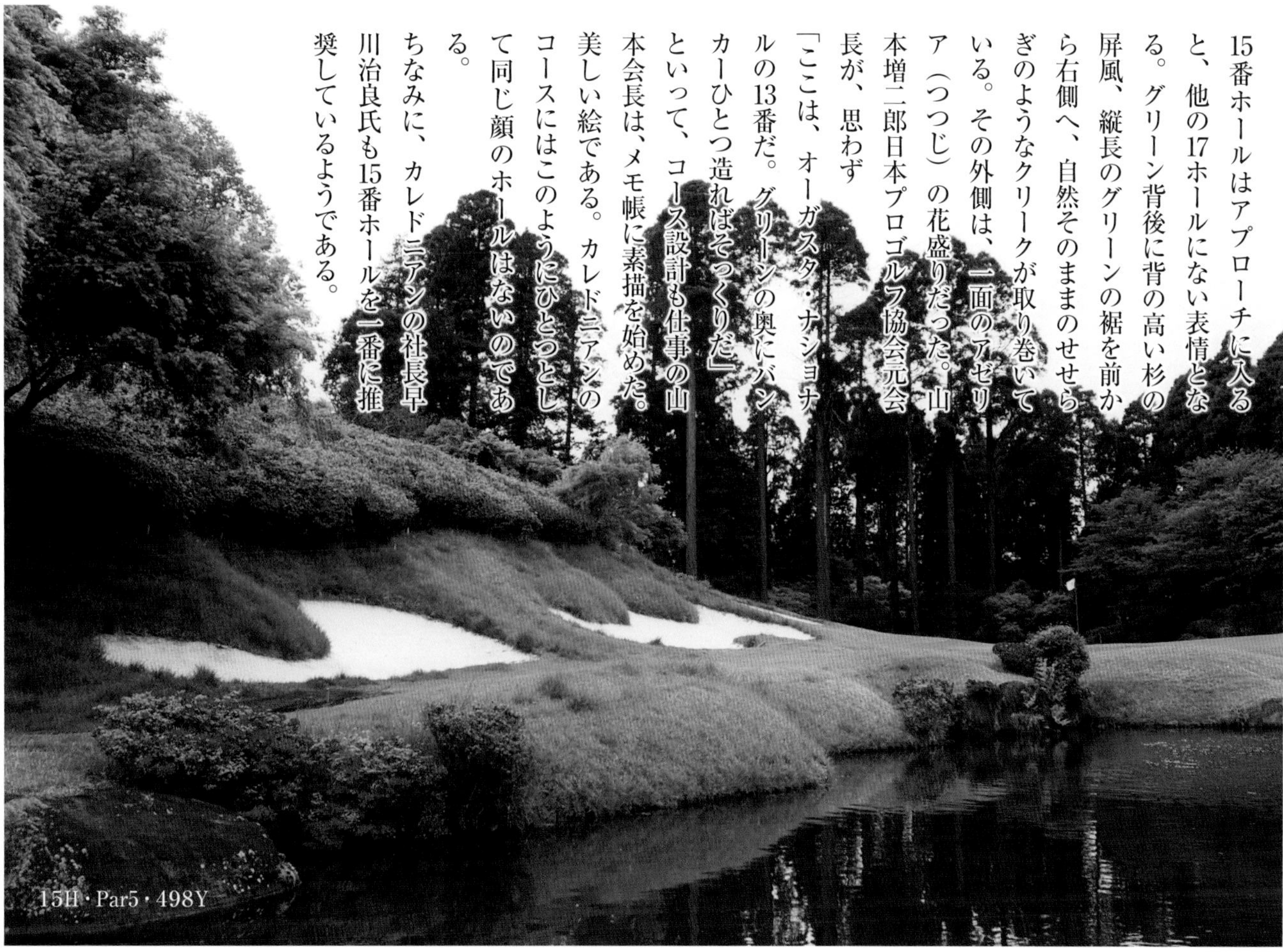

15番ホールはアプローチに入ると、他の17ホールにない表情となる。グリーン背後に背の高い杉の屏風、縦長のグリーンの裾を前から右側へ、自然そのままのせせらぎのようなクリークが取り巻いている。その外側は、一面のアゼリア（つつじ）の花盛りだった。山本増二郎日本プロゴルフ協会元会長が、思わず
「ここは、オーガスタ・ナショナルの13番だ。グリーンの奥にバンカーひとつ造ればそっくりだ」
といって、コース設計も仕事の山本会長は、メモ帳に素描を始めた。美しい絵である。カレドニアンのコースにはこのようにひとつとして同じ顔のホールはないのである。
ちなみに、カレドニアンの社長早川治良氏も15番ホールを一番に推奨しているようである。

15H・Par5・498Y

# 18ホールには十八の顔

カレドニアンとはスコットランドの古い呼び方である。スコットランドのリンクスといってもエジンバラを中心にカーヌスティ、セントアンドリュース地方までは、平坦な海岸線が主である。北の都アバディーンから北になると、海岸近くまで小丘陵が迫っていて突兀とした景色もある。カレドニアンはそのような荒ぶった北スコットランドのリンクスをイメージしたらしく、フェアウエイやグリーンのアンジュレーションが、やや荒いイメージで造られている。

9H・Par4・455Y

# おわりに――謝辞にかえて

最後までご覧いただき、誠にありがとうございました。

本書は、富里ゴルフ倶楽部並びにカレドニアン・ゴルフクラブそれぞれの開場以来の編集・作成した"TAM ARTE QUAM MARTE"誌の中枢を中心に据え、これまで三五年間にわたり会員の皆様に親しんでいただいている会報、そして多くのマスメディアから取材していただいた記事により構成した記念誌となっております。

ご寄稿・ご協力賜りました

摂津　茂和先生
金田　武明先生
米倉　功様
室伏　稔様
降旗　健人様
中部　銀次郎様
西澤　忠様
田野辺　薫様
大塚　和徳様
杉山　通敬様
三好　徹様
菊谷　匡祐様
工藤　憲雄様
細田　榮久様
小林　滋様　にお礼を申し上げます。

また、再掲載をご快諾いただきました雑誌・新聞、関係者の皆様、及びダイヤモンド・ビジネス企画社・岡田晴彦氏と弊社編集担当・小田切猛に、この誌面を借りて心より御礼を申し上げる次第です。

私どもはさらに自立自助及び奴雁の精神で富里ゴルフ倶楽部、カレドニアン・ゴルフクラブを世界に通用するコースとするために精進を続けてまいります。

なにとぞ、今後ともより一層のご指導、ご支援を心よりお願い申し上げます。

早川　治良

【編者】
東京グリーン富里カレドニアン株式会社

〒102-0083　東京都千代田区麹町4-3-29　VORT紀尾井坂2階
http://www.tomisatogolf.net
http://www.caledoniangolf.net
電話 03-3237-8411　Fax 03-3237-8417

Golf 伝統と革命
TAM ARTE QUAM MARTE ── 武力と等しく計略を ──

2021年1月12日　第1刷発行

編者 ──────── 東京グリーン富里カレドニアン
発行 ──────── ダイヤモンド・ビジネス企画
〒104-0028　東京都中央区八重洲2-7-7　八重洲旭ビル2階
http://www.diamond-biz.co.jp/
電話 03-5205-7076（代表）
発売 ──────── ダイヤモンド社
〒150-8409　東京都渋谷区神宮前6-12-17
http://www.diamond.co.jp/
電話 03-5778-7240（販売）
デザイン・DTP ─── ベース・クリエイティブ
印刷・製本 ──── シナノパブリッシングプレス


ISBN 978-4-478-08478-6